Reihe: Unerwünschte Bücher zur Kirchen- und Religionsgeschichte Nr. 13

AHRIMAN-Verlag
Unser Programm ist die
Wiederkehr des Verdrängten

Hubertus Mynarek

Luther ohne Mythos

Das Böse im Reformator

Bibliographische Information der Deutschen Nationalbibliothek
Die Deutsche Nationalbibliothek verzeichnet diese Publikation in
der Deutschen Nationalbibliographie; detaillierte bibliographische
Daten sind im Internet über http://dnb.d-nb.de abrufbar.

Reihe: Unerwünschte Bücher zur Kirchen- und Religionsgeschichte Nr. 13

Hubertus Mynarek:
Luther ohne Mythos.
Das Böse im Reformator

1. Auflage 2012
2. verbesserte Auflage 2012
3. erweiterte Auflage 2013

AHRIMAN-Verlag GmbH
Postfach 6569, D-79041 Freiburg
Tel. 0761/502303, Fax 0761/502247

www.ahriman.com

Bestellungen per e-mail: ahriman@t-online.de oder
einfacher über den Warenkorb auf unserer Homepage.
(Bitte geben Sie bei e-mail-Bestellungen Ihre vollständige Postanschrift an.)

ISBN 978-3-89484-609-1

Gedruckt auf säurefreiem und alterungsbeständigem Papier.

Bestellungen an den Verlag werden innerhalb einer Woche bearbeitet.
Nichtantwort beweist NATO-Postzensur.
(In diesem Falle Bestellung per Einschreiben wiederholen – Lektion für
fdGO- und Zufallsgläubige, ein Nachhilfeunterricht in Staatsbürgerkunde.)

Inhaltsverzeichnis

Editorische Notiz

Die Schriften Martin Luthers zitiere ich nach der Weimarer Ausgabe unter der Sigle **WA**, seine Tischreden unter **TiWA**, die Briefe unter **BrWA**. Die Schriften werden mit Band und Seite nachgewiesen, Tischreden und Briefe zusätzlich mit ihrer in Klammern gesetzten Nummer.

Während ich sie im Text um der Lesbarkeit und des Gedankenflusses willen öfters kürze und vorsichtig modernisiere (dieses meist nach **LW** oder daran angelehnt), findet sich der Originalwortlaut mit aller mittlerweile ungewohnten Semantik, Orthographie und Syntax stets in zeitnaher Frakturschrift unter dem Text als Anmerkung.

Siglen

WA	D. Martin Luthers Werke. Kritische Gesamtausgabe, Abteilung 1: Schriften, Weimar 1883 ff.
TiWA	D. Martin Luthers Werke. Kritische Gesamtausgabe, Abteilung 2: Tischreden, Weimar 1912 ff.
BiWA	D. Martin Luthers Werke. Kritische Gesamtausgabe, Abteilung 3: Die Deutsche Bibel, Weimar 1906 ff.
BrWA	D. Martin Luthers Werke. Kritische Gesamtausgabe, Abteilung 4: Briefwechsel, Weimar 1930 ff.
LW	Martin Luther: Gesammelte Werke [= Luther deutsch. Die Werke Martin Luthers in neuer Auswahl für die Gegenwart, 10 Bd., Göttingen 1991], hrsg.: ALAND, Kurt, Berlin 2004

Vorwort

Das Jahr 2017 wird für die evangelische Kirche und auch für die politischen Repräsentanten der Bundesrepublik Deutschland ein besonderes Jahr. Ganz groß und mit zahlreichen Veranstaltungen vor, während und nach diesem Datum werden sie gemeinsam, wie es sich für eine Staatskirche und einen Kirchenstaat gehört, den fünfhundertsten Jahrestag von Luthers Thesenanschlag begehen. Zwar gehört die Behauptung, Luther habe seine 95 Thesen gegen die magisch-zauberische Kraft des Ablasses, den die römisch-katholische Kirche erteilte, 1517 an der Schloßkirche von Wittenberg angeschlagen, aller Wahrscheinlichkeit nach in den Bereich der Legende (er hat sie offenbar lediglich einem Brief an seine Vorgesetzten beigefügt). Aber bereits mit diesem Datum beginnt der »Mythos Luther«, seine Erhebung zu einer Kultgestalt, das Heldenlied von ihm als dem verwegen mutigen Manne, der sich ganz allein als kleiner Mönch dem gewaltigen Herrschaftsapparat des Papsttums und des Kaisers entgegengestellt habe. Als dieser tapfere Ketzer in der Mönchskutte wird er uns Heutigen ja auch in Film und Fernsehen vorgestellt.

Gegen Mythisierung, Mystifizierung, Sakralisierung ist kein Kraut gewachsen. Die Masse will Heroen, Stars, Heilige, und die Kirchen unterstützen das – oder verschweigen die negativen Seiten des in die höchsten Regionen Erhobenen. So verschweigen auch die Bischöfe, Superintendenten und die anderen in der evangelisch-lutherischen Kirche etwas zu sagen Habenden eine grundlegende Dämonie in Luthers Charakter und Persönlichkeit, die ihn dazu trieb, wüsteste und brutalste Hetzreden und -aufrufe gegen eine Unzahl von Menschen und Menschengruppen zu halten bzw. zu verfassen und allen Ernstes, mit allem Nachdruck ihre Vernichtung und Auslöschung zu fordern.

Was Luther gegen und über den Papst und das Papsttum sagte (vor allem in seiner Schrift ›Wider das Papsttum zu Rom, vom Teuffel gestiftet‹), was er an gräßlichen Haßbildern gegen diese Institution anfertigen und verbreiten ließ, läßt jede Polemik heutiger Kirchenkritiker blaß und geradezu vornehm erscheinen. Was Luther gegen Frauen, Ketzer, Sektierer, Leibeigene, die keine mehr sein wollten, Juden, Prostituierte, gegen die Philosophie, Philosophen und Humanisten an schärfstem Gift versprühte, ist auf seine Weise negativ einzigartig, weil ihm diesbezüglich kein anderer Religionsstifter, kein Reformator auch nur annähernd das Wasser reichen kann. Selbst der Koran und der Talmud in ihren negativen Aussagen über bzw. gegen Nichtgläubige können da im Vergleich zur geballten Wucht von Luthers mörderischen Hetztiraden nicht mithalten.

Kein Wunder, daß ihn Friedrich Nietzsche deshalb ein »Unglück von einem Mönch« nannte und der neomarxistische Philosoph Ernst Bloch ihn zu den »großen Selbsthassern« zählte, der die ganze Welt und Menschheit als »Widerschein« seiner existentiellen und ethischen Verzweiflung erlebte. Andere seriöse Kritiker sind in ihrem Urteil über Luther eher noch schärfer. Luthers Menschenbild und seine Thesen zur Sexualität seien »eine verderbliche Perversion, ein Verbrechen am Menschen und ein wuchernder Wahn« urteilt W. Ronner, Autor des Klassikers ›Die Kirche und der Keuschheitswahn‹. Die Rechtsanwälte C. Sailer und G.-J. Hetzel begründen in ihrer Schrift über gewisse verfassungsfeindliche Umtriebe in allen Einzelheiten, daß »Luther nach heutigem Rechtsverständnis ein Krimineller war, den der Staatsanwalt sofort verhaften ließe, wenn er seiner habhaft würde – wegen Volksverhetzung (§ 130 StGB), Anstiftung zum Mord (§§ 26, 211 StGB), Anstiftung zum Landfriedensbruch (§§ 26, 125 StGB) und Anstiftung zur schweren Brandstiftung (§§ 26, 306 StGB)«. (Natürlich nur, wenn besagter Staatsanwalt von dem Prinzip der Gleichheit vor dem Gesetz ausgeht – aber das sollte er ja.)

In Wirklichkeit unternimmt der Staat selbstverständlich nichts gegen die evangelisch-lutherische Kirche, weil die verantwortlichen Politiker freiwillige Ignoranten in bezug auf die Gesamtheit der Lehren Luthers sind, weil ihr Lutherbild ein alle negativen Aspekte ausklammerndes, geschöntes ist, indem sie von Luther nicht mehr wissen noch wissen wollen, als was ihnen im konfessionellen Religionsunterricht der Schule beigebracht wurde, und weil viele wichtige und einflußreiche Positionen in Staat und Gesellschaft von evangelisch-lutherischen Kirchenmännern und -mitgliedern besetzt sind, die ihrerseits als Verbündete der heutigen Papstkirche gegen weniger staatsverwobene Religionsgemeinschaften zu betrachten sind. Angesichts der weitverbreiteten Ignoranz der Politiker und weiter Kreise der Gesellschaft bezüglich der fatalen Negativität und Destruktivität der Lehren Luthers können evangelische Bischöfe ohne Furcht vor Protesten das Erbe Luthers weiter anpreisen und empfehlen. So erklärte z.B. der evangelische Landesbischof von Loewenich in einer Botschaft im Internet: »Wir wollen das geschichtliche Erbe der lutherischen Tradition bewahren als unsere kulturelle und geistige Heimat.« Das Erbe Luthers ist tatsächlich überall präsent: Es gibt Martin-Luther-Straßen, Martin-Luther-Denkmäler, Martin-

Luther-Schulen und -kirchen. Sein Bild hängt in den Amtsstuben lutherischer Bischöfe und Pfarrer. Kein Mensch nimmt daran Anstoß, obwohl dieser mehr als berechtigt wäre.

Auch nicht die katholische Kirche! Der Ratzinger-Papst hat zwar in seiner vorherigen Position als Chef der Glaubenskongregation der evangelischen Konfession das Attribut, Kirche zu sein, abgesprochen. Aber ausschlaggebend für diese Qualifizierung waren sicher nicht das Negative an Luther, nicht das Inhumane seiner Taten, Lehren und Reden, sondern vor allem die gravierenden Unterschiede in den Auffassungen der beiden Kirchen bezüglich des Papstamtes, des Bischofs- und Priesteramtes und der Eucharistie. Die tödlichen und todbringenden Verdammungen ganzer Menschengruppen durch Luther – was interessiert das die Herren der Kirche, wenn und wo es um das doch »viel wichtigere« und über das Heil mitentscheidende Amts- und Eucharistieverständnis der allein seligmachenden Kirche geht, um das Seelenheil und nicht um das Heil des Leibes, den ja auch die katholische Inquisition, nicht bloß Luther, hunderttausendmal um der Rettung der Seele willen in den Abgrund des Todes geschickt hat. Das Interesse an Dogmen und Paragraphen, an der Reinheit der Lehre und des Kirchenrechts, war der Kirche schon immer wichtiger als der konkrete leidende Mensch.

Zwar verstand es gerade die römisch-katholische Kirche schon immer, gestenreich und mit großen Gebärden die Menschen zu täuschen und ihnen Güte, Liebe, Versöhnungsbereitschaft vorzuheucheln. Dazu eignete sich diesmal ganz vortrefflich der Auftritt von Papst Benedikt *alias* Ratzinger im Augustinerkloster zu Erfurt anläßlich seines Deutschlandbesuchs im September 2011. War doch Luther im Juli 1505 in Erfüllung eines bei einem schrecklichen Unwetter abgelegten Gelübdes Augustinermönch in diesem Kloster geworden und hatte er doch ebenda im April 1507 die Priesterweihe erhalten.

Die Protestanten waren also erfreut und dankbar ob dieser Geste des Papstes und knüpften daran schon wieder Hoffnungen an größere Fortschritte in der ökumenischen Versöhnung der beiden Kirchen. Darin täuschten sie sich aber gewaltig. Konzessionen an die evangelische Kirche machte der Papst – diesbezüglich eiskalt und stahlhart – in keinerlei Weise.

Im Gegenteil: Der schlaue und listenreiche Fuchs Ratzinger könnte mit seinem Besuch im Erfurter Kloster sogar noch etwas ganz Anderes bezweckt haben: »Seht her, Ihr abtrünnigen Protestanten, ich besuche dieses Augustinerkloster in Erfurt, weil da Euer Luther noch ein braver katholischer Ordensmann und Priester war, wohlgemerkt mit katholischer Priesterweihe, die Ihr abgeschafft habt und nicht als Sakrament anerkennt.« Nie hat ja das Papsttum, nie der Vatikan, nie der Ratzinger-Papst, der nach der Devise »right or wrong, my church«

lebt und handelt, vergessen und vergeben, daß ihnen die Reformation fast halb Europa aus ihrem Herrschaftsbereich entrissen hat. Und nie werden die Herren da oben in der Chefetage der katholischen Hierarchie die Ökumene anders verstehen denn als Rückkehr der verlorenen nichtkatholischen Schafe in den Pferch der allein seligmachenden Mutter Kirche und als bedingungslose Anerkennung der legislativen, judikativen und exekutiven Oberhoheit des Papstes.

Da kann ein Hans Küng seit Jahrzehnten noch so bitten und betteln, der Papst möge sich doch zu einem lediglich seelsorgerischen, also »pastoralen Petrusdienst« ohne juristische Befugnisse und Kompetenzen herabstufen lassen, er gilt den Verantwortlichen im Vatikan nur als Narr ohne jeglichen Einfluß auf die kuriale Politik, den sie ohne jegliche negative Konsequenzen für ihn einfach gewähren lassen. Immerhin fungiert er ja als »nützlicher Idiot der Kirche«, wie ihn einmal ein Kollege von der Tübinger katholisch-theologischen Fakultät qualifizierte, weil er die Intellektuellen in der Kirche an der Stange hält, die sich sagen: »Wenn der gelehrte Küng da drin bleibt, muß es ja doch noch Sinn machen, in der Kirche zu bleiben.«

Um zu unserem engeren Thema zurückzukommen: Nach dem Gesagten konnte also auch der Papst bei seinem Auftritt in Erfurt kein Interesse daran haben, die dämonischen, inhumanen Züge in Luthers Charakter zur Sprache zu bringen.

Und die deutschen Bischöfe? Die stecken in einem Dilemma. Gegen den Papst wagt keiner aufzubegehren, aber das ökumenische Klima wollen sie auch nicht verschlechtern. Also ist von ihnen auch kein Wort über das Antihumane in Luthers Lehre und Leben zu erwarten. Sie werden stets die Jubiläen zu Ehren Luthers mehr oder weniger mitfeiern.

Was machen da die Theologen, insbesondere Küng und Drewermann? Nun, ersterer will ja, wie sein jüngstes Buch erneut zeigt, noch immer die Kirche retten, indem er sie in einem begrenzten Maß protestantisiert. Insofern hat er kein Interesse daran, Luther zu kritisieren. Aber er hat natürlich ein Interesse, evangelische Leser auf seiner Seite zu haben und weitere zu gewinnen. Also lobt er in seinem 2011 erschienenen Buch Luther überschwenglich als den, der die katholische Kirche hätte retten können, wenn sie auf ihn gehört hätte: »Nicht der Reformator Luther (...), sondern das **reformfeindliche Rom** – und seine deutschen Handlanger – **trugen die Hauptverantwortung** dafür, daß es (...) zu einer Spaltung zwischen (grob gesagt) der nördlichen und der südlichen Hälfte des Reiches kam, die sich durch die koloniale Expansion der europäischen Mächte auch in Nord- und Südamerika fortsetzen sollte.«

Küng preist weiter fast hymnisch »Luthers persönlichen reformatorischen Impetus wie seine ungeheure historische Sprengwirkung«. Kein Wort verliert er darüber, daß Luther durch seine haßerfüllten Hetzreden und Hetzschriften wesentlich zum Tod von Tausenden von Menschen beigetragen hat. Sollte Küng an diese armen Opfer von Luthers Dämonie überhaupt gedacht haben, dann wäre dieser flüchtige Gedanke in seiner belanglos-allgemeinen Aussage über Luther enthalten, daß »der auch Fehler gemacht hat«. Dieser kleine und niemals unzutreffende Nebensatz ist aber auch schon alles, was Küng an Negativem zu Luther eingefallen ist.

Und auch Drewermann, zwar mit 65 aus der römisch-katholischen Kirche ausgetreten, hat das Katholische, das Allumfassende, das alle für Christus Gewinnende als ehemaliger Priester der Kirche keineswegs aufgegeben, wenn er weiterhin in großen und gut besuchten Vortragssälen alle Gläubigen und Nichtgläubigen dem großen Heiler, dem wichtigsten aller Therapeuten, nämlich Jesus, anempfiehlt. Noch kürzlich hat er aus irgendeinem Anlaß die gewaltige Befreiungstat Luthers öffentlich gelobt. Um bei den Protestanten zu punkten, kann er sich also Kritik an Luther gar nicht leisten.

Kommt noch der dritte prominente Aufbegehrer, Gotthold Hasenhüttl, in Frage, der so »mutig« war, ein ökumenisches Abendmahl mit den Evangelischen zu feiern. Dem kann es nun aber am wenigsten daran gelegen sein, Luthers Perversionen und Obsessionen ans Tageslicht zu befördern, wo doch evangelische Kirchenzeitungen und Zeitschriften ihn wegen seines Mutes so gefeiert und ihm, dem im Vergleich zu Drewermann und Küng eher Unbekannten, eine große Öffentlichkeit verschafft haben. Wirklichen Mut hätte Hasenhüttl freilich gehabt, wenn er vor dem Eintritt in den Ruhestand Charakter gezeigt hätte, nicht bloß durch das Feiern des Abendmahls mit den protestantischen Glaubensbrüdern, sondern z. B. durch sein Outing, daß er das unnatürliche, menschenrechtswidrige Zölibatsgesetz in seiner eigenen Lebenspraxis als katholischer Priester gebrochen habe, indem er sich eine Frau nahm und mit ihr einen Sohn zeugte.

All die theoretischen Ausführungen gegen das kirchliche Zölibatsgesetz seitens der Drewermanns, Hasenhüttls, Küngs haben ja nichts gebracht, haben die Kirchenhierarchie zu keinem Fortschritt bewegt. Wären die Drei aber vor die Öffentlichkeit getreten und hätten sie öffentlich bekannt, daß sie Frauen, Freundinnen, Lebensgefährtinnen hatten bzw. haben und daß sie ihr Outing auch als Protest gegen das widernatürliche Zölibatsgesetz verstanden wissen wollen und um vielen anderen Priestern die Angst vor einem solchen Outing zu nehmen, dann wäre das mutig und sogar wirksam gewesen! Denn ein Hindernis bei der Versöhnung der Kirchen stellt ja auch die Tatsache dar, daß die evangelischen Priester heiraten dürfen, die katholischen nicht.

Allüberall hängt jeder Fortschritt in fast allen menschlichen Angelegenheiten vom Potential an Zivilcourage in einer Gesellschaft ab. Kriechertum bewirkt nichts (vgl. meine Bücher ›Herren und Knechte der Kirche‹ und ›Kritiker contra Kriecher‹), führt nur zur Unredlichkeit und Erschlaffung.

Das hier vorliegende Buch entmythisiert, entmystifiziert, entdivinisiert ohne alle Einschränkungen und Verschleierungen Martin Luther, zeigt seine vergessenen, verdrängten, öffentlich tabuisierten und totgeschwiegenen Aspekte, um jedem an der vollen Wahrheit Interessierten die Möglichkeit zu geben, sich ein Gesamtbild von ihm als Charakter, Lehrer und Täter zu machen. Höchste Zeit, nach 500 Jahren die ganze Wahrheit ans Licht zu bringen, den ungeschminkten, ungeschönten Luther in seiner ernüchternden, befremdenden, ja auch erschreckenden Realität der Öffentlichkeit zu präsentieren, die kirchlich produzierte, staatlich geförderte Licht- und Kultgestalt des Reformators auf ihr wahres, weit geringeres Maß zurückzuführen! Keine Gesellschaft kann ohne schweren Schaden auf die Dauer mit und von der Lüge leben, auch wenn diese Lüge jahrhundertelang konserviert und präsentiert wurde. Nur die Wahrheit macht wirklich frei!

Kapitel I

Luthers Bekehrungserlebnis

W ER UND WIE war Martin Luther? Da ist zunächst einmal die für Protestanten anfangs etwas befremdlich wirkende Tatsache, daß die Wurzeln ihrer Kirche tief ins römisch-katholische Erdreich hinabreichen, denn Luther war nicht nur katholisch, sondern er war katholisch hoch zwei: er war **mönchisch**-katholisch. Und er wäre der Mönch, der er war, höchstwahrscheinlich auch geblieben, wenn da nicht der fatale, unaufhörliche, am Ende aber stets vergebliche und erfolglose Kampf gegen seine gewaltige Triebhaftigkeit gewesen wäre. Seine cholerische Triebnatur widersetzte sich den göttlichen wie den kirchlichen Geboten und Verboten, wollte sich ihnen nicht unterordnen. Luther fühlte sich als Sünder, als Verworfener, denn seine urwüchsige, rohe Kraftnatur sündigte mächtig, um ihm dann nach vollbrachter Tat ebenso mächtige Gewissensbisse zu bescheren. Andere Mönche sündigen in ihren einsamen Klosterzellen auch, aber sie gehen demütig zur Beichte, jenem »herrlichen« sakramentalen Instrument, das die römisch-katholische Kirche für jene Seelen bereithält, denen sie vorher ein deprimierendes Schuldbewußtsein eingeimpft hat. Nach der Befreiung durch das Bußsakrament geht das wackere Sündigen dann von neuem los, bis zum Termin der nächsten Beichte (in vielen Klöstern jede Woche ein- bis zweimal, Zwischendurch-Besuche beim Beichtvater nicht ausgeschlossen!).

Doch Luther war nicht der Typ, der sich mit dieser Prozedur, dieser Automatik des unablässigen Sündigens und Losgesprochenwerdens zufrieden geben konnte. Sein Stolz, sein Hochmut, sein Ehrgeiz, seine Verliebtheit in sich selbst, sein Selbstbewußtsein ertrugen es auf die Dauer nicht, sich ständig als Sünder, als Scheiternden, als dem Anspruch des Gesetzes nicht Genügenden, als Minderwertigen zu empfinden. Lange litt er unter diesem Zwiespalt, der ihn fast neurotisch, fast schizophren werden ließ. Mächtig arbeitete es in ihm, in seinem Unterbewußten. Aber irgendwann brach es aus ihm heraus, kam es wie eine Erleuchtung, ja wie eine Offenbarung durch Gott selbst über ihn. Jetzt war er überzeugt: Auf das Tun des Willens Gottes, auf die Gesetzlichkeit, also die Konformität des Menschen mit den Gesetzen Gottes und der Kirche in der Praxis, auf die »Werke«, kommt es überhaupt nicht an. Die sind in den Augen Gottes, den er nach Maßgabe seiner eigenen Natur weitgehend als übermächtigen und despotischen Willkürgott auffaßte, ein wahres Nichts. Gott vergibt, wem er vergeben will, und verhärtet, wen er verhärten will. Seine Macht und Gnade sind alles, der Mensch mit seinem in den Augen Gottes lächerlichen Tun ist in religiös-moralischer Hinsicht nichts und zu nichts fähig. Die Rechtfertigung des Sünders geschieht allein durch Gott, aus purer Gnade. Der Mensch kann dem nichts, aber auch nichts hinzufügen. Er muß lediglich fest an die Rechtfertigung durch Gottes Gnade und das stellvertretende (des Menschen Leistung vertretende) Sühneleiden Christi glauben.

Jetzt jauchzte Luthers Seele, denn jetzt konnte er seiner Natur freien Lauf lassen, konnte eifrig, mutig, schrankenlos sündigen, ohne seines Heils verlustig gehen zu müssen: »*simul iustus et peccator*« (gleichzeitig Gerechter [Gerechtfertigter] und Sünder) wurde zur höchsten Maxime seines Lebens und zum neuen Ur-Dogma der lutherischen Reformation. Hätte Luther seine Theorie des gleichzeitigen Sünder- und Gerechtfertigtseins nur an sich selbst ausprobiert, wäre er in seiner Mönchszelle geblieben, um dort nur für sich selbst unbeschwert zu sündigen und sich ebenso unbeschwert von allen Sünden freizusprechen, dann wäre dies weitgehend folgenlos geblieben. Aber später glaubte er, wie wir noch sehen werden, daß er sich auch in gesellschaftlicher und religionspolitischer Hinsicht, in bezug also auf die armen und ausgebeuteten Volksschichten sowie in bezug auf andere religiöse Bewegungen keinerlei moralische Schranken aufzuerlegen brauche, was fatalste Folgen zeitigen sollte.

Es war dann um so weniger ein Problem für Luther, seine Ordensgelübde zu brechen, sein Mönchsgewand auszuziehen und eine aus dem Kloster entlaufene Nonne, nämlich Katharina von Bora, zu heiraten. Von der katholischen Mutterkirche wurde Luther jahrhundertelang als Abtrünniger, als Apostat, als Renegat, als Verräter usw. bezeichnet und auch abgebildet. Ein durch und durch negatives Lutherbild wurde bis hoch hinauf ins 20. Jahrhundert den katholischen Volksmassen eingetrichtert.

Im Raum der protestantischen Kirchen und Freikirchen wird dagegen die katholisch-exkatholische Vorgeschichte Luthers mittlerweile meist schamhaft übergangen, werden die biographischen Auslöser seiner abstrusen Lehre von der totalen Heillosigkeit, Sündhaftigkeit und ethischen Unfähigkeit des Menschen möglichst verschwiegen, wird kaum oder überhaupt nicht darauf eingegangen, daß natürlich diese Lehre dadurch beeinflußt wurde, daß Luther mit der mönchischen Disziplin und Askese partout nicht zurechtkam, daß er der von den Ordensgelübden geforderten Moral (der Armut, der Keuschheit, des Gehorsams) nicht zu entsprechen vermochte.

Es ist auch etwas peinlich, darüber zu reden, aber Luthers »Bekehrung«, das Initiationserlebnis zu Luthers Rechtfertigungslehre, geschah auf einem primitiven »Klosett«. »Protestantische Biographen sprechen beschönigend [und in geheimnisvollem Anklang an Apg. 12,9–16, H.M.] vom ›Turmerlebnis‹ des Mönches zu Wittenberg. In Türmen waren die Abtritte häufig eingebaut[1]; die Fäkalien fielen nach außen in den Graben. Unten und oben, Gott und Teufel waren wieder getrennt, der Mensch war gerechtfertigt. Dem Teufel blieb die Beziehung zur Analsphäre erhalten. Luther verjagte ihn nicht nur mit dem berühmten Tintenfaß; er furzte ihn auch an und streckte ihm den Hintern aus dem Bett. Der falsche, der gehaßte Vater, der gebietende und verbietende Papst, er war vom Teufel und beschiß alle Welt und hieß ein Furzesel. Luthers Sprache wimmelt von Ausdrücken dieser Sphäre.«[2]

Luthers Erleuchtungs- und Rechtfertigungserlebnis geschah also auf dem Turmabtritt! Seine Schuldkomplexe waren immer stärker geworden. Die Oberen, die ihm die Schuldgefühle auszureden versuchten, mühten sich vergeblich. Aber schließlich war »Luthers Körperlichkeit (...) endlich stärker als die Krise. Während eines lustbetonten körperlichen Vorgangs kam ihm die Erleuchtung: Zwar konnte der Mensch die Sünde nicht besiegen, aber er brauchte das auch nicht – Gott hatte es bereits getan, für ihn getan im Opfer seines Sohnes (...) Wer daran glaubt, der war gerechtfertigt – ›und alsbald ward meine Seele gesund. Danach ist es Gottes Gerechtigkeit, die uns gerecht macht und uns rettet. Und diese Worte wurden mir eine süße Botschaft. Diese Erkenntnis gab mir der Heilige Geist auf dem Abtritt im Turm‹«[3]

Das war von nun an der Kern von Luthers Glauben und der einheitliche Ausgangspunkt seiner umfassenden Theologie: Wir sind wesenhaft Gefallene, ständig Scheiternde, total Verdorbene. Wir können nichts tun, Gott muß alles tun. Er tut es durch das Blut seines Sohnes, das uns zwar nicht reinwäscht, aber immerhin bewirkt, daß Gottvater versöhnt ist und uns unsere Schuld nicht mehr ankreidet. Ein freier Wille, eine Entscheidungsfähigkeit zum Guten existiert nicht.

---

[1] Bei den Ordensrittern im Ostseeraum hießen solche oft recht markanten Türme »Dansker«.

[2] RONNER 1971, S. 103.

[3] BROWN 1962, S. 252. – TiWA II 177 (1681): Diese Wort, gerecht und Gottes Gerechtigkeit, waren mir etwan in mein Gewissen wie ein Donnerschlag [...] Und mein Herz ward also zu Frieden. Darum ist Gottes Gerechtigkeit die, so uns gerecht und selig macht. Also worden mir diese Worte lieblich und tröstlich, schreckten mich nicht mehr. [...] Dise kunst hatt mir der S[piritus] S[anctus] auf diß Cl[oaca] eingeben. – Vgl. TiWA III 228 (3232): Dise khunst hat mir der Heilig Geist auff diser cloaca auff dem thorm gegeben.

In der ihnen beiden eigenen heutigen Ungenauigkeit haben LW (›Biographische Zeittafel‹) und ›Wikipedia‹ (›Luther‹) die Erleuchtung Luthers ins Arbeitszimmer verlegt.

Kapitel II

Luther und der Papst

S O DIALEKTISCH sind Welt und Leben strukturiert, daß aus der Irrlehre Luthers zunächst auch etwas Positives herausspringen konnte. Denn wenn die Gnade Gottes Luther zufolge den Menschen unmittelbar, ohne dessen Zutun und Verdienste, rechtfertigt, dann würde sie ihn natürlich auch ohne jegliche kirchliche Vermittlung und Vermittlungsrituale rechtfertigen. Dann erweist sich auch der ganze übergewichtige, zwischen den Menschen und seinen Gott tretende klerikale Vermittlungsapparat zur Spendung der Sakramente, zur Herantragung des göttlichen Heils an den Menschen durch die Priester als unnütz, und die ganze römisch-katholische Hierarchie von Papst, Kardinälen, Bischöfen und Priestern, die über die streng von ihnen getrennten Laien herrschen, ist total überflüssig, ja hinderlich für das Heil. Luthers Überzeugung von der wahren Rechtfertigung des Menschen allein aus Gnade, allein aus dem Glauben (»*sola gratia*«, »*sola fide*«) hätte den Reformator also an sich konsequenterweise und zwangsläufig zu einer **demokratischen** Kirchentheorie treiben müssen, zur Theorie einer Kirche, die im Widerspruch steht zu der derben römisch-katholischen Auffassung einer sichtbaren Heilsanstalt, einer massiv organisierten, hierarchisch gegliederten Zwecktruppe zur Erreichung des himmlischen Lohnes für gute Taten in der Verbindung mit dem braven Empfang der von den Pfaffen gespendeten Sakramente als den kirchlich stets verfügbaren Kanälen der Gnade Gottes.

Im Sinne dieser neuen denkbaren demokratischen Kirchenauffassung wurde ja Luther zunächst auch von anfänglichen Mitstreitern und Sympathisanten wie Karlstadt, Müntzer oder den Täufern verstanden. Luther in seiner reformatorischen Anfangsphase, Müntzer, die Täufer, die Hutterer, aber auch einige andere heutige christliche Gruppen, von den beiden Großkirchen verächtlich als »Sekten« bezeichnet, stehen für eine unsichtbare, geistige Gemeinschaft, ein Reich des Glaubens und der Liebe, das keinen Primat und keine Autorität eines Papstes braucht, um funktionieren zu können.

Luthers Ablehnung eines vermeintlich von Jesus gestifteten Primats des Papstes durchlief zwar einige, auch opportunistisch-kompromißlerische Entwicklungsstadien bis hin zur radikalen Leugnung der päpstlichen Oberhoheit und ihrer Identifizierung mit dem Antichrist. Aber man kann diese Ablehnung nicht einfach leugnen, nicht als lediglich zeitgeschichtlich bedingt und heute nicht mehr aktuell entwerten, wie das viele Lutheraner und evangelische Sektenbeauftragte gegenwärtig tun, um das ökumenische Klima nicht zu vergiften und um sich der katholischen Kirche anzubiedern.

Wie gesagt, die heutigen evangelischen Kirchenapologeten lügen sich in die eigene Tasche, wenn sie Luthers Kritik an der römisch-katholischen Kirche zu verharmlosen suchen. In Wirklichkeit resultiert seine ganze ursprüngliche, in manchen Hinsichten ideale Kirchenkonzeption aus einer einzigen Wurzel, nämlich aus seiner Rechtfertigungslehre. Die ist zwar extrem einseitig und als solche anfechtbar, führt aber, konsequent weitergedacht, zur Ablehnung einer sichtbaren und hierarchischen Heilsorganisation, wie sie in klassischer Weise die römisch-katholische Kirche repräsentiert. Sie führt auch konsequent zur Aufhebung aller Schranken zwischen Priestern und Laien, zum »allgemeinen Priestertum« aller Christen, da ja keiner ein ihm von Gott geschenktes Gnadenprivileg dem anderen voraushat.

Tatsächlich aber behielt Luther im Gegensatz dazu die Kirche als Vermittlungsinstanz bei. Überall dort, wo »Wort und Sakrament« in der seiner Meinung nach rechten Auffassung gehandhabt würden, gewinne die unsichtbare Kirche in der sichtbaren Gestalt. Durch die Amtskirche würde auf diese Weise die Rechtfertigungsgnade vermittelt, die der Mensch brauche, um gerettet und nicht ewig verdammt zu werden. Nur der Papst sei überflüssig, die Kirche nicht. Obwohl er vom allgemeinen Priestertum aller Gläubigen sprach, braucht der Gläubige seltsamerweise doch wieder einen speziellen Priester, der ihm predigt und die Sakramente austeilt.

Ohne daß er es wußte oder wollte, wurde aber Luthers Rede vom allgemeinen Priestertum aller Gläubigen antiklerikal und sozial-revolutionär verstanden. Denn auf die mit diesem allgemeinen Priestertum gegebene »Gleichheit aller Christen« beriefen sich nun alle unterdrückten und ausgebeuteten Schichten der deutschen Nation, allen voran die maßlos gequälten Bauern. Zahlreiche Flugschriften der Bauern aus dieser Zeit legen Zeugnis davon ab, daß diese Volksschicht bzw. ihre Führer Luthers Beteuerungen der Gleichheit und »Freiheit eines Christenmenschen« beim Wort nahmen. So wurde Luther mit seiner Predigt vom allgemeinen Priestertum und von der Gleichheit aller Christen wider Willen zum Mitinitiator der im Sommer 1524 losbrechenden Bauernaufstände, die sich fast durchweg auf die Reformation beriefen.

Luther selbst hatte ja auch nicht nur flammende Worte gesprochen, sondern in seiner bombastischen Art auch symbolträchtige Taten gesetzt, die die unterdrückten Volksschichten als Ermutigung zu eigenen Aktionen auffassen mußten.

5

Er hatte zur Bekräftigung seiner Überzeugung, »daß der einzelne Glaubende auch gegen die Leitung der Kirche für das Evangelium einstehen müsse«, die 41 seiner Ablaßthesen verdammende päpstliche Bulle ›Exsurge Domine‹ vom 15.6.1520 vor den Toren Wittenbergs verbrannt, ebenso das Gesetzbuch der Kirche, das ›Corpus Iuris Canonici‹ (oder ein Modell dieser teuren Schrift), um zu demonstrieren, daß das Ende des gesetzlich-rechtlichen Charakters der kirchlichen Ordnung gekommen, sie durch eine neue Ordnung ersetzt sei und das Evangelium (der Gnade) über dem Gesetz stehe. Luther war über diese seine Verbrennungsaktion, »diese pyrotechnische Tat glücklicher als über alles, was er während seines ganzen Lebens je gesagt hatte. Ebenso wie der Klang seiner eigenen Worte zuvor seine Überzeugungen angefeuert hatte, scheint der Anblick des Feuers seine Aufsässigkeit entflammt zu haben. In diesem Augenblick setzte der Kampf zwischen Wort und Tat, zwischen Überzeugen und In-Brand-Setzen ein. Jedes seiner Worte brachte seine Landsleute zu Taten (...) Ehe er sich dessen versah, äußerte Luther gewalttätige Worte, die für ihn zweifellos oft nur Dichtungen des Zorns waren. Aber seinen Anhängern galten sie als Ereignisse, die zu konkreten Taten verpflichteten und sie rechtfertigten.«[1]

Die spektakuläre öffentliche Verbrennung der päpstlichen Bulle und des kirchlichen Gesetzbuches markiert einen Meilenstein im Prozeß der immer weiteren Entfernung Luthers von der katholischen Kirche. Denn mit dieser Verbrennung konkretisierte er anschaulich seinen Ungehorsam gegen Rom und brachte er seine Verachtung der kirchlich kodifizierten Normen zum Ausdruck. Luther demonstrierte öffentlich, daß er »nicht mehr bereit« war, »sich durch die tradierten Kategorien der kirchlichen Justiz fassen zu lassen, und stellte damit die gesamte kirchliche Institution in Frage«[2]. Bald wird er vor maßloser Wut überschäumen, denn gerade die Verbrennung des sakrosankten Gesetzbuches der Kirche durch ihn wurde natürlich in Rom als unerhörter Angriff auf die Grundfesten der eigenen Institution empfunden und sehr bald, nämlich am 3. Januar 1521, mit der päpstlichen Bulle ›Decet Romanum pontificem‹ beantwortet, in der Luther feierlich zum Ketzer erklärt wird. Wie gesagt, jetzt kannte Luthers Zorn keine Grenzen mehr. Hatte er früher dem Papst in Rom noch mancherlei Zeichen der Bereitschaft zum Widerruf gesandt, hatte er sogar ein Jahr nach seinem berühmten Thesenanschlag dem Heiligen Vater noch unterwürfigsten Gehorsam versprochen, so feuerte er jetzt die fürchterlichsten und ordinärsten Schimpfkanonaden gegen Rom ab. Heutige evangelische Theologen möchten

---

[1] ERIKSON 1975, S. 253f.
[2] WIJNKOOP LÜTHI 1996, S. 124.

am liebsten in den Boden versinken, wenn man ihnen vorliest, was Luther in tiefstem Untertänigkeitston noch ein Jahr nach Veröffentlichung seiner Ablaßthesen dem Papst signalisiert hatte: »*Quare, Beatissime Pater, prostratum me pedibus tuae Beatitudinis offero cum omnibus, quae sum et habeo. Vivifica, occide, voca, revoca, approba, reproba, ut placuerit: vocem tuam vocem Christi in te praesidentis et loquentis agnoscam. Si mortem merui, mori non recusabo. Domini enim est terra et plenitudo eius, qui est benedictus in saecula, Amen, qui et te servet in aeternum, Amen*«[3] (WA I 529).

Meinte es Luther ernst mit diesem würdelosen Text? Dann wird für kurze Zeit die sklavische Unterwürfigkeit in der Seele Luthers offenbar, die seine ganze Theologie durchzieht und die am deutlichsten in seiner Lehre vom unfreien Willen in den entscheidenden Glaubens- und Lebensfragen sichtbar wird. Der Mensch ist – nach Luther – entweder vom Teufel oder von Gott besessen, wobei auch der Teufel von Gott als Instrument benützt wird. Niemals hat er jedoch Glaubensfreiheit. Oder meinte Luther es nicht ernst mit der Ergebenheit gegenüber dem Papst? Dann haben wir hier das Musterbeispiel einer rekordhaften Heuchelei vor uns.

Die Stimmungslage Luthers schlägt schließlich von tiefster Unterwürfigkeit zu hochmütigster Überheblichkeit um. Denn nachdem seine Ergebenheitsadressen an den Papst keine Wirkung in dem von ihm erhofften Sinn erbracht hatten, identifizierte sich Luther jetzt mit dem am Papst zu vollstreckenden göttlichen Strafgericht, während er den Papst mit allem Widergöttlichen und Teuflischen gleichsetzte. Die Polarisierung zwischen Luther und dem Papst zeigt deutlich, wie die von ihnen repräsentierten Kirchen vorgehen, wenn's hart auf hart kommt, wenn sie sich in ihrer Machtfülle bedroht fühlen. Dann nämlich wird der Gegner gnadenlos verteufelt. Galt Luther dem Papst als »ein Kind des Satans«, so revanchierte sich der erstere gleich doppelt und dreifach, indem er den Papst als »den letzten und mächtigsten Antichrist«[4] und das Papsttum nebst Kurie als »Unrat des römischen Sodom«[5] bezeichnete. »Der wahre Antichrist«, so Luther, »sitzt in Gottes Tempel und regiert in dem roten Babel. Rom und die römische

---

[3] Deshalb, allerheiligster Vater, falle ich Deiner Heiligkeit zu Füßen und ergebe mich Dir mit allem, was ich bin und habe. Mache lebendig, töte, rufe, widerrufe, billige, mißbillige, wie es Dir gefällt. Deine Stimme werde ich als die Stimme Christi anerkennen, der in Dir regiert und redet. Wenn ich den Tod verdient habe, so werde ich mich nicht weigern zu sterben. Denn die Erde ist des Herrn und was darinnen ist [Ps. 24,1], der sei gebenedeit in Ewigkeit, Amen; er erhalte Dich auch in Ewigkeit, Amen.

[4] WA XV 210: Da das nicht helffen wollt, warff er falsche propheten und yrrige geyster auff und macht die wellt voll ketzer und secten bys auff den Bapst, der es gar mit eyttel secten und ketzerey (alls dem letzten und mechtigsten Antichrist gebürt) zu boden gestossen hat.

[5] Siehe S. 8, Anm. 7.

Kurie ist die Synagoge des Satans.«[6] Ja, er forderte Kaiser, Könige und Fürsten auf, »diese Pest des Erdkreises mit Waffengewalt anzugreifen und die Sache nicht mit Worten, sondern mit Eisen zu entscheiden«. »Wenn wir«, so Luther weiter, »Diebe strafen mit dem Galgen, Räuber mit dem Schwert, Ketzer mit dem Feuer, warum brauchen wir da nicht jeder Art Waffen wider solche Lehrer der Verderbtheit, wider diese Kardinäle, Päpste und die ganze Grundsuppe des römischen Sodoms und waschen unsere Hände in ihrem Blut?«[7]

Es gibt so etwas wie ein »Gesetz der Dämonie« in der Psyche machthungriger bzw. machtbesessener Menschen. Luthers Psyche folgte diesem dämonischen Zwang. Sie glaubte, den Sieg, die Überlegenheit über den Gegner nur dadurch endgültig sichern und garantieren zu können, daß sie ihn mit dem Teufel identifizierte. In seiner Identifizierung des Papsttums mit Teufel und Antichrist schreckte Luther auch vor sexuellen und analen Kennzeichnungen der obersten Spitze der römisch-katholischen Kirche nicht zurück. Luther erklärte allen Ernstes, »daß der einzige Körperteil, den der Papst unbeaufsichtigt lassen mußte, die Kehrseite sei (...) Diese Exterritorialität wurde jedoch vom Teufel erkannt, der sie unverzüglich monopolisierte: ›Wenn wir ymmer solten freud haben‹, sagte Luther, ›so solt uns der Teuffel bescheissen.‹ [TiWA I 244 (522)] (...) unter allen Bereichen seines Körpers hatte die Kehrseite bei ihm zweifellos bösartige Vorherrschaft. Oft sprach Luther Dinge direkt aus, die in unserer Zeit erst Freud implizite, symbolisch und unbewußt in neurotischen Symptomen ausgedrückt fand. (...) Als Freud die Bedeutung dieser unbewußten Dinge entdeckte, war er von der ›offenkundigen Parallele zur Hexerei betroffen‹, die durch die Exkremente des Menschen höllischen Einfluß über diesen zu gewinnen suchte. (...) Luther jedoch, als er sich im Tief seiner Depression als Fäkalie bezeichnete, die bald aus dem Welt-Rectum ausgestoßen werden müsse, näherte sich damit so weit der Sprache des Unbewußten, daß er mit einem weniger poetischen Geist einer Psychose sehr nahegekommen wäre. Seine auf dem Mist gewachse-

---

[6] WA VI 328: (...) *libere pronuntio his scriptis, Antichristum* [Offb. 17,4] *illum verum sedere in templo dei et regnare in Babylone illa purpurata Roma* [Offb. 2,9] *et curiam Romanam esse synagogam Satanae.*

[7] WA VI 347: *Mihi vero videtur, si sic pergat furor Romanistarum, nullum reliquum esse remedium quam ut Imperator, reges et principes, vi et armis accincti, aggrediantur has pestes orbis terrarum remque non iam verbis sed ferro decernant. Quid enim lallant perditi homines, etiam communi sensu privati, quam id quod Antichristus facturus praedicitur, ac si nos insensatiores quam trunci sunt habeant? Si fures furca, si latrones gladio, si haereticos igne plectimus, Cur non magis hos Magistros perditionis, hos Cardinales, hos Papas et totam istam Romanae Zodomae colluviem, quae Ecclesiam dei sine fine corrumpit, omnibus armis impetimus et manus nostras in sanguine istorum lavamus, tanquam a communi et omnium periculosissimo incendio nos nostrosque liberaturi? O foelices Christianos, ubi ubi fuerint, modo sub tali Romano Antichristo, sicut nos infoelicissimi, non fuerint!*

nen Angriffe auf den Papst wurden dagegen eindeutig zur Besessenheit bei ihm. So ließ er zum Beispiel Holzschnitte herstellen, auf denen die Kirche als Hure gezeigt wurde, die rektal eine Teufelsbrut gebiert. Aus dem päpstlichen Familiennamen Farnese macht er ›Furzesel‹.[8] In ihrer Maßlosigkeit drückten Luthers Obszönitäten die Not einer manisch-depressiven Natur aus, die einen Zustand unerbittlicher paranoider Bekämpfung eines fest bestimmten äußeren Feindes aufrechterhalten muß, um zu verhindern, daß sie sich selbst preisgibt und sozusagen ausscheidet. (...) Wir müssen folgern, daß Luther mit seinen analen und wild verwerfenden Lästerungen ein Sicherheitsventil zu finden suchte.«[9]

Schließlich konnte Luther nicht einmal mehr beten, ohne das Papsttum zur gleichen Zeit zu verteufeln: »Ich kann nicht mehr beten, ohne fluchen zu müssen. Soll ich sagen: Geheiligt werde dein Name, muß ich dafür sagen: Verflucht, verdammt, geschändet muß der Papisten Namen werden (...) Soll ich sagen: Dein Reich komme, so muß ich dafür sagen: Verflucht, verdammt, zerstört muß das Papstum werden (...) Wahrlich, so bete ich alle Tage mit Mund und Herz ohn' Unterlaß.«[10]

Hier stehen wir tatsächlich vor dem Tatbestand einer Zwangsneurose, einer krankhaften Obsession, einer Besessenheit, die dem älteren Luther immer mehr zu schaffen machte. Seine Psyche wurde von ein paar fixen Ideen (gefangen-)gehalten, die er nicht mehr kritisch zu hinterfragen vermochte. Die Polarität zwischen der kritiklosen Vereinnahmung Gottes für sich selbst auf der einen und der Gleichsetzung des Gegners mit dem Teufel und den verschiedensten sexuellen Perversionen auf der anderen Seite hatte ihren »religiösen« Höhepunkt bei Luther erreicht, einen Höhepunkt, auf dem es ihm sogar zur Gewißheit wurde, was er auch flugs öffentlich verkündete, »daß niemand gerettet werden könne, der nicht wie er die römische Kirche verlasse«[11]. Aber selbst diese

---

[8] WA LIV 265: Wolan, das sey itzt in der kurtz von dem ersten schaden geredt, den der Bapst mit seinem Binden gestifftet hat. Denn wer kans alles erzelen, was der Teuffel durch den Bapst mit Koenigen und Keisern zu morden und zu verraten geübt hat? Sie sind weltliche Herrn, von Gott geordnet. Warumb leiden sie solchs von einem faulen wanst, groben Bapstesel und fartzesel zu Rom?

[9] ERIKSON 1975, S. 270 ff.

[10] WA XXX.3 470: Denn ich kan nicht beten, Ich mus da bey fluchen. Sol ich sagen: Geheiligt werde dein name, mus ich da bey sagen: Verflucht, verdampt, geschendet müsse werden der Papisten namen und aller, die deinen namen lestern. Sol ich sagen: Dein Reich kome, so mus ich da bey sagen: Verflucht, verdampt, verstöret müsse werden das Bapstum sampt allen Reichen auff erden, die deinem reich widder sind. Sol ich sagen: Dein wille geschehe, So mus ich dabey sagen: Verflucht, verdampt, geschendet und zu nichte müssen werden alle gedancken und anschlege der Papisten und aller, die widder deinen willen und rat streben. Warlich, so bete ich alle tage mündlich und mit dem hertzen on unterlas [...]

[11] ERIKSON 1975, S. 253.

Fixiert- und Besessenheit Luthers hat ihre heutigen Parallelen, auch wenn dies nicht im klinisch-psychiatrischen Sinn relevant sein muß. Denn von Besessenheit im weiteren Sinn bei zahlreichen evangelischen Sektenbeauftragten darf wohl berechtigterweise gesprochen werden, wenn man sieht, wie die meisten von ihnen ununterbrochen und maßlos alles Negative, Perverse, Dämonische den sog. Sekten unterstellen und diese Unterstellungen gebetsmühlenartig in den Medien wiederholen. Auch sie halten wie Luther ein Feindbild mit allen Mitteln aufrecht, um nicht in die psychotischen Abgründe ihrer eigenen Schlechtigkeiten hinabzustürzen – ein nicht nur bei Inquisitoren und anderen im Religionsbereich tätigen Verfolgern wirksamer Mechanismus, den Freud als »Projektion« beschrieben hat.

Kapitel III

Luther und die Bauern

> Schon durch die Schrift ›Wider die räube-
> rischen und mörderischen Rotten der Bau-
> ern‹ hatte Luther seinen lebhaftesten Anteil
> an den Ereignissen in Thüringen bekundet.
>
> *So ausgedrückt von den Herausgebern der*
> *Weimarer Ausgabe* (WA XVIII 362).

Luther setzte sein »Gott-Teufel-Schema« schließlich praktisch gegen alle Gruppierungen, Richtungen und Strömungen vehement ein, die nicht total auf seiner Linie lagen oder sich ihm nicht vollständig unterordneten. Ganz besonders schlimm traf es die aufständischen Bauern und ihre Anführer. Kein Mittel zur Überzeugung der staatlichen Obrigkeit von der Notwendigkeit, schärfste Methoden gegen die Bauern in Anwendung zu bringen, erschien Luther so wirksam wie das der Verteufelung dieser gehetzten, armen Menschen: Es könne »nichts Giftigeres, Schädlicheres, Teuflischeres« (WA XVIII 358) geben als diese Leute, die »nichts als Teufelswerk«[1] trieben; sie »dienten (...) dem Teufel unter dem Schein des Evangeliums«[2], weswegen »sie wohl zehnmal den Tod verdient haben an Leib und Seele«; sie seien »des Teufels« und bildeten einen »teuflischen Bund« der »Bosheit und Verdammnis«.[3] Er, Luther, meine, daß kein Teufel mehr

---

[1] WA XVIII 357: Dabey man nu wol sihet, was sie ynn yhrem falschen synn gehabt haben, und das eyttel erlogen ding sey gewesen, was sie unter dem namen des Euangeli ynn den zwelff artickeln haben furgewendet, Kurtz umb, eyttel teuffels werck treyben sie.

[2] WA XVIII 358: Zum dritten, das sie solche schreckliche, grewliche sunde mit dem Euangelio decken, nennen sich Christliche bruder, nemen eyd und hulde und zwingen die leutte, zu solchen grewln mit yhnen zu halten, da mit sie die aller grosten Gotteslesterer und schender seynes heyligen namen werden und ehren und dienen also dem teuffel unter dem scheyn des Euangelij, daran sie wol zehen mal tod verdienen an leib und seele, das ich hesslicher sunde nie gehoret habe.

[3] WA XVIII 361: Denn die bawren lassen yhn nicht benügen, das sie des teuffels sind, Sondern zwingen und dringen viel frumer leute, die es ungerne thun, zu yhrem teuffelischen bunde und machen die selbigen also teylhafftig aller yhrer bosheyt und verdamnis.

in der Hölle sei, sondern allesamt in die Bauern gefahren seien.[4] Darum solle »fliehen vor den Bauern, wer da kann, wie vor dem Teufel selbst.«[5]

War die Identität der Bauern mit dem Teufel als Inbegriff des schlechthin und unüberbietbar Bösen einmal hergestellt und den Adressaten von Luthers Empfehlungen eingetrichtert, dann gab es für die letzteren bei der Begegnung mit Bauern nur noch diese Alternative: entweder zu fliehen oder das teuflische »Bauernpack« totzuschlagen. Luther gibt allen Ernstes und mit allem Nachdruck neben dem Rat, zu fliehen, auch die Devise aus, die Bauern zu vernichten: Wer einen Aufrührerischen »am ersten kann und erwürgen mag, tut recht und wohl. Denn über einen öffentlichen Aufrührerischen ist ein jeglicher Mensch beides, Oberrichter und Scharfrichter. Gleich, als wenn ein Feuer angeht, wer am ersten löschen kann, der ist der beste (…) Drum soll hier zuschmeißen, würgen und stechen, heimlich oder öffentlich, wer da kann (…) Gleich, als wenn man einen tollen Hund totschlagen muß.«[6] »Denn hundert Tode sollte ein frommer Christ erleiden, ehe er ein Haarbreit in der Bauern Sache einwilligte.«[7]

Was Luther hier in seiner maßlosen Hetze antreibt, ist schlimmste Lynchjustiz, weil er jeden Gegner der Aufständischen legitimiert, als Ober- und Scharfrichter zu fungieren.

Noch rasender als gegen die Bauern wütete Luther gegen deren ideologischen Führer, gegen Thomas Müntzer. Kein Wunder, daß er gegen ihn noch intensiver als gegen sie die diskriminierendste Waffe machtpervertierter Religion einsetzte: die Verteufelung im Namen Gottes, der allein durch Luther spreche. Luthers ›Brief an die Fürsten zu Sachsen von dem aufrührerischen Geist‹ (Juli 1524) ist ein einziges Hetzschreiben gegen Müntzer, in dem er den sächsischen Adel auffordert, den »vermaledeiten Satan von Allstedt« (WA III 311), wie er diesen revolutionären Führer der Bauern zu titulieren pflegte, gewaltsam zu beseitigen. Er beschimpft ihn in diesem Brief als einen »Weltfressergeist« (WA XV 214), einen »lügenhaften Teufel«, einen »schlechthin Teufel«, einen »Lügengeist« (WA XV 215), einen »ausgetriebenen Satan« (WA XV 211), womit Luther auf Müntzers Vertrei-

---

[4] WA XVIII 359: Ich meyn, das keyn teuffel mehr ynn der helle sey, sondern allzumal ynn die bawrn sind gefaren.

[5] WA XVIII 361: So bitte ich nu, fliehe von den bawren, wer da kan, alls vom teuffel selbs.

[6] WA XVIII 358: Auch eyn auffrurischer mensch, den man des bezeugen kan, schon ynn Gotts und Keyserlicher acht ist, das, wer am ersten kan und mag den selben erwurgen, recht und wol thut, Denn uber eynen offentlichen auffrurigen ist eyn iglicher mensch beyde ober richter und scharffrichter, gleich als wenn eyn feur angehet, wer am ersten kan leschen, der ist Der best […] Drumb sol hie zuschmeyssen, wurgen und stechen heymlich odder offentlich, wer da kan, und gedencken, das nicht gifftigers, schedlichers, teuffelischers seyn kan, denn eyn auffrurischer mensch, gleich als wenn man eynen tollen hund todschlahen mus.

[7] WA XVIII 361: Denn hundert tödte sollt eyn frumer Christ leyden, ehe er eyn harbreyt ynn der bawren sache bewilliget.

bung aus Zwickau im April 1521 anspielt. Ihm fehle, so Luther gegen Müntzer, die Legitimation durch Gott, deshalb sei er ebenso wie sein »zusammengerotteter« Bund der Auserwählten gewaltsam auszuschalten: »Dazu rottet er sich selbst, als sei er allein Gotts Volk, und fährt zu, ohne ordentliche Gewalt von Gott verordnet und ohne Gottes Gebot, und will seinem Geist geglaubt haben.«[8] Es wäre »vor den Leuten und der Welt nicht zu entschuldigen«, wenn die Fürsten »aufrührische und frevle Fäuste dulden und leiden sollten«.[9] In anderen Schreiben sind Luthers Beschimpfungen seines großen Gegners eher noch maßloser. Er bezeichnet ihn in seiner ›Ermahnung zum Frieden auf die zwölf Artikel der Bauernschaft in Schwaben‹ als einen »rottischen Propheten«[10], als »den Erzteufel, der zu Mühlhausen regiert und nichts als Raub, Mord, Blutvergießen anrichtet«, in ›Wider die räuberischen und mörderischen Rotten der Bauern‹ als »einen Mörder von Anbeginn«[11]. Zu guter oder richtiger: zu schlechter Letzt stellt Luther noch einmal eine von Haß triefende Schrift gegen Müntzer fertig, die den bezeichnenden Titel trägt: ›Eine schreckliche Geschichte und ein Gericht Gottes über Thomas Müntzer‹.

Woher stammte Luthers entsetzlicher, im wörtlich zu nehmenden Sinn mörderischer Haß[12] gegen Müntzer? Es scheint kein Zweifel daran bestehen zu können, daß Luther sehr bald erkannt haben mußte, daß Müntzers redlichere, geradlinigere und konsequentere Haltung, noch dazu verkörpert in einer ihm intelligenzmäßig und in bezug auf Ausdruckskraft und Wortgewalt der Sprache ebenbürtigen Persönlichkeit, eine Infragestellung seines reformatorischen Werkes und eine Verurteilung von dessen Halbheiten bedeutete. Die ursprünglichen,

---

[8] WA XV 220: Ja wenn das recht were, das wyr Christen sollten kirchen brechen und so stürmen wie die Juden, So wollt auch hernach folgen, das wyr müsten leyblich tödten alle unchristen, gleych wie den Juden gepotten war, die Cananiter und Amoriter zu tödten, so hart, als die bilder zu brechen. Hie mit würde der Alstettisch geyst nichts mehr zuthun gewynnen denn blut vergiessen, und wilche nicht seyne hymlische stym höreten, müsten alle von yhm erwürget werden, das die ergernis nicht blieben ym volck Gottes, wilche viel grösser sind an den lebendigen unchristen denn an den hültzen und steynern bilde. Dazu war solch gepott den Juden geben alls dem volck, das durch wunder Gottes bewerd war, das gewis Gottes volck war, und dennoch mit ordenlicher gewallt und oberkeyt solchs thet, und nicht sich eyne rotte aus sondert. Aber diser geyst hat noch nicht beweyset, das da Gottes volck sey, mit eynigem wunder, da zu rottet er sich selbs, als sey er alleyn Gottes volck, und feret zu on ordenlich gewallt von Gott verordenet und on Gottes gepott, und will seynem geyst gegleubt haben.

[9] WA XV 213: So würde es auch fur den leutten und der wellt nicht zu entschuldigen seyn, das E. F. G. auffrürissche und freuele feuste dulden und leyden sollten.

[10] WA XVIII 320: Es wird eyn rottischer prophet eitwa seyn, der seynen mutwillen durch euch an dem Euangelio sücht.

[11] WA XVIII 357: Und yhn sonderheyt ists der ertzteuffel, der zu Mölhusen regirt und nichts denn raub, mord, blutvergiessen anricht, wie denn Christus Johan. viij. von yhm sagt, das er sey eyn morder von anbegynn.

[12] TiWA I 196 (446): Also hab ich Müntzern getödtet, deß Tod liegt auf meinem Halse. Ich hab es aber darum gethan, denn er wollte meinen Christum tödten.

in der von Luther gemachten Glaubens- und Rechtfertigungserfahrung liegenden demokratischen und sozial-befreienden Ansätze hatte dieser wieder zurückgenommen oder zunichte gemacht, Müntzer aber radikal und konsequent zu Ende gedacht, dargestellt und gelebt, und wer läßt sich gerne beim gerade laufenden Selbstbetrug stören? Der giftigste Haß entsteht immer bei dieser Gelegenheit, insbesondere, wenn jemand sich vorgewagt hat und dann seinen Rückzug »rationalisiert«.

Besonders am Vergleich mit Müntzer mußte Luther schmerzhaft enttäuschend klar werden, daß er mit seiner Reform auf halbem Wege stehengeblieben war, ja, daß er – was schlimmer war – die Stoß- und Sinnrichtung seiner fortschrittlichen Ideen und Impulse wieder zurückgebogen, zum Teil selber verraten hatte. Gerade die Jahre 1524 und 1525, in denen Luther in seinen Schriften und Aufrufen so maßlose Hetzpropaganda gegen Müntzer und die Bauern betrieben hatte, bedeuteten zugleich und in Verbindung damit das Ende einer Volksbewegung und den endgültigen Beginn einer pseudoreformatorischen Reaktion, Restauration und Reglementierung von oben. Die dem Papst sklavisch hörige Kirche war nun durch eine dem Landesfürsten nicht minder hörige Kirche ersetzt, wobei der »weltliche« Herrscher jetzt praktisch alle kirchlich-bischöflichen Vollmachten besaß, so daß im obrigkeitlich verwalteten Landeskirchentum lutherischer Provenienz die Verbindung von Thron und Altar enger, der allmächtige Kirchenstaat härtere Realität geworden war als in der vorreformatorischen, kirchlich-katholischen Zeit, in der der Kampf zwischen Kaiser und Papst, Landesfürst und Kirchenfürst bisweilen noch Freiräume oder Pufferzonen geschaffen hatte. Durch Luther selbst war also aus seiner unsichtbaren, geheimen, nur Gott bekannten Universalkirche der wahrhaft Glaubenden der massiv-sichtbare Kirchenstaat geworden, ein Kirchenstaat, der auf andere Weise, aber nicht minder brutal als in der kurialen Verwaltung der Romkirche das religiöse Anliegen des Menschen pervertierte und entprivatisierte, indem er Konsistorien, oberste religiöse Verwaltungsgremien, aus dem Landesfürsten als Vorstand und je zwei Theologen und Juristen bestehend, gründete, die das ganze Leben des Christen, seine Arbeit, seinen Beruf durchgehend reglementierten, observierten und ggf. unter Strafe stellten, eine Strafe, die das Recht einschloß, ihn zu inhaftieren, der Bürgerrechte zu berauben, ihm den Arbeitsplatz zu nehmen, ihn sozial zu isolieren.

Marxens Wort, Luther habe »die Pfaffen in Laien verwandelt, weil er die Laien in Pfaffen verwandelt hat« (MEW I 386)[13], muß besonders auf die Landesfür-

---

[13] »MEW« bedeutet die »Dietz-Ausgabe« (›Marx/Engels Werke‹, Berlin 1959ff.) – Daß Marx sich ausführlich mit Luther beschäftigt hat, belegen u.a. zahlreiche ausführliche Lutherzitate im ›Kapital‹ (z.B. MEW XXV 346 f.).

sten angewandt werden, die nun Laien und Pfaffen, weltliche und geistliche Herrscher, zugleich waren. Die religiöse Knechtschaft und Bevormundung war jetzt sogar in gewisser Weise noch größer geworden als vor der Reformation. Denn der durch Gebet und ernstes Sich-Einlassen auf die Weisheit der Heiligen Schrift, durch innere Erfahrung und klares, mutiges Bekenntnis zur »reinen Lehre« mündig und innerlich frei gewordene Christ hatte plötzlich zwar nicht mehr den katholischen Dogmen, den Glauben und Moral regelnden Verlautbarungen von Papst und Bischöfen als maßgebenden, sich über sein religiöses Innenleben hinwegsetzenden Normen zu gehorchen, wohl aber genauestens auf den Willen des Landesfürsten als höchsten Glaubens- und Sittenmaßstab zu achten. Nicht nur dessen religiöses Glaubensbekenntnis war anzuerkennen und zu übernehmen, wenn man aus dem Bereich seines Fürstentums nicht auswandern wollte, sondern im Grunde auch seine weltlichen Entscheidungen im politischen, gesellschaftlichen und wirtschaftlichen Bereich.

Allen Ernstes äußerte Luther 1528 die Ansicht, »daß das Gebot des Moses, ›ehre deinen Vater‹, sich auf diese Fürsten beziehe und daher mit dem ausdrücklichen Verbot politischer Rebellion gleichzusetzen sei (...) Auch der Betende sollte nicht nur mit sich selbst zu Rate gehen, sondern auch auf seine Herrscher hören, um alle Zeichen des göttlichen Plans sicher wahrzunehmen. Dieses neue Gesicht eines Gottes, der sich im Gebet, in der Heiligen Schrift *und* in den Entscheidungen des Landesvaters erkennen ließ, wurde für eine neue Klasse und für eine Religiosität, die den neuen merkantilen Fortschrittsbestrebungen entgegenkam, bestimmend. Obwohl er heftiger als irgend jemand sonst auf Ablaß und Wucher reagiert hatte, half Luther, die metaphysische Mesalliance zwischen Wirtschaftsegoismus und Kirchenzugehörigkeit vorzubereiten, die für die westliche Welt so kennzeichnend wurde.«[14] Die Gegenreformation konnte durch neue, verinnerlichende Predigten und Frömmigkeitsbestrebungen deshalb so an Boden gewinnen, weil Luther seinen Kampf gegen die veräußerlichten Formen romhöriger Religiosität auf halbem Wege abgebrochen hatte.

Luther hatte also sein reformatorisches Werk zwar »gerettet«, indem er es devot in die Hände der Obrigkeit gelegt, unter den Schutz der Herrschenden, der Fürsten, gestellt hatte, so daß es vor den mit den Bewegungen der unteren Volksschichten verbundenen Risiken und Krisen verschont geblieben war. Aber

---

[14] ERIKSON 1975, S. 263f. – In diesem Zusammenhang ist auch der von Herbert Marcuse zusammengestellte ›Ideengeschichtliche Teil‹, der sich auch ausführlich mit Luther befaßt, des Horkheimer'schen Sammelwerkes über ›Autorität und Familie‹ sehr aufschlußreich. Diese Untersuchung wurde in der »Besseren Zeit« (Steinbach) wieder zugänglich gemacht durch einen Marcuse-Sammelband des Suhrkamp-Verlags: MARCUSE 1969, S. 59–68 (über Luther).

der Preis, den er, den die Reformation dafür bezahlen mußte, war enorm hoch: Der religiösen Emanzipationsbewegung, die er eingeleitet hatte und die nicht ohne tiefgreifende sozialpolitische Folgen hätte bleiben können, hatte Luther eine ebenso gewaltige Retardations- und Reaktionsbewegung entgegengesetzt, welche jeden Befreiungsprozeß praktisch zunichte machen mußte. Die theoretischen Weichen für eine solche Entwicklung hatte Luther bereits relativ früh gestellt. Seine Schrift ›Von der Freiheit eines Christenmenschen‹ leitet er programmatisch mit den seine paradoxe Haltung zum Befreiungsprozeß theoretisch rechtfertigenden zween beschluß ein (WA VII 21):

Eyn Christen mensch ist eyn freyer Herr über alle ding und niemandt unterthan.

Eyn Christen mensch ist eyn dienstpar knecht aller ding und yderman unterthan.

Indem Luther derart die Glaubensfreiheit in widernatürlicher Weise von der politischen und gesellschaftlichen Freiheit abtrennte, hat er die sozioökonomische Befreiung der arbeitenden Volksschichten in Deutschland für den Zeitraum ganzer Jahrhunderte entscheidend blockiert, auf jeden Fall die optimalen Stichworte dazu gegeben. Durch sein reaktionäres Verhalten in Wort und Tat blieb die Volksmehrheit an den religiösen, politischen und gesellschaftlich-ökonomischen Entscheidungen der nächsten Jahrhunderte so gut wie gänzlich unbeteiligt. Es bedarf keiner großen Phantasie, um sich die Folgen der Ethik Luthers für die Politik auszumalen. Jedenfalls bedeutete seine radikale Trennung von religiöser und politischer Freiheit, sein damit verbundenes Axiom, daß der Christ im weltlichen Bereich der von Gott gesetzten Obrigkeit unbedingt zu gehorchen habe, praktisch die Freisetzung und Legitimierung jeder politischen Handlungsweise der Herrschenden.[15]

---

[15] Vgl. dazu Marcuses recht abstrakte, doch scharfsinnige Feststellung: »Die näheren Bestimmungen der inneren Freiheit [sc. i.S. Luthers] sind alle im Gegenzug zur äußeren Freiheit gegeben, als Negation eines bloß äußerlichen Freiseins: den freien Christenmenschen kann ›kein äußerliches Ding [...] frei noch fromm machen‹, denn seine Freiheit und sein ›Gefängnis‹ sind ›nicht leiblich noch äußerlich‹; keins der äußerlichen Dinge ›reicht bis an die Seele, sie zu befreien oder zu fangen‹. Durch nichts, was in der Welt ist und von der Welt herkommt, kann die ›Seele‹ und ihre Freiheit angegriffen werden: dieser furchtbare Satz, der schon die ganze Rechtfertigung des ›äußeren‹ Elends und seine ›transzendentale‹ Rechtfertigung ermöglicht, ist noch der Grund-Satz den Kant'schen Freiheitslehre; er ist es, der die *wirkliche* Unfreiheit in den *Begriff* der Freiheit hineinnimmt. Von hieraus kommt in diesen Freiheitsbegriff ein eigentümlicher [...] Doppelsinn: der in seine innere Freiheit eingeschlossene Mensch ist so frei über alle äußeren Dinge, daß er frei *von* ihnen wird – daß er sie gar nicht mehr ›hat‹, ihrer gar nicht mehr mächtig ist« (MARCUSE 1969, S. 60). Jedenfalls wird er für seine Herren dadurch erfreulich billig, und da auch seine schlechteste Behandlung nicht das einzig Wichtige an ihm trifft, braucht sie auch bei denen, die sie durchführen, kein schlechtes Gewissen mehr zu machen, und wer sie abkriegt, sollte sich nicht so haben.

Der Herrschende wiederum hatte dafür zu sorgen, daß im Land nur ein einziger Glaube praktiziert wird. Andersgläubige werden als »Aufrührer« gebrandmarkt und müssen nach Luthers Lehre hingerichtet werden. Gemäß seiner Lehre gelten Staat und Kirche als die beiden Reiche zur rechten und linken Hand Gottes. Die Kirche stellt dem totalitären Fürstenstaat die Gläubigen als gehorsame Staatsdiener zur Verfügung, der Staat unterstützt und hilft der Kirche und ermordet eventuell Gegner der Kirche.

Nicht nur der Reformation hatte Luther auf diese Weise den »Frieden« gegeben, auch sein eigenes Leben hatte nun alles Rebellische, Revolutionäre, Riskante seiner jungen Jahre abgestreift und verlief in friedlichen, bürgerlich sicheren, wirtschaftlich risikolosen Bahnen. Er bezog als Pastor und Professor ein festes, relativ hohes Gehalt, und der Kurfürst hatte ihm das leerstehende Augustinerkloster zu Wittenberg sozusagen als erstes lutherisches Pfarrhaus zur Verfügung gestellt. Um so mehr mußte es Luther wurmen, daß Thomas Müntzer auch durch sein äußeres Lebensschicksal, ganz anders als er, der Typ des stets für alle Veränderungen offenen Revolutionärs geblieben war. Als Gesuchter, Gejagter, Verfolgter, als Ausgewiesener, Verbannter, oft zur Flucht vor dem Zugriff der Obrigkeit Gezwungener bildete er das Leben Jesu ganz anders ab als Luther. Indem der oft mittellose Müntzer sich mit keinem materiellen Gut identifizierte, konnte er sich auch der Gefahr der Verfestigung und Erstarrung der eigenen Vorstellungswelt und seines Charakters ganz anders entziehen als Luther. Auch blieb er auf diese Weise dem Los der Entrechteten und Unterdrückten seiner Zeit viel tiefer verbunden als jener. Wie eine scharfe, giftige Pfeilspitze mußte also Luther die Titulierung treffen, die Müntzer ihm angedeihen ließ: »Bruder Mastschwein«, »Bruder Leisetritt« und »Bruder Sanftleben« pflegte ihn Müntzer zu nennen. Viel tiefer aber mußte es dem Selbstbild des nach Macht verlangenden und um die Volksgunst buhlenden Reformators den Boden entziehen, daß Müntzer ganz radikal und konsequent in allem, was er sagte und tat, die Nähe des Volkes suchte und das Volk bis an sein tragisches Lebensende nie verriet. Als erster und vor Luther hatte Müntzer mit seinen Schriften ›Deutsch-evangelische Messe‹ und ›Deutsches Kirchenamt‹ fürs Volk eine deutsche Liturgie geschaffen und dabei den Anteil der Gemeinde am Gottesdienst stark betont. In seiner Schrift ›Ordnung und Berechnung des Deutschen Amtes zu Allstedt‹ von 1523 hatte er die Einführung der deutschen Sprache in den Gottesdienst gerechtfertigt, und diese Rechtfertigung ist ein Zeugnis der Müntzerschen Liebe zum Volk, ebenso wie seine Beteiligung des Volkes an den wesentlichen Handlungen und Momenten der Messe von dieser Liebe zeugt. »Ach, wie blinde, unwissende Menschen sind wir«, klagt Müntzer, »daß wir uns vermessen, allein Christen zu sein in äußerlichem Gepränge, und uns darüber [auch noch] zanken wie wahnsinnige, viehische Menschen!«[16] Er fordert alle Christen auf, »die abergläubischen Zeremonien oder Gebärden durch stetiges Anhören des göttlichen Wortes hinfällig werden zu lassen.«[17] Größenwahnsinnige verspüren nicht selten das dringende Bedürfnis, ihre »gewaltigen Taten« noch zu erhöhen, zu verewigen und mit einer **numinosen** Aureole zu umgeben, indem sie sich für die »eherne Notwendigkeit« dieser Aktionen auf den »Befehl Gottes« oder die »Vorsehung« berufen. Ganz genauso berief sich Luther auf den ihm gegebenen Befehl Gottes, den Fürsten die Weisung zu erteilen, die Bauern totzuschlagen: »Prediger sind die größten Totschläger, denn sie vermahnen die Obrigkeit ihres Amts, daß sie böse Buben strafen sollen. Ich, M. Luther, hab im Aufruhr alle Bauern erschlagen, denn ich hab sie heißen totschlagen; all ihr Blut ist auf meinem Hals. **Aber ich weise es auf unsern Herrn Gott, der hat mir das zu reden befohlen**«[18] (Hervorhebung H.M.).

In der Tat: Luther »schiebt« auf den Herrgott den ganzen psychischen Komplex von Enttäuschung, Wut, gekränktem Ehrgeiz, Angst (vor dem Verlust seines Einflusses), Herrschsucht und Aggression, aufgrund dessen er seine maßlosen Appelle zum Niederknüppeln und Totschlagen der Bauern verfaßt hatte. Daß dieser Komplex, den er dann mit Gottes Befehl rechtfertigte, hinter seiner haßerfüllten Einstellung gegen die Bauern stand, beweist der Umstand, daß Luther zunächst ganz anders sprach, die berechtigten Anliegen der Bauernschaft und der geknechteten Volksmassen mit ungetrübtem Blick zu würdigen vermochte, die furchtbaren Übergriffe der Herrschenden durchaus verurteilte: Denn »sie konnten«, wie es in Luthers Schrift ›Von weltlicher Obrigkeit, wie weit man ihr Gehorsam schuldig sei‹ (1523) heißt, »nicht mehr denn schinden und schaben, einen Zoll auf den anderen, einen Zins über den anderen setzen (...) und handeln, daß es Räubern und Buben zuviel wäre und ihr weltlich Regiment ja so tief darniederliegt als der geistlichen Tyrannen Regiment.«[19] »Und sollst wissen, daß von Anbeginn der Welt ein kluger Fürst gar ein seltener Vogel ist, ein frommer Fürst noch viel seltener. Sie sind gewöhnlich die größten Narren oder die ärgsten

---

[16] Wehr 1973, S. 61.

[17] Wehr 1973, S. 57.

[18] TiWA III 75 (2911): Prediger ſind die größten Todtſchläger, denn ſie vermahnen die Oberkeit ihres Amts, daß ſie böſe Buben ſtrafen ſollen. Ich, M. Luther, hab im Aufruhr alle Bauern erſchlagen, denn ich hab ſie heißen todtſchlagen; all ihr Blut iſt auf meinem Hals. Aber ich weiſe es auf unſern Herrn Gott, der hat mir das zu reden befohlen.

[19] WA XI 265: Sie funden nicht mehr denn ſchinden und ſchaben, eyn zoll auff den andern, eyn zinße uber die andern ſetzen, da eyn bern, hie eyn wolff auß laſſen, Datzu kein recht trew noch warheyt bey yhn laſſen funden werden und handelln, das reuber und buben zu viel were, und yhr welltlich regiment ja ſo tief darnyder ligt als der geyſtlichen Tyrannen regiment.

Buben auf Erden.«[20] »Man wird nicht, man kann nicht, man will nicht eure Tyrannei und Mutwillen die Länge leiden. Liebe Fürsten und Herren, lernet euch danach zu richten, Gott wills nicht länger haben. Es ist jetzt nicht mehr eine Welt wie vorzeiten, da ihr die Leut wie das Wild jagtet und triebet. Darum laßt ab von eurem Frevel und eurer Gewalttat.«[21] »Der gemeine Mann hat über das Unrecht nachgegrübelt, das ihm an Besitz, Leib und Seele widerfahren ist (...)«[22] »Wenn ich zehn Leiber hätte (...), ich würde sie um dieser armen Menschen willen mit Freuden opfern.«[23] Ja, selbst Anklänge eines christlichen Kommunismus finden sich auch bei Luther: »Im Christentum ist allgemein anerkannt, daß das Gut, das einem gehört, auch dem Nächsten gehört; es kennt keine Unterschiede, jeder hilft jedem nach Kräften mit Leib und Leben, Gut und Ehre.«[24]

Auch in seiner ›Ermahnung zum Frieden auf die zwölf Artikel der Bauernschaft in Schwaben‹ (Ende April 1525) versucht sich noch Luther im Bewußtsein seiner ideologischen Führer- und religiösen Prophetenrolle als übergeordneter Schiedsrichter über den streitenden Parteien. Den Fürsten und Herren gab er zu bedenken, daß sie zum Wohl der Untertanen da seien: »Was hülfs, wenn eines Bauern Acker so viel Gulden wie Halme und Körner trüge, wenn die Obrigkeit nur desto mehr nähme, und das Gut so verschleuderte mit Kleidern, Fressen, Saufen, Bauen und dergleichen, als wäre es Spreu? Man müßte ja der Verschwendung wehren und das Ausgeben stopfen, damit ein armer Mann auch etwas behalten könnte.«[25] Den Bauern empfahl Luther trotz seiner Anerkennung

---

[20] WA XI 267f.: Und solst wissen, das von anbegynn der wellt gar eyn seltzam vogel ist umb eyn klügen fursten, noch viel seltzamer umb eyn frumen fursten. Sie sind gemeyniglich die grösten narren odder die ergisten buben auff erden.

[21] WA XI 270f.: Man wirt nicht, man kan nicht, man will nicht ewer tyranney und muttwillen die lenge leyden. Lieben fursten und herrn, da wisset euch nach zu richten, Gott wills nicht lenger haben. es ist itzt nicht mehr eyn wellt wie vorzeytten, da yhr die leutt wie das willd jagetet und triebet. Darumb lasst ewr frevel unnd gewalt und denckt, das yhr mit recht handellt unnd lasst Gottis wort seynen gang haben, den es doch haben will, muß und soll und yhrs nicht weren werdet.

[22] WA VIII 676: [...] denn der gemeyne man, yn bewegung und vordrieß seyner beschedigung am gut, leyb und seel erlitten, zu hoch vorsucht und ubir alle maß von yhn auffs aller untreulichist beschweret, hynfurt solchs nymmer leydenn muge noch wolle, und dazu redliche ursach habe mit pflegeln und kolben dreyn zu schlagen, wie der Karst hans drawet. [»Karsthans« nannte sich eine antifeudale Bauernbewegung.]

[23] WA VIII 677: Wen ich zehen leybe hette unnd mocht bey got itzo vill gnade erwerben, das er sie mit dyssem fuchs schwantz des leyplichen tods odder auffruhrisch casteyet, itzo wolt ich sie doch alle auß hertzen grund gerne dar strecken fur den elenden hauffen.

[24] WA XIX 511: So thut ein Christ und weis nicht anders, denn das das gut, das sein ist, seinem nehisten geben ist; macht kein unterscheid, hilfft ydermann mit leib und leben, gut und ehre, wie er kan.

[25] WA XVIII 299: Was hulffs, wenn eyns bawrn acker so viel gulden alls hallmen und korner trüge, so die oberkeyt nur deste mehr neme, und yhren pracht damit ymer grosser machte, und das gutt so hyn schlaudert, mit kleyden, fressen, sauffen, bawen und der gleichen, als were es sprew? Man muste ia den pracht eynziehen und das außgeben stopffen, das eyn arm man auch was behallten funde?

der Gerechtigkeit mancher ihrer Forderungen Gehorsam um jeden Preis: »Daß die Obrigkeit böse und unrecht ist, entschuldigt keine Zusammenrottung noch Aufruhr. Denn die Bosheit zu strafen, das gebührt nicht einem jeglichen, sondern der weltlichen Obrigkeit, die das Schwert führt.«[26] »Die Obrigkeit nimmt euch unbillig euer Gut, das ist eine Sache. Andererseits nehmt ihr derselben ihre Gewalt, darinnen all ihr Gut, Leib und Leben besteht, deshalb seid ihr viel größere Räuber als sie und habts ärger vor, als sie getan hat.«[27]

Mit der Beschimpfung der Bauern als Räuber hatte Luther seinen »Standpunkt über beiden Parteien«[28] aber verlassen. Auch sonst erlaubte sich Luther bereits in dieser, im Verhältnis zu den späteren Schriften gegen oder über die Bauern noch relativ maßvollen Publikation Apostrophierungen derselben, die seine Überparteilichkeit Lügen straften. Er unterstellte ihnen Eigensucht und Mißbrauch der von ihnen verkündeten Ideale und guten Absichten, nannte sie die »Trunkenen oder Irrenden«[29], die »ärger als die Heiden und Türken«[30] seien. Diese (de)moralisierende Charakteristik wandte Luther aber nur gegen die ausgebeuteten Volksschichten an, zumindest führte die ihm bewußte Tatsache, daß die Motivationen der Herrschenden oft viel egoistischer und unmenschlicher in ihren Folgen waren, diesen nicht dazu, ihnen ihre Rechte abzusprechen, wie er das im Falle der Bauern tat. Behauptete er doch in seiner Antwort auf deren zwölf Artikel allen Ernstes, daß sie sich auf das »christliche Recht im Neuen und Alten Testament und auch das natürliche Recht« nicht berufen könnten, weil es im Grunde für sie nur das christliche Recht gebe, »sich nicht zu sträuben gegen das Unrecht, nicht zum Schwert zu greifen, sich nicht zu wehren, sich nicht zu rächen, sondern Leib und Gut dahinzugeben, daß es raube, wer da raubt – wir haben doch genug an unserem Herrn, der uns nicht verlassen wird, wie er verheißen hat. **Leiden, leiden, Kreuz, Kreuz ist der Christen Recht, das und nichts anderes«**[31] (Hervorhebung M. L.). »Ein Christ läßt jeden rauben, nehmen,

---

[26] WA XVIII 303: Das die oberkeyt bose und unrecht ist, entschuldigt keyn rotterey noch auffrür, Denn die boßheyt zu straffen, das geburt nicht eym iglichen, sondern der welltlichen oberkeyt, die das schwerd furet.

[27] WA XVIII 305: Die oberkeyt nympt euch unbillich ewr güt, das ist eyn stuck. Widderümb nemet yhr derselben yhre gewallt, darynne alle yhr gutt, leyb und leben stehet, Drumb seyt yhr viel grosser reuber denn sie und habts erger fur, denn sie gethan haben.

[28] ZIMMERMANN 1982, S. 631.

[29] WA XVIII 297: truncken odder yrrigen

[30] WA XVIII 307: erger denn die Heyden und Türcken

[31] WA XVIII 310: Denn an dißen sprüchen greyfft eyn kind wol, das Christlich recht sey, nicht sich strewben widder unrecht, nicht zum schwerd greyffen, nicht sich weren, nicht sich rechen, sondern dahyn geben leyb und gutt, das es raube, wer da raubet, wyr haben doch gnug an unserm herrn, der uns nicht lassen wird, wie er verheyssen hat, Leyden leyden, Creutz Creutz ist der Christen recht, des und keyn anders.

drücken, schinden, schaben, fressen und toben, wer nur will; denn er ist ein Märtyrer.«[32]

Wahrlich, der Charakterisierung der Religion als jenseitiges Glück verheißendes »Opium des Volkes« (K. Marx, MEW I 378) haben wohl nur wenige derart massiv Vorschub geleistet wie Luther! Wir werden auch bald sehen, daß er die Rechte der Herrschenden und ihr Märtyrertum in fast zynisch zu nennender Weise ganz anders definierte als die der Bauern. Nach dem über das christliche »Recht« der letzteren Gesagten konnte es keinen mehr in Erstaunen setzen, wenn Luther in seiner Ermahnung an sie alle vorher bei ihm gelegentlich noch vorkommenden demokratischen und sozialen bzw. christlich-kommunistischen Überzeugungselemente aufgab und die Forderung der Bauern nach Aufhebung der Leibeigenschaft als Mißverständnis des Evangeliums und der geistig-geistlichen Freiheit des Christen ablehnte. Ebenso widerrief er praktisch wieder das den Gemeinden in früheren Schriften[33] ausdrücklich zuerkannte demokratische Recht, ihre Pfarrer selber zu wählen, indem er den Bauern riet, lieber ihre Pfarrer in aller Demut von der Obrigkeit zu erbitten.

Der eigentliche Grund für die unüberbietbare Brutalität einer weiteren, der zweiten Schrift Luthers zum Bauernkrieg scheint sein verletzter, maßloser Stolz und Ehrgeiz gewesen zu sein. Wie hatten es sich die Bauern auch erlauben können, seine, des einzigen gottbestallten deutschen Propheten Mahnrufe und Appelle zur Friedfertigkeit in den Wind zu schlagen?! Der verletzte Stolz »trübte seinen Blick und reizte seine Leidenschaft; seine wohlgemeinte Ermahnung, der er so viel Zaubermacht zugetraut, wurde von den Bauern gar nicht beachtet, der Sturm legte sich nicht auf sein Machtgebot; das verdroß ihn. An der Spitze der Volksbewegung und hoch von ihr emporgetragen standen in seiner nächsten Nähe als gefeierte Männer des Volkes Karlstadt, den er wegen des Abendmahls und noch mehr, seit die Orlamünder mit Steinen nach ihm geworfen, tödlich haßte, und Thomas Müntzer, auf den er schon lange eifersüchtig und der sein heftigster Gegner war. Das verdroß ihn noch mehr. Zu gleicher Zeit kam die Nachricht von der Tat zu Weinsberg und das Geschrei darüber zu seinen Ohren und wie alles auf ihn und seine Reformation zurückgeführt werde, wie namentlich Herzog Georg von Sachsen alles ihm zumesse. Da brach er los, die gewaltige Natur in ihm überstürzte sich (...), ohne zu untersuchen und zu hören, wie sehr die Herren zu Weinsberg durch treuloses Morden an

---

[32] WA XVIII 328: [Eyn Christ] lesst rauben, nemen, drücken, schinden, schaben, fressen und toben, wer do will, Denn er ist eyn merterer auf erden.

[33] Vgl. ›Daß eine christliche Versammlung oder Gemeinde Recht und Macht habe, alle Lehre zu beurteilen und Lehrer zu berufen, Ein- und Abzusetzen: Grund und Ursache aus der Schrift‹ (1523).

Hunderten während des Stillstandes arglos daherziehenden Bauern, durch das vergossene Blut ihrer Brüder an der Donau, durch Verhöhnung alles Kriegs- und Völkerrechts, das Strafgericht verschuldet hatten, nahm Luther die Weinsberger für alle Bauern und schrieb ›wider die mörderischen und räuberischen Rotten der Bauern‹.«[34]

In dieser Anfang Mai 1525 fertiggestellten, geradezu despotischen Schrift ist wieder der uns schon bekannte psychische Kausalmechanismus religiöser Aggression und Herrschsucht am Werk: Luther beruft sich für seine an die Adresse der Herrschenden gerichteten Empfehlungen zum grausamen Totschlagen der Bauern auf **Gott und seine Prophetenrolle**. Er müsse den »Bauern und elenden Leuten ihre Sünde vor ihre Augen stellen, wie Gott Jesaja und Hesekiel befiehlt (...) und danach der weltlichen Obrigkeit Gewissen unterrichten, wie sie sich hierin (ver)halten sollen.«[35]

Nie hat wohl in der Geschichte der Religionen ein »frommer Mann« der Obrigkeit ein derart gutes Gewissen beim Morden gegeben wie Martin Luther. Er, Luther, müsse »die weltliche Obrigkeit unterrichten, wie sie hierin mit gutem Gewissen (ver)fahren soll.«[36] Und er unterrichtet sie! Er unterbaut ihre Herrschaft metaphysisch-religiös, indem er den »Fürsten und Herrn« zu »Gottes Amtmann und Diener von dessen Zorn« ernennt, »dem das Schwert über solche Buben befohlen ist und der sich ebenso hoch vor Gott versündigt, wenn er nicht straft und wehrt und sein Amt nicht vollführt, wie wenn einer mordete, dem das Schwert nicht befohlen ist.«[37] Nur die Obrigkeit sei legitime Trägerin des Schwertes und »Gottes Dienerin über den, der übel tut.«[38] Luther hatte damit der Obrigkeit exklusiv das gute, den Bauern ebenso exklusiv das schlechte Gewissen zugeordnet. Aufgrund dieses einfach-brutalen, schwarzweiß malenden Machtspruches konnte nun das Morden mit gutem Gewissen beginnen: »So soll die Obrigkeit hier nun getrost fortdringen und mit gutem Gewissen dreinschlagen, solange

---

[34] ZIMMERMANN 1982, S. 631.

[35] WA XVIII 357: Nu denn sich solche bawrn und elende leute verfuren lassen und anders thun, denn sie geredt haben, mus ich auch anders von yhnen schreyben und erstlich yhre sunde fur yhre augen stellen, wie Gott Esaia und Ezechiel befelht, ob sich etlich erkennen wollten, Und darnach der welltlichen oberkeyt gewissen, wie sie sich hyrynnen hallten sollen, unterrichten.

[36] WA XVIII 359: Weyl denn nu die bawren auff sich laden beyde Gott und menschen und so mancffeltiglich schon des tods an leyb und seele schuldig sind und keyns rechten gestehen noch warten, sondern ymer fort toben, mus ich hie die welltliche oberkeyt unterrichten, wie sie hyrynn mit gutem gewissen faren sollen.

[37] WA XVIII 360: Denn eyn Fürst und herr mus hie dencken, wie er Gottes amptman und seyns zorns diener ist Ro. 13, dem das schwerd uber solche buben befolhen ist. Und sich eben so hoch fur Gott versündigt, wo er nicht strafft und weret und seyn ampt nicht volfüret, als wenn eyner mordet, dem das schwerd nicht befolhen ist.

[38] WA XVIII 359: Denn darumb tregt sie das schwerd und ist Gottes dieneryn uber den, so ubels thut.

sie eine Ader regen kann. Denn hier ist das (ihr) Vorteil, daß die Bauern böse Gewissen und unrechte Sachen haben, und welcher Bauer darüber erschlagen wird, mit Leib und Seele verloren und ewig des Teufels ist. Aber die Obrigkeit hat ein gutes Gewissen und (ge)rechte Sachen und kann mit aller Sicherheit des Herzens zu Gott also sagen: Siehe, mein Gott, du hast mich zum Fürsten oder Herrn eingesetzt, daran ich nicht zweifeln kann, und hast mir das Schwert befohlen über die Übeltäter (Röm. 13,4). Es ist dein Wort und kann nicht lügen; so muß ich solches Amt, bei Verlust deiner Gnade, ausrichten; so ist's auch offenbar, daß diese Bauern vor dir und vor der Welt vielfältig den Tod verdient haben und mir zu strafen befohlen (...) Drum will ich strafen und schlagen, solange ich eine Ader regen kann; du wirst's wohl richten und machen.«[39]

Aber Luther begnügt sich noch nicht damit, den teilweise sogar widerwillig das Schwert gegen die Bauern ziehenden Herren ein gutes Gewissen zu verleihen. Er möchte in ihnen einen Enthusiasmus des »Gott will es so« entfachen, er will Geist und Gesinnung der Märtyrer in ihnen erzeugen. Deshalb die folgenden unglaublichen Worte Luthers, die eine ungeheuerliche Verkehrung echten Märtyrertums bedeuten: »So kann denn geschehen, daß wer auf der Seite der Obrigkeit erschlagen wird, ein rechter Märtyrer vor Gott sei, wenn er mit solchem Gewissen streitet, wie gesagt ist. Denn er geht in göttlichem Wort und Gehorsam.«[40] Ja, die Argumentation des hl. Bernhard für die Kreuzzüge lebt bei diesem noch eigennützigeren Kampf der Feudalherren für ihre Privilegien wortwörtlich wieder auf: Es »sterben die doch sicher und gehen mit gutem Gewissen zu scheitern, die in ihrem Schwertamt gefunden werden (...) **Solch wunderliche Zeiten sind jetzt, daß ein Fürst den Himmel mit Blutvergießen verdienen kann** und zwar **besser als andere mit Beten** (...) Drum, liebe Herren, löset hier, errettet hier, helft hier, erbarmet euch der armen Leute, steche, schlage, würge hier, wer da kann! Bleibst du drüber tot, wohl dir, einen seligeren Tod kannst du nimmermehr bekommen, Denn du stirbst dann im Gehorsam göttlichen Wortes

---

[39] WA XVIII 360: So soll nu die oberkeyt hie getrost fort dringen und mit gutem gewissen dreyn schlahen, weyl sie eyne ader regen kan, Denn hie ist das vorteyl, das die bawren böse gewissen und unrechte sachen haben, und wilcher bawr darüber erschlagen wird, mit leyb und seele verluren und ewig des teuffels ist. Aber die oberkeyt hat eyn gut gewissen und rechte sachen und kan zu Gott also sagen mit aller sicherheyt des hertzen: Sihe, meyn Gott, du hast mich zum Fürsten odder herren gesetzt, daran ich nicht kan zweyffeln, Und hast myr das schwerd befolhen uber die ubeltthetter, Rom. 13. Es ist deyn wort und mag nicht liegen, so mus ich solchs ampt bey verlust deyner gnaden ausrichten, so ist's auch offentlich, das diese bawren vielfalltig für dyr und fur der wellt den tod verdienet und myr zu straffen befolhen. [...] Drumb will ich straffen und schlahen, so lange ich eyne ader regen kan, Du wirst's woll richten und machen.

[40] WA XVIII 360: Also kans denn geschehen, das, wer auff der oberkeyt seyten erschlagen wird, eyn rechter merterer fur Gott sey, so er mit solchem gewissen streyt, wie gesagt ist. Denn er geht ynn Göttlichem wort und gehorsam.

und Befehls Röm. 13 und im Dienst der Liebe (…) Hier spreche ein jeglicher frommer Christ: Amen. Denn das Gebet ist recht und gut und gefällt Gott wohl, das weiß ich. Dünkt das jemand zu hart, der denke, daß Aufruhr unerträglich ist und alle Stunde der Welt Zerstörung zu erwarten sei«[41] (Hervorhebung H.M.).

---

[41] WA XVIII 361: So sterben doch sicher und gehen zu scheittern mit gutem gewissen, die ynn yhrem schwerd ampt funden werden […] Solch wunderliche zeytten sind itzt, das eyn Fürst den hymel mit blutvergissen verdienen kan, bas denn andere mit beten. […] Drumb, lieben herren, loset hie, rettet hie, helfft hie, Erbarmet euch der armen leute, Steche, schlahe, würge hie, wer da kan, bleybstu druber tod, wol dyr, seliglichern tod kanstu nymer mehr uberkomen, Denn du stirbst ynn gehorsam göttlichs worts und befehls Ro. am 13. und ym dienst der liebe […] Hie spreche eyn iglicher frumer Christ Amen. Denn das gepett ist recht und gut und gesellet Gott wol, das weys ich. Dunckt das yemand zu hart, der dencke, das untreglich ist auffruhr, und alle stunde der wellt verstörung zu warten sey.

Kapitel IV

Luther und die Ketzer, Hexen, Sektierer

LUTHER, durch die päpstliche Bulle ›*Decet Romanum pontificem*‹ feierlich zum Ketzer erklärt, verketzert jetzt seinerseits in einem fürchterlichen Rundumschlag alle, die seiner Meinung nach nicht völlig mit ihm übereinstimmen. Wie sehr er die aufständischen Bauern und ihren führenden Befreiungstheologen Thomas Müntzer als Teufel und Ketzer gegen Kirche und Staat kriminalisierte und dämonisierte, haben wir gerade gesehen. Gewissenlos, aber mit subjektiv bestem Gewissen rief er die Fürsten zum Totschlagen der Bauern und ihres Anführers Müntzer auf. Wir sahen bereits, wie Luther sich dabei mit dem Willen Gottes und Christi gleichsetzte und die Bauern und Müntzer als Widersacher Gottes und Christi diffamierte.[1]

Wie vehement Luther zum Kampf gegen Rom, zum Blutbad an Papst und Kardinälen aufrief, haben wir auch bereits gesehen. Daß er den Papst da für einen »Ketzer, ja Erzketzer«[2] hielt, versteht sich fast von selbst. Die Titel, die er dem Papst außerdem angedeihen ließ (»Antichrist«, »Teufel«) sollten nach seiner Absicht noch Zuspitzungen des Ketzerattributs sein. Wie gesagt, Luther, der Ketzer, »beginnt, gestützt auf seinen eigenen Wahrheitsanspruch, seinerseits Ketzerhüte zu verteilen«[3]. Und er spart in seiner Ketzervernichtungswut fast niemanden aus. Selbst die **Philosophie** und alle Philosophen aller Zeiten und Zonen bekommen diese Wut zu spüren. Wiederum im Namen des von ihm vereinnahmten Gottes glaubt er, die Philosophie verdammen zu müssen: »Ich

---

[1] Vgl. TiWA III 75 (2911) (S. 18) und TiWA I 196 (446) (S. 13).

[2] TiWA III 606 (3776): Nu dürfen mich die Papisten nicht einen Ketzer schelten, sondern heißen mich einen *Schismaticum*, der Trennung und Spaltung anrichte. Aber ich halte den Papst für einen Ketzer, ja Erzketzer; so hält er mich wieder dafür.

[3] WIJNKOOP LÜTHI 1996, S. 125. – Zum Teufelsattribut für den Papst siehe als ein Beispiel unter vielen WA XXXIX.2 60 ff.: Der Bapst ist ein solch ungeheuer Thier, das er weder ein Oberkeit noch Tyrann ist. [...] Aber der Bapst ist der Teufel, denn er wil das man außer und wider die Gesetze seine öffentliche Gotteslesterung anbeten sol [...] Der Bapst ist der Teufel. Könd ich den Teufel umbbringen, warum wolt ichs nicht thun, auch mit Gefahr meines lebens. Du darffst nicht gedencken, das der Bapst ein Mensch sey [...] Also ist der Bapst ein leibhafftiger Teufel.

wenigstens glaube, Gott diesen Gehorsam zu schulden, gegen die Philosophie wüten [wörtl.: »bellen«, nach dem Bilde des Wachhundes] (...) zu müssen.«[4] Luthers Aversion gegen die Philosophie, d.h. den wenigstens dem Anspruch nach vorurteilslosen Vernunftgebrauch, werden wir nachher noch in einem eigenen Kapitel nachgehen.

Der Hexen-, Ketzer- und Sektenjäger Luther verteufelt und verfolgt in seinem Wahn, der einzige wahre Verkünder des Evangeliums zu sein, alle, die von seiner Glaubens- und Moraldoktrin abweichen. Hatte er noch als relativ junger Theologe erklärt, daß »die Beurteilung eines Menschen vor Gott mitmenschlichen Augen entzogen bleiben müsse«[5], daß daher auch »die Ketzerei der äußeren Feststellbarkeit entzogen« sei, so »daß nur das unfehlbare richterliche Auge Gottes selbst sie zu erkennen vermag«[6], so verurteilte der ältere, reifer, aber keineswegs weiser gewordene Luther entgegen seiner so überzeugenden eigenen einstmaligen Einsicht »Hexen«, Ketzer und Sektenangehörige mit Worten, Appellen und Hetzschriften zu schweren Strafen bis hin zum Tode. Kein Mittel, sie zu verfolgen, lehnte er ab, wenn es seiner eigenen Ideologie nur zum totalen Sieg zu verhelfen schien. An der Frauen- und Hexenverfolgung der katholischen Kirche änderte die Reformation Luthers (aber auch Calvins und Zwinglis) nichts. »Im Gegenteil! Erst in nachreformatorischer Zeit erreichten die Verfolgungen ihren Höhepunkt. Luther, der in Wittenberg ›Hexen‹ exkommunizierte, war mit der Einäscherung der ›Teufelshuren‹ nicht weniger einverstanden als die Päpste.«[7] Ganz wie die Papisten »hielt auch der Ex-Mönch Luther die Frauen als für Hexerei und Zauberei besonders anfällig, und zwar wegen ihrer allzu großen Liebe zu ihren Kindern, wegen ihrer angeblichen Dummheit, ihres Unverständnisses, ihrer Angst und Neugier. Die Teufelspsychose Luthers wuchs sich immer mehr aus. So behauptete er allen Ernstes, der Satan hause in Wäldern und Flüssen, weshalb er gegen das Baden im Freien war. Auch glaubte er fest an die Existenz sog. Wechselbälge und Kielkröpfe, die ein Produkt der Vereinigung des Teufels mit den Hexen seien.« Kein Zweifel, der Haß vornehmlich gegen Frauen, wie er sich in der Hexenverfolgung kundtat (nur jede fünfte Hexe war ein Mann), »wurde von Rom aus verbreitet im Interesse des Papsttums.« Aber »als die Reformation ausbrach, wurde der Wahn nicht erkannt und abgelegt,

---

[4] WA LVI 371: *Ego quidem Credo me debere Domino hoc obsequium latrandi contra philosophiam et suadendi ad Sacram Scripturam. Nam alius forte si faceret, qui ea non vidisset, Vel timeret Vel non crederetur ei.*

[5] WIJNKOOP LÜTHI 1996, S. 125.

[6] MAUSER 1968, S. 123. – Eine Aussage, die sich die heutigen evangelischen Sektenjäger angesichts ihrer selbstsicheren Verurteilungen neuer nichtkirchlicher Bewegungen zu Herzen nehmen sollten!

[7] DESCHNER 1974, S. 489.

sondern er wuchs noch. Die alten Weiber wurden als vermeintliche Hexen von den Lutheranern sogar noch fanatischer verfolgt als von der alten Inquisition.«[8]

In Wittenberg gastierende Frauen, die dem »ältesten Gewerbe der Welt« nachgingen, beschimpfte Luther als »Mörderinnen, viel ärger denn eine Vergifterin«[9] und gab dazu den nachdrücklichen Rat: »Wenn ich Richter wäre, so wollte ich eine solche französische, giftige Hure rädern und ädern lassen.«[10] Zur gleichen Zeit duldet Luther ohne jede Widerrede die Hurerei des lutherischen Landgrafen Philipp von Hessen mit Minderjährigen, unterschreibt er sodann am 10. Dezember 1539 den sog. »Beichtrat«, in dem er der Doppelehe des hessischen Landgrafen mit Ehefrau und 17jähriger Konkubine zustimmt[11] (obwohl nach der »Peinlichen Halsgerichtsordnung« Kaiser Karls V. auf Bigamie strafrechtlich die Todesstrafe stand). Luthers anbiedernde Begründung: »In Fällen, so der Mann noch ein Weib nehme, wüßten wir diesen nicht zu verdammen.«[12] König Heinrich VIII. von England rät Luther in einem vom König bestellten Gutachten, »eine andere Königin [neben der Noch-Gattin Katharina] zu der ersten hinzuzunehmen und nach dem Exempel der Väter und Könige zwei Ehefrauen oder Königinnen zu haben.«[13] Der Obrigkeitssklave Luther gestattet sich also die Doppelmoral, den lutherischen bzw. anglikanischen Herrschern zu erlauben, was er z. B. den Täufern bei Androhung der Todesstrafe verbietet (gegen deren Versuch der Einführung

---

[8] Menzel 1872, S. 674 f.

[9] WA XLIX 278: Es hat der Teuffel durch unsers glaubens sonderliche feinde etliche huren hie her geschickt, die arme Jugent zu verderben. Dem zu wider ist mein als eins alten, trewen Predigers an euch, lieben kinder, mein vatterliche bitte, Jr wollet ja gewislich gleuben, das der böse geist solche huren hie her sendet, die da genezicht, schebicht, garstig, stinckend und frantzosicht sind, wie sichs leider teglich in der erfarung erfindet, das doch ein gut gesel den andern warne, Denn solche eine frantzosichte hure [...] guter Leute kinder vergifften kan, und ist der halb zu rechnen als eine Mörderin, viel erger denn eine vergifterin, helffe doch in solchem gifftigen geschmeis einer dem andern mit trewen rat und warnen, wie du woltest dir gethan haben.

[10] WA XLIX 278: Und ich mus thorlich reden, wenn ich Richter were, so wolte ich eine solche frantzosichte, gifftige hure redern und ehedern lassen. Denn es ist nicht auszurechnen, was schaden eine solche unsletige hure thut bey dem jungen Blut, das sich an ir so jemerlich verderbet, ehe er ein recht Mensch ist worden, und in der bluet sich verderbet.

[11] Am 4.3.1540 fand die fürstliche Hochzeit statt (mit Melanchton als Trauzeugen, wie uns Osiander mitteilt [Osiander 1988, S. 303]).

[12] BrWA VIII 641 (3423): In solchen fellen der man noch ein weib neme, mit radt seines Pastors, nicht ein gesetz ein zu furen, disen wißten wir nicht zu verdammen. Luther greift, mit bei ihm ungeordnet wurmartiger Syntax, zur Begründung auf seine Genesispredigten zurück: WA XXIV 305: Aber nicht verboten, das ein man nicht mehr denn ein weib thurste haben, ich kunde es noch heute nicht weren, aber raten wolt ichs nicht.

Solche Entscheidungen bergen Zündstoff, der aufgrund des Erblichkeitsprinzips den ganzen Feudalismus in die Luft sprengen könnte – weitreichende Konsequenzen, die Luther offensichtlich nicht bis zum Ende durchdacht hat.

[13] BrWA VI 179 (1861): *Antequam tale repudium probarem, potius regi permitterem, alteram reginam quoque ducere sive facere, et exemplo patrum et regum duas simul uxores seu reginas habere.*

der Polygamie 1534 in Münster wettert Oberheuchler Luther nämlich mit aller ihm zur Verfügung stehenden Unflätigkeit seiner Rhetorik).[14] Das also ist Luther, der Hurerei und Polygamie im Volk und in den »Sekten« mit dem Tode bestrafen möchte, aber Ehebruch, Hurerei und Bigamie der Fürsten und Könige unterstützt.

Als Großinquisitor betätigte sich Luther besonders auch gegen die »Ketzerei« der Täufer, die er »Wiedertäufer« nannte. Nicht, daß er wie die Inquisitoren eigene Gerichtsprozesse über diese Ketzer abgehalten hätte. Aber er rief in Predigten, Gutachten, Eingaben etc. nachdrücklichst dazu auf, die Anhänger dieser Bewegung inquisitorisch auszuspähen, zu beobachten, zu »erschnüffeln«, zu denunzieren, um sie dann dem starken Arm der staatlichen Obrigkeit ausliefern zu können, die sie strengstens zu bestrafen habe. Luther haßte die Täufer aus ähnlichen Motiven, aus denen heutige kirchliche Sektenbeauftragte so manche neue nichtkirchliche Bewegung hassen und verfolgen: aus Neid, Mißgunst und Konkurrenzangst. Denn die Täufer verkörperten ja eine reinere Form des Christentums als sie ihm vorschwebte, der sich Kirche ohne staatliche Unterstützung und Privilegien nicht vorstellen konnte. Sie wollten die reine Lehre der Heiligen Schrift in ihrem Leben befolgen, besonders die Weisungen der Bergpredigt in die Tat umsetzen. Wer zur Buße für seine Sünden bereit war, wurde (wieder-)getauft (und gegen diese zweite Taufe, für die Christen der ersten Jahrhunderte ebenso selbstverständlich wie essentiell, liefen Papisten wie Lutheraner Sturm, weil ihnen das ethische Entscheidungselement dieser zweiten Taufe ein Dorn im Auge war). Da sich die Täufer strikt an Jesu Weisung »Die Herren der Völker herrschen über sie, bei euch soll es nicht so sein« hielten und die völlige Gleichheit der Wiedergetauften, zugleich die Ablehnung jeglicher Herrschaft von Menschen über Menschen sowie den gemeinsamen Güterbesitz lehrten, konnte sie Luther bei den staatlichen Stellen leicht als obrigkeitsfeindlich und aufrührerisch diffamieren: »Denn« so Luther, »sie sind auch nicht schlicht allein Ketzer, sondern als Aufrührer greifen sie die Obrigkeit und ihr Regiment und Ordnung an.«[15]

---

[14] WA XXXVIII 347 ff.: Ah, was sol ich doch, Und wie sol ich doch wider oder von diesen elenden leuten zu Münster schreiben? Mus mans doch an der wand greiffen, das der Teuffel daselbs leibhafftig haus helt, und gewislich ein Teuffel auff dem andern, wie die kröten, sitzen. [...] Aber so unverschampt nach der krone greiffen und nicht allein ein ehlich weib, sondern, so viel die lust und fürwitz [= Neigung, Gier] wil, nemen, Ah, das ist entweder ein junger A b c Teuffel oder schul Teuffelin [...] Hette der Müntzer auch glück gehabt und Gott uns were ungnedig gewest, were es eben so wol ein Türkisch Reich worden, als des Mahomets worden ist. [...] Aber unsern herrn Bischoven und Fürsten ist nicht zu sagen, das sie predigen liessen und zu erst die hertzen durch Gottes wort vom Teuffel reissen, Sondern wöllens alles mit würgen wehren, den leib dem Teuffel nemen und die hertzen im lassen.
Siehe auch Schirrmacher 1993, S. 124 ff.; Böhm 1994, S. 155 ff.

[15] WA XXXI.1 208: Denn sie sind nicht schlecht allein ketzer, sondern als die auffrhürer greiffen sie die oberkeit und yhr regiment und ordenung an, gleich wie ein dieb frembd gut, ein mörder frembden leib und ein ehebrecher frembd gemahl antastet, welchs alles nicht zu leiden ist.

Wir sehen: Auch darin folgen heutige kirchliche Sektenbeauftragte dem In-
quisitor Luther. Sie rufen wieder den Staat auf, die von ihnen zuvor massiv
schlechtgemachten »Sekten« zu verbieten, zu bestrafen, ihre Rechte einzuschrän-
ken, sie an ihrer Betätigung zu hindern usw. Natürlich fehlt das Verteufelungs-
motiv gegen die Täufer bei Luther wiederum nicht. Sie seien »Schleicher und
Meuchelprediger« und als solche »des Teufels gewisse Boten«[16]. Predigen dürfe
man nicht einfach aufgrund geistiger Erleuchtung, »denn Gott will nichts aus
eigener Wahl oder Andacht, sondern alles aus Befehl und Beruf getan haben,
sonderlich das Predigtamt«.[17] In engstirnigster Intoleranz reserviert hier Luther
nur den von ihm legitimierten Pfarrern und Predigern die Vollmacht, das Christentum zu verkünden. Gott selbst, so Luther (der sich immer dann auf Gott
beruft, wenn er selbst es nicht schafft, etwas einleuchtend zu beweisen), »will
nicht gestatten, ohne Beruf zu predigen. So gedenk nun ein jeglicher: Will er
predigen oder lehren, so beweise er den Beruf und Befehl, der ihn dazu treibt
und zwingt, oder schweige stille. Will er nicht, so befehle die Obrigkeit solchen
Buben dem rechten Meister, der Meister Hans heißt [d.h. dem Henker!]. Das ist
als denn sein Recht, als der gewißlich einen Aufruhr oder noch Ärgeres im Sinn
hat, unter dem Volk anzurichten.«[18]

Ganz im Stil der katholischen Inquisitoren des Mittelalters ruft Luther die
Bürger zum allgemeinen Denunziantentum auf: »Und ein Bürger ist schuldig,
wo solcher Winkelschleicher einer zu ihm kommt, ehe denn er denselbigen hört
oder lehren läßt, daß er seiner Obrigkeit ansage und auch dem Pfarrherrn, des
Pfarrkind er ist. Tut er das nicht, so soll er wissen, daß er als ein ungehorsamer
Untertan seiner Obrigkeit wider seinen Eid tut und als ein Verächter seines
Pfarrherrn (dem er Ehre schuldig ist) wider Gott handelt, dazu selbst schuldig
ist und gleich auch mit dem Schleicher ein Dieb und Schalk wird.«[19] Kein

---

[16] WA XXXI.1 211: Das habe ich müssen von den schleichern und meuchelpredigern, der jtzt uber die masse viel
sind, anzeigen, zu warnen alle Pfarher unb Oberkeit, das sie mit vleis drauff sehen, dazu yhr volck vermanen und
gebieten, sich für solchen leuffern und buben zu hueten und sie zu meiden als des teuffels gewisse boten.

[17] WA XXXI.1 211: Denn Gott wil nichts aus eigener wal odder andacht, sondern alles aus befelh und beruff
gethan haben, sonderlich das predigerampt.

[18] WA XXXI.1 211 f.: Denn er wolt solch exempel on beruff zu predigen nicht gestatten. So gedenck nu ein iglicher:
Wil er predigen odder leren, so beweise er den beruff und befelh, der yhn dazu treibt und zwingt odder schweige stille.
Wil er nicht, so befelh die Oberkeit solchen buben dem rechten meister, der Meister Hans [D.i. dem Henker] heisst.
Das ist als denn sein Recht, als der gewislich ein auffrur oder noch ergers ym synn hat unter dem volck anzurichten.

[19] WA XXXI.1 210: Und ein burger ist schüldig, wo solcher winckel schleicher einer zu yhm kompt, ehe denn er den
selbigen höret odder leren lesst, das ers seiner oberkeit an sage und auch dem Pfarher, des pfarkind er ist. Thut er
das nicht, so sol er wissen, das er als ein ungehorsamer seiner oberkeit widder seinen eyd thut Und als ein verechter
seines Pfarhers (dem er ehre schüldig ist) widder Gott handelt, dazu selb schüldig ist und gleich auch mit dem
schleicher ein dieb und schalck wird.

Zweifel: Luther hat in geradezu klassischer Weise die Planken für den modernen Obrigkeits- und Überwachungsstaat im Sinne Orwells bereitet. Die Weisung Luthers, daß Sektenpredigern »bei Leib und Seel niemand soll zuhören, sondern ansagen und melden seinem Pfarrherrn oder Obrigkeit«[20], wäre auch so recht nach dem Herzen heutiger kirchlicher Sektenpfarrer. Denn noch ist es ja in ihren Augen leider so, daß sie zur Beobachtung, Ausschnüffelung und Denunzierung der »Sekten« von ihrem Kirchenamt beauftragt werden müssen, weil das »Volk« der »Gläubigen« so »gleichgültig« ist und die »Sektierer« von sich aus meistens nicht anzeigt bzw. sogar zu ihnen überläuft.

Luther hat sich also dadurch in schwerster Weise schuldig gemacht, daß er sich »das Schwert der Obrigkeit dienstbar gemacht und eine systematische Fahndung nach allen ›Wiedertäufern‹ zwecks deren Ausrottung betrieben«[21] hat. Auch die mörderischsten Fundamentalisten aller Couleur in unserer in dieser Hinsicht so düsteren Gegenwart können nicht intoleranter sein als Luther, der »die Wiedertäufer schon (allein) wegen ihrer Verwerfung des Predigeramtes und der reinen lutherischen Lehre des Todes würdig«[22] befand und fanatisch bekämpfte. Enger, exklusiver, intoleranter und monopolistischer aber kann man die eigene Religion oder Konfession nicht zum alleinigen Heilmittel erheben. Fanatischer als er kann man auch nicht zur Vernichtung aller anderen Glaubensrichtungen aufrufen. »Mit Ketzern braucht man kein langes Federlesen zu machen, man kann sie ungehört verdammen. Und während sie auf dem Scheiterhaufen zugrunde gehen, sollte der Gläubige das Übel an der Wurzel ausrotten und seine Hände in dem Blute der Bischöfe und des Papstes baden, der der Teufel in Verkleidung ist.«[23]

Wer auf diese furchtbare Art und Weise alle und alles verteufelt, muß ein rechter Teufel sein! Luther ist kein (tief-)religiöser Reformator, sondern ein von tausend Teufeln Besessener und Gerittener. Der jüngere Luther hat einige positive sozial- und religiös-reformerische Ansätze. Der Luther der mittleren und älteren Lebensphase hat sie alle zunichte gemacht, ist auf dem Höhepunkt seiner Macht der Perversion dieser Macht gründlich erlegen. Das Teuflische unterdrückerischer Macht – kaum irgendeine Persönlichkeit der Vergangenheit demonstriert es so deutlich wie Luther! Und sein (Un-)Geist wirkt bis heute nach …

---

[20] WA XXXI.1 211: Und sol yhm auch bey leib und seel niemand zu hören, sondern ansagen und melden seinem Pfarher odder Oberkeit.

[21] Böhm 1994, S. 188.

[22] Mauerhofer/Sessler 1990, S. 50.

[23] »Die Reformatoren, Luther, Zwingli und besonders Calvin, waren im übrigen so intolerant wie die katholischen Hierarchen und forderten für Häretiker ebenfalls die Todesstrafe« (Deschner 1974, S. 484). – Ich muß freilich darauf hinweisen, daß es mir nicht gelungen ist, die obige Luther-Stelle zu verifizieren.

Luther ist also auch nicht bloß irgendein Sektenjäger, sondern geradezu der von tausend Teufeln des Hasses und der Mordlust getriebene klassische Typ des Ketzer- und Sektenvernichters, ein Großinquisitor neuen Stils, da er nicht einmal die Gerichtsprozesse, die die katholische Inquisition immerhin wenigstens formell vorschrieb und durchführte, abwartete, sondern ohne Gericht, Untersuchung oder Überprüfung die Herrscher und das Volk zum Totschlagen der Bauern und ihrer Anführer, der Ketzer und Sektenangehörigen, der Papisten und Humanisten demagogisch-hypnotisierend aufrief und aufforderte, womit er ja auch als damaliger »geistiger« Führer der deutschen Nation in Tausenden von Fällen Erfolg hatte.

Die heutigen kirchlichen Sektenbeauftragten als Ab- und Nachkömmlinge Luthers müssen sich durch sein beeindruckendes Beispiel, das Beispiel eines der übelsten und eifrigsten Sektenjäger aller Zeiten, gestärkt und ermutigt fühlen zu ihrer »schweren«, »verantwortungsvollen« Aufgabe heutiger Mehrung des Einflusses der Kirche im Staat auf Kosten aller anderen religiösen Bewegungen durch deren Diskriminierung und Verteufelung. Von der Raffiniertheit einerseits, radikalen Brutalität seiner demagogischen, menschenverachtenden und -vernichtenden Rhetorik andererseits profitieren auch heutige Sektenjäger, wenn auch in etwas abgeschwächter, verkappterer Form, weil Luthers Predigt oft direkt kriminell und juristisch relevant ist, sektenjägerfreundlichen Gerichten unserer Tage also vermeidbare Schwierigkeiten aufbürden würde.

Luthers Initialzündung hat unabsehbare Folgen. Eine »Kirche«, die sich von solch einer Gestalt wie derjenigen Luthers herleitet, trägt eine riesenschwere, fatale Hypothek mit sich. Der düstere, blutrünstige, bluttriefende Schatten des »Reformators« lastet unheilschwanger über dieser »Kirche« und ihren Verkündern wie Anhängern. Luther erfüllt ja auch fast jeden kriminellen Tatbestand *in puncto* fünftes Gebot. Er müßte nach allgemeinem heute propagierten Rechtsbewußtsein und -empfinden, wenn dieses keine parteilichen Ausnahmen einbaut, ins Gefängnis oder in die Psychiatrie. Er ist das klassische, unüberbietbare Musterbeispiel grenzenloser Intoleranz. An sich müßte jeder evangelische Christ, der sich das klarmacht, aus seiner Kirche austreten. An sich müßte auch eine Kirche wie die evangelisch-lutherische, die derart maßgebend von Luther als ihrem Stifter und Lehrer abhängt, als verfassungsfeindlich und kriminell eingestuft werden, nicht nur ihrer nie ausdrücklich widerrufenen Grundaussagen und Loyalitäten wegen, sondern auch deshalb, weil ihre Sektenbeauftragten weiterhin ganz praktisch das Handwerk der totalen Diffamierung und Diskriminierung ihnen nicht genehmer Bewegungen ausüben und fortsetzen. »Nach heutigem Rechtsverständnis war Luther (...) ein Krimineller, den der Staatsanwalt sofort verhaften ließe, wenn er seiner habhaft würde – wegen Volksverhetzung (§ 130 StGB), Anstiftung zum

Mord (§§ 26, 211 StGB), Anstiftung zum Landfriedensbruch (§§ 25, 125 StGB) und Anstiftung zur schweren Brandstiftung (§§ 26, 306 StGB).«[24]

Nun ja, nicht erst Orwell hat das Zwiedenken erfunden – er hat es nur benannt, es existierte schon vor ihm und existiert weiterhin. Für neuere religiöse Minderheiten bzw. bei deren Verfolgung ignoriert derselbe Staat, der sonst so sehr mit dieser protzt, seine Verfassung und erst recht seine Gesetze – da kann Luthers Volksverhetzung problemlos fortgesetzt werden. Für gewisse alte religiöse Minderheiten, insbesondere die Juden, darf und will der gleiche Staat das nicht mehr – und wie hat sich Luther denn zu diesen verhalten und geäußert? Das soll das nächste Kapitel beleuchten.

---

[24] SAILER/HETZEL, S. 14.

Kapitel V

Luther und die Juden

W IE UNERHÖRT INHUMAN und menschenrechtswidrig Luther denkt und handelt, zeigt sich auch in seinem Verhältnis zu den **Juden**. Wiederum manifestiert sich hier derselbe Vernichtungsmechanismus, wie ihn Luther bereits gegen Bauern und Wiedertäufer, Thomas Müntzer und Erasmus, Philosophen und Humanisten anwandte: »Wenn der Jude sich nicht zum Christentum bekehrt, ist er des Teufels oder ein Teufel und soll er dann entsprechend bestraft oder getötet werden.« Die drei Schriften Luthers ›Von den Juden und ihren Lügen‹, ›Brief wider die Sabbather an einen guten Freund‹, ›Vom Schem Hamphoras‹ atmen einen derart abartigen, perversen Ungeist, daß sich alles in einem sträubt, aus diesen Pamphleten auch nur zu zitieren. Dennoch muß dies getan werden, weil die sich in diesen Schriften ausdrückende Menschenverachtung nicht einfach Vergangenheit ist, sondern wie eine düstere, dunkle Wolke über der evangelisch-lutherischen Kirche schwebt und auch ihre heutigen Sektenjäger schwer belastet, umnebelt und durchdringt. Kommt doch diese Menschenverachtung bei Luther und den Lutheranern aus einer einzigen einheitlichen Quelle: der Überzeugung von der totalen Verdorbenheit der menschlichen Natur, in der nichts, aber auch nichts Positives zu finden sei und die nur gerettet, »gerechtfertigt« werden könne, wenn sie den Glauben an die Gnade Gottes im exklusiven Sinne Martin Luthers annimmt. Da sich, wie bereits wiederholt gesagt, Luther mit Gottes Willen und Auffassung identifiziert, ist jeder ein antigöttlicher Teufel, der Luthers Lehre nicht akzeptiert. Daher also auch das rabiate Wüten gegen die diese Lehre nicht übernehmenden Juden nach anfänglichen Umwerbungs- und Bündnisanläufen, die freilich sehr oberflächlich blieben.

Da diese auf Luthers Bekehrungsversuche zum Teil sogar mit den gegenteiligen Versuchen, Lutheraner zum Judentum zu bekehren, antworteten, und da der Reformator seine eigene Lehre total mit dem identifizieren zu können glaubt, was in der Bibel steht, verbietet er den Juden sogar das Lesen der Hl. Schrift. Ihr Juden, so Luther, »seid doch nicht wert, daß ihr die Biblia von außen solltet ansehen, geschweige, daß ihr drinnen lesen solltet. Ihr solltet allein die Bibel lesen, die der Sau unter dem Schwanz steht und die Buchstaben, so da selbst herausfallen, fressen und saufen. Das wäre eine Bibel für solche Propheten, die der göttlichen Majestät Wort (...) so säuisch zerwühlen und so schweinisch zerreißen.«[1] Man bedenke bei dieser Aussage Luthers auch seinen räuberischen Fanatismus, der den Juden wegnehmen will, was ihr ureigenstes Gut ist: die Bibel, von der nur ein kleiner Teil, eigentlich nur eine späte Appendix nach langer »Offenbarungs«-Pause, das den Christen gehörende sog. Neue Testament ist.[2] Allen Ernstes jedenfalls fordert Luther, daß man den Juden »alle ihre Bücher nehme, Betbücher, Talmudisten, auch die ganze Bibel und nicht ein Blatt ließe«[3]; und daß man den Ort, wo sie ihre Bibellesungen abhalten, »ihre Synagoge mit Feuer verbrenne. Und werfe hier zu, wer da kann, Schwefel und Pech. Wer auch höllisch Feuer könnt zuwerfen, wäre auch gut, auf daß Gott unseren Ernst und alle Welt solch Exempel sehen möchte«[4] (an anderer Stelle in derselben Schrift fordert Luther, »daß man ihre Synagoge oder Schulen mit Feuer anstecke und was nicht brennen will, mit Erde überhäufe und beschütte, daß kein Mensch einen Stein oder Schlacken davon sehe ewiglich. Und solches soll man tun unserm Herrn und der Christenheit zu Ehren (...)«[5].

Um Fürsten und Volk so richtig zum Haß gegen die Juden aufzustacheln, ihnen die totale Bereitschaft zur Jagd gegen sie einzugeben, macht Luther die Juden unüberbietbar schlecht, indem er sie mit dem Teufel identifiziert: »Darum, wo du einen rechten Juden siehst, magst du mit gutem Gewissen ein Kreuz für dich schlagen und bestimmt sprechen: Da geht ein leibhaftiger Teufel.«[6] »Darum

---

[1] WA LIII 478: Seid jr doch nicht werd, das jr die Biblia von aussen sollet ansehen, schweige, das jr drinnen lesen sollet. Jr soltet allein die Biblia lesen, die der Saw unter dem Schwantz stehet, und die buchstaben, so da selbs heraus fallen, fressen und sauffen, das were eine Bibel fur solche Propheten, die der Göttlichen Maiestet wort, so man mit allen ehren, zittern und freuden hören solt, so sewisch zu wülen und so schweinisch zu reissen.

[2] Grundsätzliches zum Verhältnis »Altes und Neues Testament« siehe bei MYNAREK 1997, S. 173f.

[3] WA LIII 536: Zum andern, Das man jnen alle jre Bücher neme, Betbücher, Thalmudisten, auch die gantze Bibel, und nicht ein blat liesse, und verwaret auff die, so sich bekereten. – Man vergleiche damit den selbstlosen, manchmal für sie selber lebensgefährlichen Einsatz der frühen Reformationssympathisanten wie Reuchlin und Hutten **für** die Juden, als diese von einer ähnlich durchschlagenden Vernichtungsmaßnahme ernstlich bedroht waren und nur durch diesen Einsatz noch gerettet werden konnten.

[4] WA LIII 536: Das man jre Synagoga mit feur verbrenne, Und werffe hie zu, wer da kan, schwefel und pech, Wer auch hellisch feur kündte zu werffen, were auch gut. Auff das Gott unsern ernst, und alle Welt solch Exempel sehen möchte, das wir solch haus (darin die Jüden Gott, unsern lieben Schepffer und Vater, mit seinem Son so schendlich gelestert hetten) bis her unwissend geduldet, Nu mehr jm sein lohn geben hetten.

[5] WA LIII 523: Erstlich, das man jre Synagoga oder Schule mit feur anstecke und, was nicht verbrennen wil, mit erden uber heuffe und beschütte, das kein Mensch ein stein oder schlacke davon sehe ewiglich. Und solchs sol man thun, unserm Herrn und der Christenheit zu ehren damit Gott sehe, das wir Christen seien und solch öffentlich liegen, fluchen und lestern seines Sones und seiner Christen wissentlich nicht geduldet noch gewilliget haben.

[6] WA LIII 479: Darumb, wo du einen rechten Jüden sihest, magstu mit gutem gewissen ein Creutz fur dich schlahen, und frey sicher sprechen: Da gehet ein leibhafftiger Teufel.

wisse, o lieber Christ, und zweifle nichts daran, daß du nächst nach dem Teufel keinen bittereren, giftigeren, heftigeren Feind hast denn einen rechten Juden, der mit Ernst ein Jude sein will.«[7] Juden sind »durstige Bluthunde und Mörder der ganzen Christenheit mit vollem Willen«[8]. Die Fürsten und Herren ruft Luther geradezu zu Judenpogromen auf, da er sie auffordert, »daß ihr und wir alle der unleidlichen, teuflischen Last der Juden entladen werden«, um »nicht vor Gott schuldig zu werden«[9] wegen des Versäumnisses, sie nicht verjagt zu haben. So pervertiert ist dabei Luthers Gewissen bereits, daß er seinen diesbezüglichen fürchterlichen Aufruf an die Fürsten und Herren mit dem Satz abschließt: »Ich will hiermit mein Gewissen gereinigt und von Schuld befreit haben, indem ichs treulich habe angezeigt und gewarnt.«[10]

Und weiter geht's in der Verteufelung der Juden. Juden, so Luther, haben, wenn sie sich nicht zum Luthertum bekehren, ein »verteufeltes Maul«, daher solle man nicht »mit solchem verteufelten Maul essen, trinken und reden«, denn das wäre das Gleiche als wenn »ich aus der Schüssel oder Kanne mich voller Teufel fressen und saufen möchte.« Wer mit den Juden Tischgemeinschaft hält, macht sich damit »gewiß teilhaftig aller Teufel, so in den Juden wohnen.«[11] Die Juden seien »ein solch heilloses, durch und durch böses, durchgiftetes, durchteufeltes Ding«, daß sie »1400 Jahre unsere Plage, Pestilenz und alles Unglück gewesen sind und noch sind.«[12] »Summa, wir haben rechte Teufel an ihnen«, und ihre von Rabbinern geführten Schulen seien »Teufelsnester«.[13] Luthers zwanghafte Fäkalsprache, der wir bereits begegnet sind, feiert auch

---

[7] WA LIII 482: Darumb wisse du, lieber Christ, und zweivel nichts dran, das du nehest nach dem Teufel keinen bittern, gifftigern, hefftigern Feind habest, denn einen rechten Jüden, der mit ernst ein Jüde sein wil.

[8] WA LIII 520: Nemlich, das sie dürstige blut Hunde und Mörder sind der gantzen Christenheit mit vollem willen, nu mehr denn 1400. jar her, und werens wol lieber mit der that.

[9] WA LIII 527: Summa, lieben Fürsten und Herrn, so Jüden unter sich haben, Ist euch solcher mein rat nicht eben [= genehm, passend], so trefft einen bessern, das jr und wir alle der unleidlichen, teuffelschen Last der Jüden entladen werden, Und nicht fur Gott schüldig und teilhafftig werden alle der lügen, des lesters, speiens, fluchens, so die rasenden Jüden wider die Person unsers HErrn Jhesu Christi, Seiner lieben Mutter, aller Christen, aller Oberkeit und unser selbs, so frey und mutwilliglich treiben.

[10] WA LIII 527: Ich wil hie mit mein gewissen gereinigt und entschüldigt haben, als der ichs trewlich hab angezeigt und gewarnet.

[11] WA LIII 528: Und ich solte mit solchem verteufelten maul essen, trincken oder reden, So möcht ich aus der schüssel oder kannen mich voller Teufel fressen und sauffen, als der ich mich gewis damit teilhaftig machet aller Teufel, so in den Jüden wonen und das theure blut Christi verspeien [= verhöhnen].

[12] WA LIII 528: Ein solch verzweivelt, durchböset, durchgifftet, durchteufelt ding ists umb diese Jüden, so diese 1400. jar unser plage, pestilentz und alles unglück geweft und noch sind.

[13] WA LIII 528: Summa, Wir haben rechte Teufel an jnen, das ist nicht anders, Da ist kein menschlich hertz gegen uns Heiden, Solchs lernen sie von jren Rabinen in des Teufels nestern jrer Schulen.

wieder in bezug auf die Juden peinliche Triumphe: »Hierher zum Kusse! Der Teufel hat in die Hosen geschissen und den Bauch abermals geleert. Das ist ein rechtes Heiligtum, das die Juden und was Jude sein will, küssen, fressen, saufen und anbeten sollen, und wiederum soll der Teufel auch fressen und saufen, was solche Jünger speien, oben und unten auswerfen können (...) Der Teufel frißt nun mit seinem Engelsrüssel und frißt mit Lust, was der Juden unteres und oberes Maul speit und spritzt.«[14] »Es ist hier zu Wittenberg an unserer Pfarrkirche eine Sau in Stein gehauen; unter ihr liegen junge Ferkel und Juden,

die saugen; hinter der Sau steht ein Rabbi, der hebt der Sau das rechte Bein empor, und mit seiner linken Hand zieht er den Pirzel über sich, bückt und kuckt mit großem Fleiß der Sau unter den Pirzel in den Talmud hinein, als wollt er etwas, wozu man scharfe Augen braucht, und Außergewöhnliches lesen und ersehen.«[15] »Wo hat ers gelesen? Der Sau im, grob heraus, Hintern.«[16] Man muß zum wieder-

Judensau an der Stadtkirche zu Wittenberg (um 1440)

holten Mal konstatieren: Die Sprache Luthers gegen die Juden und die Gesinnung, die hinter dieser Sprache steht, sind so mörderisch und abartig, daß man Luther heute mit vollem Recht von den Menschen wegsperren, ihn entweder ins Gefängnis oder in die Klapsmühle stecken müßte. Wie oben schon ausgeführt – man sieht, ohne Übertreibung.

---

[14] WA LIII 587: Hieher zum kuß, der Teuffel hat in die N. [= Niderwat? Warum das Wort nicht ausgeschrieben, ist unklar. Sonst steht N für einen unterdrückten Namen] geschmissen [schmeißen ist seit dem Mhd. als Verhüllung von scheißen anzutreffen; vgl. Schmeißfliege (siehe Kluge, Etymologisches Wörterbuch)] und den bauch abermal geleeret, Das ist ein recht Heiligthumb, das die Jüden, und was Jüde sein wil, küssen, fressen, sauffen und anbeten sollen. Und widderumb der Teuffel auch fressen und sauffen, was solche seine Jünger speien, oben und unten aufwerffen können. [...] Und ist ein Teuffel worden, der nu mit seinem Engelischen rüssel frisst und mit lust frisst, was der Jüden unter und ober maul speiet und sprützet.

[15] WA LIII 600: Es ist hie zu Wittemberg an unser Pfarrkirchen eine Saw inn stein gehawen [Das von Luther hier erwähnte Steinrelief ist noch vorhanden (siehe Bild oben).], da ligen junge Ferckel und Jüden unter, die saugen, Hinder der Saw stehet ein Rabin, der hebt der Saw das rechte bein empor, und mit seiner lincken hand zeucht er den pirtzel [= Hinterteil] uber sich, bückt und kuckt mit grossem vleis der Saw unter dem pirtzel inn den Thalmud hinein, als wolt er etwas scharffes und sonderlichs lesen und ersehen.

[16] WA LIII 601: Wo hat ers gelesen? Der Saw im (grob heraus) hindern.

Damit wäre er noch gut bedient, verlangte er doch seinerseits, daß den Juden viel Schlimmeres angetan werde. Denn indem er diese so »überzeugend« zu Teufeln erklärt hat, hatte er nun die Grundlage für ihre brutale Verfolgung geschaffen. Daß man ihre Synagogen »mit Feuer anstecken und was nicht brennen will, mit Erde überhäufen und beschütten soll«[17] – diese Aufforderung Luthers haben wir bereits vernommen. Aber Luther fordert in der Maßlosigkeit seines Hasses, »daß man auch ihre Häuser desgleichen zerbreche und zerstöre«; man solle die dann obdachlosen Juden »in einen Stall tun wie die Zigeuner«.[18] Ihren Rabbinern solle man »bei Leib und Leben verbieten, hinfort zu lehren«[19], über alle Juden aber das Verbot verhängen, die großen Landstraßen zu benutzen: »Sie sollen daheim bleiben, denn sie haben nichts auf dem Land zu schaffen«, wo sie nur Wuchergeschäfte treiben würden.[20] Sollten sich die Juden an dieses Verbot nicht halten, möchte Luther »eine Reiterei sammeln wider sie«[21], die ihnen das Handwerk lege. Man solle ihnen überhaupt nicht nur »den Wucher verbieten«, sondern »nehme ihnen alle Barschaft und Kleinod, an Silber und Gold.«[22] Die Nazis haben sich präzis an diese Devise Luthers gehalten, ebenso wie an die weiteren Anweisungen des Reformators, daß »nicht wir ihnen, sondern sie uns untertan sein sollen«[23] und »daß man den jungen, starken Juden und Jüdinnen in die Hand gebe Flegel, Axt, Karst, Spaten, Rocken, Spindel«[24] und sie für uns arbeiten lasse. Jeder dürfe

---

[17] WA LIII 523: Erstlich, das man jre Synagoga oder Schule mit feur anstecke und, was nicht verbrennen wil, mit erden uber heuffe und beschütte, das kein Mensch ein stein oder schlacke davon sehe ewiglich. Und solchs sol man thun, unserm Herrn und der Christenheit zu ehren damit Gott sehe, das wir Christen seien und solch öffentlich liegen, fluchen und lestern seines Sones und seiner Christen wissentlich nicht geduldet noch gewilliget haben.

[18] WA LIII 523: Zum andern, das man auch jre Heuser des gleichen zebreche und zerstöre, Denn sie treiben eben dasselbige drinnen, das sie in jren Schülen treiben. Dafur mag man sie etwa unter ein Dach oder Stal thun, wie die Zigeuner, auff das sie wissen, sie seien nicht Herrn in unserm Lande, wie sie rhümen, Sondern im Elend und gefangen, wie sie on unterlas fur Gott uber uns zeter schreien und klagen.

[19] WA LIII 523: Zum vierden, das man jren Rabinen bey leib und leben verbiete, hinfurt zu leren.

[20] WA LIII 524: Zum fünfften, das man den Jüden das Geleid und Straße gantz und gar auffhebe, Denn sie haben nichts auff dem Lande zu schaffen, weil sie nicht Herrn noch Amptleute noch Hendeler, oder des gleichen sind, Sie sollen da heime bleiben. Ich lasse mir sagen [= Ich höre berichten], Es solle ein Reicher Jüde itzt auff dem Lande reiten mit zwelff Pferden (der wil ein Kochab werden) und wuchert Fürsten, Herrn, Land und Leute aus, das große Herrn scheel dazu sehen.

[21] WA LIII 524: Werdet jr Fürsten und Herrn solchen Wucherern nicht die Straße legen [= verlegen, verbieten] ordenlicher weise [= als Regel? von Rechts wegen?], So möcht sich etwa [= einmal] ein Reuterey samlen wider sie, weil sie aus diesem Büchlin lernen werden, was die Jüden sind, und wie man mit jnen umbgehen und jr wesen nicht schützen solle.

[22] WA LIII 524: Zum sechsten, das man jnen den Wucher verbiete und neme jnen alle barschafft und Kleinot an silber und Gold, und lege es beseit zu verwaren.

[23] WA LIII 525: Wir aber sind nicht jnen unterthan, sondern sie sollen uns unterthan sein.

[24] WA LIII 525f.: Zum siebenden, das man den jungen starcken Jüden und Jüdin in die hand gebe flegel, axt,

»mit Saudreck« auf sie werfen und sie »von sich jagen«. Und »niemand sei hierin barmherzig noch gütig, denn es trifft Gottes Ehre und unser aller (...) Seligkeit an«.[25] Mit Nachdruck verlangt Luther die Vertreibung der Juden: »Wir müssen geschieden sein und sie müssen aus unserem Lande vertrieben werden.«[26] Jegliche freie, öffentliche Religionsausübung möchte der Reformator den Juden verwehren: »Daß man ihnen verbiete, bei uns öffentlich Gott zu loben, zu danken, zu beten, zu lehren, bei Verlust Leibes und Lebens.«[27] Den »Oberherren« schärft Luther immer wieder ein, »daß sie eine scharfe Barmherzigkeit wollten gegen diese elenden Leute üben«, daß sie »sie zur Arbeit zwingen und mit ihnen nach aller Unbarmherzigkeit umgehen wie Moses in der Wüste tat und schlug dreitausend tot.« In bezug auf die Juden »kann man hier keine Barmherzigkeit üben, sie in ihrem Wesen zu stärken. Will das nicht helfen, so müssen wir sie wie die tollen Hunde verjagen, damit wir nicht (...) aller Laster teilhaftig mit ihnen Gottes Zorn verdienen und verdammt werden.«[28] So pervertiert ist das Denken Luthers, daß er überzeugt ist, mit seinen Aufrufen gegen die Juden eine überaus gute Tat gesetzt zu haben: »Ich habe das Meine getan, ein jeglicher sehe, wie er das Seine tue. Ich bin schuldlos.«[29]

Den Greuelmärchen und Lügen der Katholiken über Brunnenvergiftungen und Ritualmorde der Juden fügt Luther eine neue raffinierte Variante hinzu. Er ist kein Ignorant, er weiß, daß alle diese bösen Behauptungen wahrheitswidrig sind. Darum bemüht er sich auch gar nicht, sie zu beweisen. Aber in nicht mehr zu überbietender Bosheit gibt er zu bedenken, daß all diese Greuelmärchen

---

karſt, ſpaten, rocken, ſpindel, und laſſe ſie jr brot verdienen im ſchweiß der naſen [= im Schweiß des Angesichts], wie Adams kindern auffgelegt iſt [1. Mose 3,19].

[25] WA LIII 537: Darumb der Jüden maul nicht ſol werd gehalten werden bey uns Chriſten, das es Gott ſol fur unſern ohren nennen, Sondern, wer es vom Jüden höret, das ers der Oberkeit anzeige oder mit Sew dreck auff jn werffe, ſo fern er jnen ſihet, und von ſich iage. Und ſey hierin niemand barmherzig noch gütig, Denn es trifft Gottes ehre und unſer aller (der Jüden auch) ſeligkeit an.

[26] WA LIII 538: So müſſen wir geſcheiden ſein, und ſie aus unſerm Lande vertrieben werden.

[27] WA LIII 536: Zum dritten, Das man jnen verbiete, bey uns und in dem unſern öffentlich Gott zu loben, zu dancken, zu beten, zu leren, bey verluſt leibes und lebens.

[28] WA LIII 541 f.: UNSern Ober Herrn, ſo Jüden unter ſich haben, wündſche ich und bitte, das ſie eine ſcharfe barmherzigkeit wolten gegen dieſe elende Leute uben, wie droben geſagt, obs doch etwas (wiewol es miſlich iſt) helffen wolte, Wie die trewen Ertzte thun, wenn das heilige Fewr [= Rotlauf, Brand] in die bein [= Knochen] komen iſt, Faren ſie mit unbarmherzigkeit und ſchneiten, ſegen, brennen fleiſch, adern, bein und marck abe. Alſo thu man hie auch. Verbrenne jr Synagogen, Verbiete alles, was ich droben erzelet habe, Zwinge ſie zur erbeit, Und gehe mit jnen umb nach aller unbarmherzigkeit, wie Moſe thet in der Wüſten und ſchlug drey tauſent tod, das nicht der gantze hauffe verderben muſte [2. Mose 32,28]. Sie wiſſen warlich nicht, was ſie thun, Wollens dazu, wie die beſeſſen Leute, nicht wiſſen, hören noch lernen. Darumb kan man hie keine barmherzigkeit uben, ſie in jrem weſen zu ſterken. Wil das nicht helffen, So müſſen wir ſie, wie die tollen hunde aus jagen, damit wir nicht, jrer greulichen leſterung und aller laſter teilhaftig, mit jnen Gottes zorn verdienen und verdampt werden.

[29] WA LIII 542: Ich habe das meine gethan, Ein jglicher ſehe, wie er das ſeine thu. Ich bin entſchuldigt.

auf einer höheren Ebene doch wahr seien, weil Juden aus ihrem tiefsten Wesen heraus eben zu all dem Verbrecherischen fähig seien. O-Ton Luther: »Daher gibt man ihnen oft in den Historien Schuld, daß sie die Brunnen vergiftet, Kinder gestohlen und durch zerstechen ausgeblutet haben (...) Sie sagen wohl nein dazu. Aber es sei oder nicht, so weiß ich wohl, daß es am vollen, ganzen bereiten Willen bei ihnen nicht fehlt, wo sie mit der Tat dazukommen könnten, heimlich oder offenbar (...) Tun sie aber etwas Gutes, so wisse, daß es nicht aus Liebe noch dir zugute geschieht.«[30] Für die Wahrheit der Greuelmärchen über die Juden beruft sich Luther sogar auf Jesus. »Ich weiß wohl, daß sie solches und alles leugnen. Es stimmt aber alles mit dem Urteil Christi, daß sie giftige, bittere, rachgierige, tückische Schlangen, Meuchelmörder und Teufelskinder sind, die heimlich stechen und Schaden tun, solange sie es öffentlich nicht vermögen.«[31]

Luthers Antisemitismus richtet sich sogar gegen Christen, die seinen Fanatismus nicht teilen und die Juden weiterhin human behandeln. »Wer nun Lust hat, solche giftigen Schlangen und jungen Teufel, d.h. die ärgsten Feinde Christi, unseres Herrn, und unser aller zu beherbergen, zu beköstigen und zu ehren, (...) der lasse sich diese Juden treulich anbefohlen sein. Ist es nicht genug, so lasse er sie sich auch ins Maul tun oder krieche ihnen in den Hintern und bete diesen als Heiligtum an, rühme sich danach, er sei barmherzig gewesen, habe den Teufel und seinen jungen Teufel gestärkt, zu lästern unseren Herrn und das kostbare Blut, mit dem wir Christen erkauft sind. So ist er denn ein vollkommener Christ, voller Werke der Barmherzigkeit, die ihm Christus belohnen wird am Jüngsten Tage zusammen mit den Juden in ewigem, höllischem Feuer.«[32]

---

[30] WA LIII 482: Daher gibt man jnen offt in den Historien schult, das sie die Brunnen vergifft, Kinder gestolen und zeprimet haben, wie zu Trent, Weissensee etc. Sie sagen wol Nein dazu. Aber, Es sey oder nicht, So weis ich wol, das am vollen, gantzen, bereitem willen bey jnen nicht feilet, Wo sie mit der that dazu komen köndten, heimlich oder offenbar. Des versihe dich gewislich und richte dich darnach. Thun sie aber etwas gutes, So wisse, das es nicht aus liebe, noch dir zu gute geschicht. – Vgl. auch WA XLIX 373: Sie fluchen ihm und zuschenden ihn uber die maße, so sie doch beten: Messias ist Davids Son, und fluchen ihm doch, heissen ihn ein hurnkind, bernhaut [= Nichtsnutz, Bankert], wo sie auch unser kinder kriegen, pfrimen [= aufspießen] sie sie [...]

[31] WA LIII 530: Ich weis wol, das sie solches und alles leugnen. Es stimmet aber alles mit dem urteil Christi, das sie gifftige, bittere, rachgirige, hemische Schlangen, meuchel mörder und Teufels Kinder sind, die heimlich stechen und schaden thun, weil sie es öffentlich nicht vermögen.

[32] WA LIII 530f.: Wer nu lust hat, solche gifftige Schlangen und junge Teufel, das ist die ergeste feinde Christi, unsers HErrn, und unser aller zu herbergen, zu fretzen und zu ehren und sich zu schinden, rauben, plündern, schenden, zu speien, zu fluchen und alles ubels zu leiden begert, der lasse jm diese Jüden treulich befolhen sein. Ists nicht gnug, so lasse er jm auch ins maul thun oder kriche jm in den hindern und bete das selbige heiligthum an, rhüme sich darnach, er sey barmhertzig gewest, habe den Teufel und seinen jungen Teufel gesterckt, zu lestern unsern lieben HErrn und das theure blut, damit wir Christen erkaufft sind. So ist er denn ein volfomener Christ, voller werck der barmhertzigkeit, die jm Christus belonen wird am Jüngsten tage mit den Jüden im ewigen hellischen fewr.

Luther hat mit seinen mörderischen Haßtiraden und praktischen Vernichtungsanleitungen gegen die Juden eine ungeheure Geschichtsschuld auf sich geladen. Diese Schuldenlast wirkt bis in unser Jahrhundert hinein. Denn da die Konstellation der Geschichte des 16. Jahrhunderts ihn zu einer außerordentlichen, wirkmächtigen Persönlichkeit gemacht hatte, mußte auch seine Judenhetze gewaltige, aber eben fatal-negative Langzeitfolgen zeitigen. Nur wenige Theologen sind bereit zuzugeben, was der Theologe Martin Stöhr ehrlich einräumt, nämlich daß Luthers Judenattacken »eine Jahrhunderte überdauernde tödliche Explosivkraft besaßen«[33]. Luthers These, alle Juden, die sich nicht zum Luthertum bekehren wollen, seien »Lästerer«, »Räuber«, »Mörder« und »leibhaftige Teufel« und sie seien daher zu enteignen, gefangen zu halten, zu verjagen oder totzuschlagen, war zwar religiös, genauer christologisch motiviert, weil der Reformator die Hauptsünde der Juden in der ihnen zugeschriebenen Ablehnung und Tötung des Gottessohnes sah, aber das auf diese Weise geschaffene Reservoir an Haß und Aggression in den Köpfen und Herzen der Nachfahren Luthers konnte nun von jedem wie auch immer motivierten antisemitischen Demagogen ausgiebig genutzt werden, vor allem vom rassistischen Judenhasser Hitler. Deswegen hat man mit Recht gesagt, daß Luther wesentlich dazu beigetragen habe, »daß in den breiten Schichten des christlichen Volkes der sakramental begründete Antisemitismus vom Mittelalter her weiter wirken konnte, bis er dann durch den rassemäßig begründeten abgelöst wurde.«[34]

Hitler selbst hat auch mehrfach betont, daß er sich in der Judenfrage mit Luther eins wisse. Nun, praktisch mißverstanden hat jener ihn gewiß nicht, und man kann nachvollziehen, daß manche die Verurteilung Hitlers bei gleichzeitig fortbestehender Ehrung Luthers anstößig finden.[35] Und wenn Hitler gegenüber dem katholischen Osnabrücker Bischof Wilhelm Berning 1936 erklärte, daß er selber in bezug auf die Juden nur das tue, was die Kirche seit 1500 Jahren tut, so dürfte er auch bei dieser Aussage den gewaltigen Beitrag Luthers zu den vielen antisemitischen Aktionen beider Großkirchen nicht übersehen haben.

»Daß (...) Hitler ganz bewußt an die lutherische Tradition der Judenverfolgung angeknüpft hat, zeigt auch die Tatsache, daß die ›Reichskristallnacht‹, in welcher die Nazis über die Juden herfielen, vom 9. auf den 10. November (1938) war. Am

---

[33] Stöhr 1961, S. 117.

[34] Maurer 1953, S. 49.

[35] »Von Adolf-Hitler-Straßen und Adolf-Hitler-Denkmälern wurde das deutsche Volk 1945 befreit; der geistige Anstifter zu Hitlers Völkermord an den Juden hat hingegen weiterhin großen Einfluß auf die nach ihm benannte Organisation und deren Wirken in Schulen, an Universitäten, in Gesellschaft und Politik« (Sailer/Hetzel, S. 14).

10. November hatte nämlich Martin Luther Geburtstag. Im übrigen hat ja Hitler nichts anderes mit den Juden getan, als was Prof. Dr. Luther gepredigt hatte.«[36] Angesichts der strengen Bücherzensur und -kontrolle während der Nazi-Zeit kann es zudem kein Zufall sein, daß Luthers wichtigstes Anti-Juden-Buch unter Hitler neu aufgelegt wurde.

Auch die berüchtigte antisemitische Nazi-Zeitung ›Der Stürmer‹, herausgegeben vom besonders fanatischen Judenhasser Julius Streicher, konnte kaum schlimmere Charakterisierungen der Juden erfinden, als sie Luther en masse geliefert hatte.[37] Folgerichtig berief sich deshalb auch Streicher bei den »Nürnberger Prozessen« gegen die Naziverbrechen am 29. April 1946 auf Luther und dessen Buch ›Von den Juden und ihren Lügen‹: »Dr. Martin Luther säße heute sicher an meiner Stelle auf der Anklagebank, wenn dieses Buch in Betracht gezogen würde.«[38] Und sollte er dahin nicht auch wirklich gehören?!

Eine fatale, makabre Konsequenz zieht sich jedenfalls von Luther bis Hitler: »Prof. Dr. Luthers Wandel endete (...) in der Anordnung der Judenvertreibung, -verfolgung und -ermordung, die Adolf Hitler ca. 400 Jahre später ausführte.«[39]

---

[36] Böhm 1994, S. 235.

[37] Das einzige echte, d.h. nicht heimlich und von außen organisierte, sondern spontan durch erfolgreiche Volksverhetzung (durch einige einfache SA-Mitglieder und in Streichers »Gau«) eingetretene Pogrom des 3. Reiches ereignete sich bezeichnenderweise in Gunzenhausen, d.h. einem südlichen lutherischen Vorposten im Fränkischen mit Martin-Luther-Schule, Martin-Luther-Kirche, Martin-Luther-Platz und Martin-Luther-Denkmal.

[38] Zit. nach den Protokollen der NÜRNBERGER PROZESSE. Siehe Anhang S. 108.

[39] Böhm 1994, S. 245.

Kapitel VI

Luther und die Frauen

E INDEUTIG IST LUTHER ein Frauenverächter, ein Proklamierer ihrer Minderwertigkeit und der Notwendigkeit der Überlegenheit und Herrschaft des Mannes über sie. Eine fast schon unzählige Menge von Aussagen Martin Luthers belegt und bestätigt diese Einstellung des Reformators zum weiblichen Geschlecht. Heutige Feministinnen, die sich unbeschwert einer der protestantischen Denominationen zugehörig fühlen, werden erstaunt sein müssen, wenn sie zu registrieren haben, daß Luther den Frauen nur eine einzige Rolle zugebilligt hat, die der **Hausfrau** und **Kindergebärerin**. Jedes andere Tun der Frauen verurteilte er aufs Schärfste.

Luther ist überzeugt, »daß das Weib geschaffen ist zur Haushaltung, der Mann aber zur Policey, zu weltlichem Regiment, zu Kriegen und Gerichtshändeln, die zu verwalten und führen.«[1] »Wenn man dies Geschlecht, das Weibervolk, nicht hätte, so bräche die Haushaltung und Alles, was dazu gehört, zusammen, läge gar darnieder; darnach das weltliche Regiment, Städte und die öffentliche Ordnung. Summa, die Welt kann des Weibervolks solange nicht entbehren, bis die Männer selber Kinder austragen können.«[2] »Das aber ist wahr, in häuslichen Sachen, was das Hausregiment angeht, dazu sind die Weiber geschickter und beredter; aber im weltlichen politischen Regiment und Händeln taugen sie nichts, dazu sind die Männer geschaffen und eingesetzt von Gott, nicht die Weiber.«[3] »Da hast du das höchste Kleinod, Ehre und Schmuck der Weiber, nähmlich daß sie sind *fons omnium viventium*, die Bronnquelle und Ursprung, aus dem alle

---

[1] TiWA I 532 (1054): Daraus erscheinet, daß das Weib geschaffen ist zur Haushaltung, der Mann aber zur Policey, zu weltlichem Regiment, zu Kriegen und Gerichtshändeln, die zu verwalten und führen.

[2] TiWA II 166 (1658): Wolan, wenn man dies Geschlecht, das Weibervolk, nicht hätte, so fiele die Haushaltung und Alles, was dazu gehört, läge gar darnieder; darnach das weltliche Regiment, Städte und die Polizey. Summa, die Welt kann des Weibervolks nicht entbehren, da gleich die Männer selbs könnten Kinder tragen.

[3] TiWA II 286 (1979): Die Weiber sind von Natur beredt und können die Rhetoricam, die Redekunst, wol, welche doch die Männer mit großem Fleiß lernen und uberkommen müssen. Das aber ist wahr, in häuslichen Sachen, was das Hausregiment belanget, da sind die Weiber geschickter zu und beredter; aber im weltlichen politischen Regiment und Händeln tügen sie nichts, dazu sind die Männer geschaffen und geordnet von Gott, nicht die Weiber.

lebendige Menschen kommen. (…) Darum hat Sankt Paulus (…) den Ehestand gepriesen, da er 1. Tim. 2,5 spricht: ›*Salvatur mulier per generationem filiorum, si manserunt in fide. –* Das Weib wird selig durch Kindergebären, wenn sie bleiben im Glauben und in der Liebe und in der Heiligung samt der Zucht.‹«[4]

Also noch einmal: Nach Luther »hat Gott das Weib geschaffen, daß es soll bei dem Manne sein, Kinder gebären und Haushaltung verwalten.«[5] »Gott hat Mann und Weib geschaffen, das Weib zum Mehren mit Kinder tragen; den Mann zum Nähren und Wehren. Die Welt aber verdreht das, mißbraucht die Weiber zur Unzucht, der Männer Schutz zur Tyrannei.«[6]

Nach Luther liegen die höchste Ehre und Würde der Frau in der Mutterschaft: »Und obgleich ein Weib ein schwaches Gefäß und Werkzeug ist, hat es doch die höchste Ehre der Mutterschaft. Denn alle Menschen werden von ihnen empfangen, geboren, gesäugt und ernährt; daher kommen die lieben Kinderlein und Nachkommen. Diese Ehre, daß sie unsere Mütter sind, soll angemessenerweise alle Schwachheit der Weiber zudecken und tilgen, so daß ein frommer, gottesfürchtiger Ehemann gerechterweise sagen soll: Haben wir Gutes empfangen, warum sollten wir nicht auch das Böse leiden?« Darum »sagt auch S. Paulus 1. Tim. 5,14: ›Ich will, daß die jungen Weiber und Witwen freien und Kinder zeugen sollen‹.«[7]

---

[4] TiWA III 379 (3528): Da hast du das höchste Kleinod, Ehre und Schmuck der Weiber, nehmlich daß sie sind *fons omnium viventium*, die Bronnquelle und Ursprung, daher alle lebendige Menschen kommen. […] Und weil dieser Doctor und Orator den Ehestand also herrlich definirt und lobet, so mögen wir billig Alles zudecken, was gebrechlich an einem Weib ist. Denn der Herr Christus, Gottes Sohn, hat den Ehestand auch nicht verachtet, sondern ist von einem Weib geboren worden. Das ist nicht ein gering Lob des Ehestandes. Darum hat Sanct Paulus auch daher gesehen und den Ehestand gepreiset, da er 1. Timoth. 2 spricht: *Salvatur mulier per generationem filiorum, si manserunt in fide.* Das Weib wird selig durch Kinder gebären, wenn sie bleiben im Glauben, und in der Liebe, und in der Heiligung sammt der Zucht.«

[5] TiWA VI 275 (6928): Denn Gott hat das Weib geschaffen, daß es soll bey dem Manne seyn, Kinder gebären und Haushaltung verwalten.

[6] TiWA I 4 (3): Gott hat Mann und Weib geschaffen, das Weib zum Mehren mit Kinder tragen; den Mann zum Nähren und Wehren. Die Welt aber kehrets um, mißbrauchet der Weiber zur Unzucht, der Männer Schutz zur Tyrannei.

[7] TiWA IV 162 f. (4138): Und ob gleich ein Weib ein schwach Gefäß und Werkzeug ist, doch hats die höchste Ehre der Mutterschaft. Denn alle Menschen werden von ihnen empfangen, geboren, gesäugt und ernähret; daher kommen die lieben Kinderlin und Nachkommen. Diese Ehre, daß sie unser Mütter sind, soll billig alle Schwachheit der Weiber zudecken und verschlingen, daß ein frommer, gottfürchtiger Ehemann billig sagen soll: Haben wir Guts empfangen, worum wollten wir nicht auch das Böse leiden?

Also sind auch die kaiserlichen Rechte dem Ehestand gar günstig und geneigt, haben den Weibern viel Privilegia und Freiheit gegeben um der Nachkommen willen, daß durch sie alle Stände nächst Gott gemehret und erhalten werden; wie auch S. Paulus sagt 1. Timoth 5: »Ich will, daß die jungen Weiber und Witwen freien und Kinder zeugen sollen.«

Fromm und gottesfürchtig ist die Frau nach Luther, wenn sie ihrem Auftrag zur Mutterschaft treu ist: »Von den Kindbetterinnen, die in Kindesnöten liegen, ist kein Zweifel, daß sie selig werden, wenn sie im Glauben sterben, weil sie im Amt und Beruf, dazu sie Gott geschaffen hat, sterben. Und ist also der Glaube im Werk kräftig, ja wird im Kreuz als vollkommen befunden, der da sicher ist und wartet auf den Tag des Gerichtes, ja Trostes. Darum soll man die Weiber ermahnen, daß sie in solcher Not aufs stärkste helfen und arbeiten, daß sie der Frucht und Kindleins loswerden (...), auch wenn sie dabei sterben sollten.« Er kritisiert in diesem Zusammenhang die Frauen, die bei der Geburt helfen, wenn sie mehr den Gebärenden »denn der Frucht, weil sie besorgen und fürchten, daß sie möchten sterben oder große Schmerzen und Wehe haben«[8].

Luther hält schroff dagegen: »Gib das Kind her«, sagt er zu einer Frau in den Wehen, »und trage dazu mit aller Macht bei; stirbst du darüber, so fahre hin, wohl dir, denn du stirbst wesensmäßig im edlen Werk und Gehorsam Gottes.«[9] Geradezu zynisch klingt es, wie Luther die Frauen zu Gebärmaschinen degradiert: »Ob sie sich aber auch müde und zuletzt tot tragen, das schadet nichts; laß sie sich nur tot tragen, sie sind drum da. Es ist besser, kurz gesund, denn lange ungesund leben.«[10] Wohlgemerkt: Luther spricht diesen Zynismus in seine Zeit hinein, in eine Epoche, in der die Frauen schamlos fremdbestimmt wurden, zum Gebären nicht weniger als zum Arbeiten. Es war die Zeit der »arranged marriages« und, zumindest für die Mehrheit des Volkes, zugleich eines maximal witwenfeindlichen Erbrechts (das Luther ausdrücklich billigte).

Eigentlich ist nach Luther der Mensch nur der Mann. Aber man könne eben wegen ihres Kinderkriegens und Haushaltsbesorgens sowie der Geschlechtslust auf die Frauen nicht verzichten: »So wenig man des Essens und Trinkens entbehren und geraten kann, so wenig ist es auch möglich, sich der Weiber zu enthalten; denn durch natürliche Begier können wir uns sämtlich ihrer nicht

---

8 TiWA VI 173 (6764): Von den Kindbetterinn, so in Kindesnöthen liegen, ist kein Zweifel, da sie im Glauben sterben, daß sie selig werden, weil sie im Amt und Beruf, dazu sie Gott geschaffen hat, sterben. Und ist also der Glaube im Werk kräftig, ja wird im Creuz vollkommen erfunden, der da sicher ist und wartet auf den Tag des Gerichts, ja Trosts.

Darum soll man die Weiber ermahnen, daß sie in solcher Noth aufs stärkste helfen und arbeiten, daß sie der Frucht und Kindlins los werden und genesen, ob sie gleich drüber sterben sollten. Doch daß man hierinne Maß halte und sie nicht zu gar übertreibe. Denn etliche Weiber pflegen mehr ihnen selbs zu rathen und helfen denn der Frucht, weil sie besorgen und fürchten, daß sie möchten sterben oder große Schmerzen und Wehe haben.

9 WA X.2 296: Gib das Kind her und thu dazu mit aller macht, stirbstu drober, ßo far hyn, wol dyr, Denn du stirbist eygentlich ym edlen werck und gehorsam gottis.

10 WA X.2 301: Ob sie sich aber auch müde und zu letzt todt tragen, das schad nicht, laß nur tod tragen, sie sind drumb da. Es ist besser kurtz gesund denn lange ungesund leben.

entäußern. Die Ursache davon ist, daß wir in der Weiber Leib empfangen, darin ernährt, davon geboren, gesäugt und erzogen werden, also daß unser Fleisch zum größten Teil Weiberfleisch ist und es uns unmöglich ist, uns von ihnen ganz abzusondern«[11]

Viele Stellen bei Luther klingen so, als ob er die Frauen nur für ein notwendiges Übel halte, das man eben aus des Schöpfers Ratschluß hinnehmen müsse. Denn »Weibern mangelt es an Stärke und Kräften des Leibes und am Verstande. Den Mangel an Leibeskräften soll man dulden, denn die Männer sollen sie ernähren. Den Mangel am Verstande sollen wir ihnen wünschen, doch ihre Sitten und Weise mit Vernunft tragen, regieren [1. Petr. 3,7] und etwas zu Gute halten; wie Sankt Petrus lehrt: ›Ihr Männer, wohnet bei euern Weibern mit Vernunft und gebet dem weibischen, als dem schwächsten Werkzeuge seine Ehre als Miterben der Gnade des Lebens‹.«[12]

Nach Luther bewirkt ihr Mangel an Verstand, daß »der Weiber Regiment von Anfang der Welt nie nichts Guts ausgerichtet hat, wie man pflegt zu sagen: Weiber Regiment nimmt selten ein gut End! Da Gott Adam zum Herrn über alle Kreaturen gesetzt hatte, da stund es Alles noch wohl und recht, und Alles ward auf das Beste regiert; aber da das Weib kam und wollte die Hand auch mit im Sode haben und klug sein, da fiel es Alles dahin und ward eine wüste Unordnung.«[13]

Der defizitäre Verstand der Frauen bewirkt nach Luther bei diesen sodann auch, daß sie äußerst geschwätzig sind. Der Reformator erlaubt ihnen gerade noch, im Haus zu reden, nicht aber in der Öffentlichkeit: »Weiber reden vom Haushalten wohl als Meisterin mit Holdseligkeit und Lieblichkeit der Stimme und also, daß sie Ciceronem, den beredtesten Redner, übertreffen; und was sie mit Wohlredenheit nicht können zu Wegen bringen, das erlangen sie mit Weinen.

---

[11] TiWA VI 262 (6905): Als wenig man des Essens und Trinkens entbehren und gerathen kann, also müglich ists auch, sich von Weibern zu enthalten; denn wir durch natürliche Begier allermaßen uns nicht davon äußern können. Ursach ist die, daß wir in der Weiber Leibe empfangen, darinnen ernähret, davon geborn, gesäuget und erzogen werden, also daß unser Fleisch das meiste Theil Weiberfleisch ist und ist uns unmüglich, uns von ihnen ganz abzusöndern.

[12] TiWA I 4 (3): Weibern mangelts an Stärk und Kräften des Leibes und am Verstande. Den Mangel an Leibeskräften soll man dulden, denn die Männer sollen sie ernähren. Den Mangel am Verstande sollen wir ihnen wünschen, doch ihre Sitten und Weise mit Vernunft tragen, regiren und etwas zu Gute halten; wie Sanct Petrus lehret: »Ihr Männer, wohnet bei euern Weibern mit Vernunft und gebet dem weibischen, als dem schwächsten Werkzeuge seine Ehre als Miterben der Gnade des Lebens &c..«

[13] TiWA I 528 (1046): Der Weiber Regiment hat von Anfang der Welt nie nichts Guts ausgerichtet, wie man pflegt zu sagen: Weiber Regiment nimmt selten ein gut End! Da Gott Adam zum Herrn uber alle Creaturen gesetzt hatte, da stund es Alles noch wol und recht, und Alles ward auf das Beste regieret; aber da das Weib kam und wollte die Hand auch mit im Sode haben und klug seyn, da fiel es Alles dahin und ward eine wüste Unordnung.

Und zu solcher Wohlredenheit sind sie geboren; denn sie sind viel beredter und geschickter von Natur zu den Händeln denn wir Männer, die wir es durch lange Erfahrung, Übung und Studieren erlangen. Wenn sie aber außerhalb der Haushaltung reden, so taugen sie nichts. Denn wiewohl sie Worte genug haben, fehlt und mangelt es ihnen doch an Sachen, da sie diese nicht verstehen, drum reden sie auch davon läppisch, unordentlich und wüste durcheinander über die Maßen.«[14] Also meint Luther: »Wenn Weiber beredt sind, ist das an ihnen nicht zu loben, es paßt besser zu ihnen, daß sie stammeln und nicht gut reden können. Das ziert sie viel besser.«[15]

Aber Luther ist auch »gnädig«: Zwar sei »ein Weib ein schwaches Werkzeug«, aber dennoch solle man »Frauen und Jungfrauen, ob sie gleich Mangel und Fehl haben, doch nicht öffentlich schmähen, weder mit Worten noch mit Schriften, sondern insgeheim strafen. Es ist viel Gebrechens an Weibern; daher S. Petrus sagt aus Gottes Munde, ›es sei ein schwaches Werkzeug um das weibliche Geschlecht‹ [1. Petr. 3,7].«[16] Wir sollen »alles angemessen zudecken, was gebrechlich an einem Weib ist. Denn der Herr Christus, Gottes Sohn, hat den Ehestand auch nicht verachtet, sondern ist von einem Weibe geboren worden, was kein geringes Lob des Ehestandes ist.«[17]

Aber es ist, so Luther, halt so eine Sache mit dem Ehestand: »Summa, es ist ein hoher Stand, wenn er wohl gerät; wenn er aber nicht gerät, so sollte einer lieber tot sein, als einen offensichtlichen Teufel an der Seite haben.« Drum: »Wer die Gabe und Gnade hat, keusch ohne Ehe zu leben, der danke Gott! Christus, Maria, Johannes der Täufer sind ledig und nicht im Ehestande gewesen.« Aber da der Papst diese besondere Gabe »ohne Gottes Gnade insgeheim wollte dringen und erzwingen, und es besser wollte machen«, indem er dem ganzen Priesterstand

---

[14] TiWA I 532 (1054): Weiber reden vom Haushalten wol als Meisterin mit Holdseligkeit und Lieblichkeit der Stimm und also, daß sie Ciceronem, den beredtesten Redner, ubertreffen; und was sie mit Wolredenheit nicht können zu Wegen bringen, das erlangen sie mit Weinen. Und zu solcher Wolredenheit sind sie geboren; denn sie sind viel beredter und geschickter von Natur zu den Händeln denn wir Männer, die wirs durch lange Erfahrung, Übung und Studiren erlangen. Wenn sie aber außer der Haushaltung reden, so tügen sie nichts. Denn wiewol sie Wort genug haben, doch feilet und mangelts ihnen an Sachen, als die sie nicht verstehen, drüm reden sie auch davon läppisch, unordentlich und wüste durch einander uber die Maaße.

[15] TiWA IV 122 (4081): Wiewol wenn Weiber wol beredt sind, das ist an ihnen nicht zu loben; es stehet ihnen bas an, daß sie stammlen und nicht wol reden können. Das zieret sie viel besser.

[16] TiWA III 376 (3523): Frauen und Jungfrauen, ob sie gleich Mangel und Fehl haben, soll man doch nicht öffentlich schmähen weder mit Worten noch mit Schriften, sondern in geheim strafen. Es ist viel Gebrechens an Weibern; daher S. Petrus saget aus Gottes Munde, »es sey ein schwaches Werkzeug um das weibliche Geschlecht.«

[17] TiWA III 379 (3528): [...] so mögen wir billig Alles zudecken, was gebrechlich an einem Weib ist. Denn der Herr Christus, Gottes Sohn, hat den Ehestand auch nicht verachtet, sondern ist von einem Weib geborn worden. Das ist nicht ein gering Lob des Ehestandes.

die Ehelosigkeit befahl, habe das Ganze schrecklich mißlingen müssen: »Aber wie es geraten ist, das sieht man wohl.«[18] Das Konkubinat vieler vermeintlich zölibatärer Priester, die fast zahllosen Mißbrauchsfälle an Kindern und Jugendlichen durch Kleriker – das gab es schon zu Zeiten Luthers und ist bis heute nicht besser geworden. »Der Ehestand ist die schönste Ordnung, denn er ist von Gott eingesetzt (...) Aber der gottlose Stand des Papstes ist nur eine gewaltsame Unterdrückung der Natur; da doch das menschliche Leben, welches sonst sehr arm, mühselig und kurz ist, Kinder zu zeugen geneigt ist. Wenn ein Weib zwanzig Jahr Kinder gehabt hat, so ist es mit ihr aus!«[19] »Die Bornquelle aller Hurerei und Unzucht im Papsttum ist, daß sie die Ehe, den allerheiligsten Stand, verdammen. Denn alle, die den Ehestand verachten, müssen in schändliche, greuliche Unzucht fallen, auch also, ›daß sie den natürlichen Brauch verwandeln in den unnatürlichen Brauch‹, wie S. Paulus Röm. 1,26 sagt, weil sie verachten Gottes Ordnung und Kreatur, das ist, das Weib. (...) Drum erhalten sie ihren verdienten Lohn zu recht dafür, daß sie die Ehe verachten. (...) Drum wünsche ich, daß solche Verächter göttlicher Ordnung aus Menschen zu Schlangen und Basilisken würden und mit ihnen Eier legten.«[20]

---

[18] TiWA IV 163 (4138): Summa, es ist ein hoher Stand, wenn er wol geräth; da er aber nicht geräth, so sollt einer lieber todt seyn, denn einen sichtlichen Teufel an der Seiten haben. Wer die Gabe und Gnade hat, keusch ohne Ehe zu leben, der danke Gott! Christus, Maria, Johannes der Täufer sind ledig und nicht im Ehestande gewesen. Der Papst hat diese sonderliche engliche Gabe ohne Gottes Gnade ingemein wollt dringen und erzwingen, und es besser wollen machen; aber wie es gerathen ist, das siehet man wol.

[19] TiWA VI 262 (6907): Der Ehestand ist die schönste Ordnung, denn er ist von Gott eingesetzt, von dem er auch erhalten wird. Aber der gottlose Stand des Papsts ist nur eine gewaltsame Unterdrückung der Natur; da doch das menschliche Leben, welches sonst sehr arm, mühselig und kurz ist, Kinder zu zeugen geneiget ist. Wenn ein Weib zwanzig Jahr Kinder gehabt hat, so ist's mit ihr aus!

[20] TiWA VI 274 ff. (6928): Die Bornquelle aller Hurerey und Unzucht im Papstthum ist, daß sie die Ehe, den allerheiligsten Stand, verdammen. Denn Alle, die den Ehestand verachten, müssen in schändliche, gräuliche Unzucht fallen, auch also, »daß sie den natürlichen Brauch verwandeln in den unnatürlichen Brauch,« wie S. Paulus sagt Röm. 1, weil sie verachten Gottes Ordnung und Creatur, das ist, das Weib. Denn Gott hat das Weib geschaffen, daß es soll bey dem Manne seyn, Kinder gebären und Haushaltung verwalten. Drüm nehmen sie ihren verdienten Lohn billig, daß sie die Ehe verachten. Und, wie S. Paulus spricht, sie empfahen den Lohn, wie es seyn soll und sich gebühret von wegen ihres Irrthums, an ihrem eigenen Leibe. Drüm wünsche ich, daß solche Verächter göttlicher Ordnung aus Menschen zu Schlangen und Basilisken würden und mit ihnen leicheten. Drüm wol dem, dem der Ehestand gefällt! Es ist zwar Sünde, was das Werk an ihm selbs belanget, mit einem Weibe Unzucht treiben oder Jungfrauen schwächen, und natürlich und menschlich ist's, sintemal der Mensch durch die Erbsünde verderbet ist; aber gläuben, daß die Ehe von Gott eingesetzt sey, das ist ein Artikel des Glaubens.

Ich hab ein Weib genommen auch darüm, daß ich wider den Teufel trotzen könne, zu Schanden der Hurerey im Papstthum; und wenn ich keine hätte, so wollte ich doch nu in meinem Alter eine nehmen, ob ich gleich wüßte, daß ich keine Kinder könnte mit ihr zeugen; nur allein dem Ehestande zu Ehren und zu Verachtung und Schande der schändlichen Unzucht und Hurerey im Papstthum, die sehr groß und gräulich ist. Papst Leo ist todt blieben, da er mit einem Knaben zu schaffen gehabt hat, und drüber gestorben. O der gräulichen Schande von dem allerheiligsten Vater!

An ethischen Tugenden bleibt der Frau nach Luther einzig und allein, dem Mann gehorsam zu sein und ihm in allen Hinsichten zu dienen, »denn Gott sagt zum Weibe: ›Du sollst dem Mann untertan sein‹ [1. Mose 3,16]. Der Mann hat im Hause das Regiment, er sei denn ein *Verbum anomalum*, das ist ein Narr, oder daß er dem Weib aus Liebe zu Gefallen sei und lasse sie regieren, wie bisweilen der Herr des Knechtes Rat befolgt. Sonst und ohne das soll das Weib den Schleier aufsetzen; wie denn ein frommes Weib schuldig ist, ihres Mannes Unfall, Krankheit und Unglück helfen zu tragen von wegen des bösen Fleisches. Das Gesetz nimmt den Weibern Weisheit und Regierung. Dahin hat Sankt Paulus gesehen, da er spricht 1. Kor. 7,10: ›Ich gebiete, ja nicht ich, sondern der Herr‹. Und 1. Tim. 2,12: ›Ich gestatte einem Weibe nicht, daß sie lehre‹.«[21]

Die Frau kann sich Luther zufolge den Himmel nur erwerben, wenn sie alles tut, was »den Mann erfreut und fröhlich macht und ihn nicht betrübt«. Sie »tut ihm Liebes und kein Leides sein Leben lang (...) ist rüstig im Haus (...) arbeitet gern und fleißig (...) hält ihr Haus in baulichem Wesen mit Dachung und anderm (...) Ihr Schmuck ist, daß sie reinlich und fleißig ist (...) und isset ihr Brod nicht mit Faulheit«. Ein solch »tugendsam Weib (...) ist ein seltenes Gut, viel edler und kostbarer als eine Perle; denn der Mann verläßt sich auf sie, vertraut ihr Alles.«[22]

---

[21] TiWA VI 46 (6567): Denn Gott sagt zum Weibe: »Du sollt dem Mann unterthan sein &c..« Der Mann hat im Hause das Regiment, er sei denn ein *Verbum anomalum*, das ist ein Narr, oder daß er dem Weib aus Liebe zu Gefallen sei und lasse sie regiren, wie bisweilen der Herr des Knechts Rath folget. Sonst und ohn das soll das Weib den Schleier auffetzen; wie denn ein fromm Weib schuldig ist, ihres Mannes Unfall, Krankheit und Unglück helfen zu tragen von wegen des bösen Fleisches. Das Gesetz nimmet den Weibern Weisheit und Regirung. Dahin hat Sanct Paulus 1. Cor. 7 gesehen, da er spricht: »Ich gebiete, ja nicht ich, sondern der Herr,« und 1. Timoth. 2: »Ich gestatte einem Weibe nicht, daß sie lehre &c.«

[22] TiWA IV 500f. (4783): Wo findet man ein tugendsam Weib? Ein fromm, gottfürchtig Weib, ist ein seltsam Gut, viel edler und köstlicher denn eine Perle; denn der Mann verläßt sich auf sie, vertrauet ihr Alles. Da wirds an Nahrung nicht mangeln. Sie erfreuet und macht den Mann fröhlich und betrübt ihn nicht; thut ihm Liebes und kein Leides sein Lebenlang; gehet mit Flachs und Wolle um, und arbeit und schafft gern mit ihren Händen; zeuget ins Haus, und ist wie ein Kaufmannsschiff, das aus fernen Landen viel Waar und Gut bringet. Frühe stehet sie auf, speiset ihr Gesinde, und gibt den Mägden ihren bescheiden Theil, was ihnen gebührt. Denkt nach einem Acker und kauft ihn, und lebt von der Frucht ihrer Hände; pflanzet Weinberge und richtet sie fein an; wartet und verforget mit Freuden, was ihr zusteht. Was sie nicht angehet, läßt sie unterwegen und bekümmert sich damit nicht. Sie gürtet ihre Lenden fest, und stärkt ihre Arme; ist rüstig im Haus. Sie merkt, wie ihre Händel Frommen bringen, verhütet Schaden, und siehet, was Frommen bringet. Ihre Leuchte verlischt nicht des Nachts. In der Noth hat sie Nothdurft, sie streckt ihre Hände nach dem Rocken, und ihre Finger faffen die Spindel; arbeit gern und fleißig. Sie breitet ihre Hände aus zu den Armen, und reicht ihre Hand den Dürftigen, gibt und hilft gerne armen Leuten. Sie fürchtet ihres Hauses nicht für dem Schnee, denn ihr ganzes Haus hat zwiefache Kleider; hält ihr Haus in baulichem Wesen mit Dachung und Anderm. Sie macht ihr selbs Decke. Weiße Seiden und Purpur ist ihr Kleid; hält sich reiniglich und ihre Kleider werth; geht nicht schlammig und beschmutzt daher. Ihr Schmuck

Aber natürlich bleibt der Frau innerhalb ihres Pflichtbereichs als wichtigste Aufgabe, dem Manne Kinder zu gebären, sie mit ihrer Brust zu stillen und diese Aufgabe nicht etwa einer Amme zu überlassen. Denn »wenn die Kinder grobe Ammen haben, so geraten auch die Kinder nach ihnen (...) Darum ist es unfreundlich und unnatürlich, daß eine Mutter nicht ihr Kind stillt, denn dazu hat ihr Gott die Brüste und Milch darin gegeben um des Kindleins Willen. (...) Muttermilch ist der Kinder beste Nahrung, Trank und Speise, denn sie nährt gut. (...) also werden auch die Kinderlein stärker, die lange gestillt werden.« Der Reformator geriert sich in diesem Zusammenhang auch als Spezialist für weibliche Brüste unter dem Produktivitätsaspekt: »Brüste sind eines Weibes Schmuck, wenn sie ihre Proportion haben; große und fleischliche sind nicht am besten, stehen auch nicht sonderlich wohl, verheißen viel und geben wenig. Aber Brüste, die voller Adern und Nerven sind, ob sie wohl klein, stehen wohl auch an kleinen Weibern, haben viel Milch, damit sie viel Kinder stillen könnten.«[23]

Daß Luther den Hexenglauben mit den Päpsten teilte, ist allgemein bekannt. Es wundert auch nicht, daß er sie nach allem Gesagten im Rahmen ausgedehnter Sexualphantasien, in denen unverkennbar die Succubus-Phantasie mitschwingt, mit dem Teufel in Verbindung bringt.

»Ihr bekrittelt die Bedürftigen. Ihr seid unersättlich und Anlässe jenes onanistischen Verlustes der Kraft. Unersättlich wie die Haltlosen sind die Frauen. Der Teufel kann sie nicht genug schmücken.«[24]

---

ist, daß sie reinlich und fleißig ist. Sie thut ihren Mund auf mit Weisheit, und auf ihrer Zunge ist holdselige Lehre; zeucht ihre Kinder fein zu Gottes Wort. Sie schauet, wie es in ihrem Hause zugehet, und isset ihr Brod nicht mit Faulheit; nimmt sich fremder Händel nicht an. Ihre Söhne kommen auf, und preisen sie selig; ihr Mann lobet sie. Viel Töchter bringen Reichthum; aber ein tugendsam Weib übertrifft sie alle. Lieblich und schöne seyn ist nichts. Ein Weib, das den Herrn fürcht, soll man loben. Sie wird gerühmet werden von den Früchten ihrer Hände, und ihre Werk werden sie loben in den Thoren &c. Also sagt Salomo in seinen Sprüchen am letzten Capitel [Spr. 31]. Redet wol, wie es seyn sollte, und weislich; hat eine holdselige, liebliche Zunge, schilt nicht.

[23] TiWA II 130 (1554): Muttermilch ist der Kinder beste Nahrung, Trank und Speise, denn sie nähret wol. Wie denn auch die jungen Kälber mehr zunehmen von der Milch, die sie saugen, denn von allem andern Futter; also werden auch die Kinderlin stärker, die lange gestillet werden.

Brüste sind eines Weibes Schmuck, wenn sie ihre Proportion haben; große und fleischliche sind nicht am besten, stehen auch nicht sonderlich wol, verheißen viel und geben wenig. Aber Brüste, die voller Adern und Nerven sind, ob sie wol klein, stehen wol auch an kleinen Weibern, haben viel Milch, damit sie viel Kinder stillen könnten.

Der Mutter Milch ist die beste und den Kindlin am gesündesten, denn sie sind derselben in Mutterleibe gewohnet. Und wenn die Kinder grobe Ammen haben, so gerathen auch die Kinder nach ihnen, wie dies die Erfahrung zeiget. Darum ist es unfreundlich und unnatürlich, daß ein Mutter nicht ihr Kind stillet, denn darzu hat ihr Gott die Brüste und Milch darein gegeben um des Kindlins Willen; es sei denn, daß sie nicht kann stillen, da bricht Noth Eisen, wie man saget.

[24] WA XIII 135: *Calumniamini egenos, estis inexplebiles et occasiones illius deglubitionis viris. Inexplebiles ut debiliores sunt mulieres*, der teuffel kann sie nicht genug schmucken.

Kapitel VII

Luther und die Sexualität

Luthers Menschenbild entspricht auch im Hinblick auf die Sexualität keiner wirklichkeitsgemäßen Anthropologie. Es ist nicht nur inhuman, sondern direkt wahrheitswidrig und falsch. Was er zur **Körperlichkeit**, **Leiblichkeit**, **sinnlichen Natur** und **Sexualität** des Menschen sagt und lehrt, entspricht in vielen Hinsichten nicht der Wirklichkeit, d.h. dem Schichtenaufbau und der ethischen Struktur des Menschen.

Untersucht man in dieser Hinsicht Luthers Schrifttum, dann fällt einem wahrscheinlich zuallererst sein grober Naturalismus auf, der einer ethischen Mäßigung des Geschlechtstriebs keinerlei Chancen zu lassen scheint. Das ist auch biographisch, durch Luthers eigene Erfahrungen im Kloster bedingt: »Mir ists widerfahren, der ich doch nicht sehr damit angefochten ward; doch je mehr ich mich casteiete und zumacerirte, und meinen Leib zähmete, je mehr ich brannte« (TiWA II 332 (2129)). Eine sittliche Beherrschung des Geschlechtstriebs scheint sich Luther nicht denken zu können, denn »das Fleisch wütet, brennt und samet«.[1] »Fleußt es nicht in das Fleisch, so fleußt es ins Hemd.«[2] Hätte der Mensch die Gabe der Keuschheit, dann müßte er »ohne alle Flüsse sein« (TiWA III 257 (3297)). Der Samenerguß im Schlaf, ohne Zustimmung des Willens, ist für Luther trotzdem bereits ein Beweis der Unkeuschheit und der Tatsache, daß die Sexualität ein unbeherrschbares Naturereignis ist. Auch die Gabe bzw. das Gelübde der Jungfrauschaft ist damit *ad acta* gelegt: »Wenn es aber Flüsse und Pollutionen sind, so ist die Gabe der Jungfrauschaft nicht mehr da.«[3] Es

---

[1] WA X.1.1 692f. Wolan, ßo wirt der dreyer eynß folgen: dieweyl nit hohe gnade da ist, menlin unnd weyblin werden zusamenlauffen, wo sie mugen, wie itzt unter den pfaffen geschicht, odder die natur wirtt sich selb loßen, odder wo der keyniß geschicht, ßo wirtt eyn ewiges brennen unnd heymlich leyden da seyn, da hastu denn eyn teuffells marter gemacht, unnd geschicht, das der man nehm wol das heßlichst weyb auff erden, Weyb nehm wol den unlustigisten man auff erden fur wuetender, boßer lust des fleyschß.

[2] WA X.2 156: Das fleysch samet sich, wie es got geschaffen hatt, So gehn die oddern auch yhrer artt nach. Da hebt sich denn das fliessen unnd die heymliche sund, die S. Paulus nennet unreynickeytt unnd weycheyt. Und das ichs grob erauß sage um der elenden nott willen: fleusset es nicht ynn das fleisch, ßo fleusset es ynß hembt.

[3] TiWA III 608 (3777): Ich zwar gläube, daß Jungfrauen auch fühlen und haben ihre Anfechtunge und Reizung;

50

mag sich einer zum Zweck der Enthaltsamkeit noch so sehr den keuschen Jesus zum Vorbild nehmen: Es wird ihm »gehen wie den Nonnen, zu denen man geschnitzte Jesus legte. Sie sahen sich aber nach Andern um, die da lebeten und ihnen besser gefielen« (TiWA VI 260 f. (6903)).[4]

Gegen die Naturgewalt der Sexualität hilft und schützt nach Luther kein Vorsatz, kein Gelübde. Halten kann man in dieser Hinsicht nichts. »Wenn du weislich geloben willst, so gelobe, die Nase dir selbst nicht abzubeißen, das kannst du halten.«[5] Luther setzt auch *expressis verbis* den Beischlaf auf die gleiche Stufe des rein körperlichen Bedürfnisses wie Essen, Trinken und Verdauen: »Also wenig man des Essens und Trinkens entbehren und geraten kann, so wenig möglich ist's auch, sich von Weibern zu enthalten, auf die wir durch natürliche Begierde einfach nicht verzichten können.«[6] Deswegen hat nach Luther auch die Ehe an sich nicht mit Sakrament oder Kirche etwas zu tun. Es »geht die Ehe die Kirche nichts an, ist außerhalb derselben, ein zeitliches, weltliches Ding, sie gehört darum in den Aufgabenbereich der Obrigkeit«.[7] Es »gebührt uns Geistlichen oder Kirchendienern nicht, darin zu ordnen oder regieren.«[8] Allen Ernstes setzt Luther Ehelosigkeit mit Geschlechtslosigkeit, Keuschheit mit Impotenz und Eunuchsein gleich. »Wo ist Keuschheit, diese Gottesgabe, der köstliche Schatz, das himmlische Juwel? Bei den Impotenten ist sie; sie ist Impotenz.«[9] Ehe ist für Luther ganz naturale, ganz körperliche Geschlechtsgemeinschaft. In seinem groben, rohen Naturalismus weiß er nichts von der Ehe als geistig-seelisch-körperlicher

---

wenn es aber Flüsse und Pollutiones sind, so ist die Gabe der Jungfrauschaft nicht mehr da; alsdenn soll man annehmen die Arznei, so von Gott gegeben ist.

[4] Siehe dazu auch MYNAREK 1999a.

[5] WA X.2 284: Die acht ist Gelubd, nemlich wer keuscheyt gelobd hat ynn odder außer dem kloster. Hie radt ich: wenn du weyßlich geloben wilt, ßo gelobe, die naßen dyr selb nicht ab beyssen, das kanstu halten.

[6] TiWA VI 262 (6905): Als wenig man des Essens und Trinkens entbehren und gerathen kann, also müglich ists auch, sich von Weibern zu enthalten; denn wir durch natürliche Begier allermaßen uns nicht davon äußern können.

[7] TiWA IV 445 (4716): [Was den Pfarrherrn zu thun sey und wie sie sich halten sollten in Ehefällen, ob sie sich auch solcher Unlust und Mühe äußern möchten?] Ich rathe aller Ding, daß wir solch Joch und Last nicht auf uns nehmen, erstlich darum, denn wir haben sonst grug zu thun in unserm Amt. Zum Andern, so gehet die Ehe die Kirche nichts an, ist außer derselben, ein zeitlich, weltlich Ding, drüm gehöret sie fur die Oberkeit. Zum Dritten, daß solche Fälle unzählig, sehr hoch, breit und tief sind, und bringen groß Aergerniß, die würden dem Euangelio zur Schande und Unehre gereichen. Denn ich weiß, wie oft wir in dieser Sachen mit unserm Rath sind zu Schanden worden, da wir heimliche Verlöbniß haben zugelassen, größer Ubel zu verhüten, daß sie es nur heimlich behielten, daß nicht ein Exempel draus würde, dem die Andern nachfolgeten. – Hier spricht jemand aus Erfahrung: ich erinnere an die Philipps-Affäre.

[8] WA XXX.3 74: Dem nach weil die hochzeit und ehestand ein welltlich geschefft ist, gebürt uns geistlichen odder kirchendienern nichts darynn zu ordnen odder regiern.

[9] RONNER 1971, S. 99.

Freundschaft, als Weg, über das Leibliche zu einer höheren Form der Geistigkeit und der Durchgeistigung auch des Materiellen im Menschen zu gelangen. Ehe ist »ein äußerlich, leiblich Ding, wie andere weltliche Hantierung. Wie ich nun mag mit einem Heiden, Juden, Türken, Ketzer essen, trinken, schlafen, gehen, reiten, kaufen, reden, handeln, also mag ich auch mit ihm ehelich werden und bleiben. Und kehre dich an der Narren Gesetze, die solches verbieten, nichts«[10] (mit den »Narren« sind hier der Papst und seine Kardinäle gemeint). Ehe, so Luther anderenorts, »ist ein ordentlich Beyschlafen und Beywohnen eines Mannes und Weibes nach Gottes Ordnung und Befehl« (TiWA V 410 (5960)). Wie ein Kommentator richtig anmerkt, ist Luthers Berufung auf »Gottes Ordnung und Befehl«[11] kein Aufruf zum geistigen Weg in der Ehe. »Zu Gottes Ordnung gehört, daß Flöhe stechen und große Fische kleine fressen. Ein besonderer Wert der Ehe ist daraus nicht abzuleiten.«[12] Kein Wunder, daß angesichts der Geistfremdheit Luthers in bezug auf Ehe- und Geschlechtsleben auch viele evangelisch-lutherische »Geistliche« von heute so starke Aversionen gegen alles Spirituelle und Mystische haben, daß insbesondere die evangelischen Sektenbeauftragten derart vehement gegen die Spiritualität der sog. Sekten im allgemeinen und die evolutive Vergeistigung in deren Programmen der Ehe und der Freundschaft im besonderen so wüten.

Wenn der Vollzug des Geschlechtslebens, die Befriedigung des Sexualtriebs nach Luther eine derart natürliche, gottgewollte, der freien Willensentscheidung enthobene Sache ist, dann dürfte das doch, so müßte man logisch schlußfolgern, nichts Sündhaftes, Ekliges, Negatives sein. Weit gefehlt! Luther setzt sich da zu sich selbst, seinen eigenen Ausführungen in Widerspruch und dekretiert kategorisch, daß nicht nur das Geschlechtsleben überhaupt, sondern sogar das Eheleben nicht ohne Sünde vor sich gehen kann: »Keine Ehepflicht ohne Sünde«! »Aber mit allem diesem Preis des ehelichen Lebens will ich nicht der Natur gegeben haben, daß keine Sünde da sei, sondern ich sage, daß Fleisch und Blut, durch Adam verderbt, in Sünden empfangen und geboren wird (...) und daß keine Ehepflicht ohne

---

[10] WA X.2 283: Darumb wisse, das die ehe eyn eußerlich leyplich ding ist wie andere weltliche hanttierung. Wie ich nu mag mit eym heyden, Juden, Turcken, ketzer essen, trincken, schlaffen, gehen, reytten, kauffen, reden und handeln, alßo mag ich auch mit yhm ehelich werden und bleyben, und kere dich an der narren gesetze, die solchs verpieten, nichts. Man findt wol Christen, die erger sind ym unglawben ynnewendig (und der das mehrer teyll) denn keyn Jude, Heyde odder Turcke odder ketzer. Eyn heyde ist eben ßo wol eyn man und weyb von gott wol und gutt geschaffen als S. Peter und S. Paul und S. Lucia, schweyg denn als eyn loßer, falscher Christ.

[11] Zur Ehe in ihrer vollen, die Dimensionen des Geistigen, Psychischen und Leiblichen umfassenden Bedeutung, s. MYNAREK 1998, Kap. 9: »Erotik und Lebenskunst oder mein Seinswachstum durch die Ästhetik und Ethik von Partnerschaft, Freundschaft, Ehe, Liebe und Sexualität«.

[12] RONNER 1971, S. 98.

Sünde geschieht.«[13] Luther hält ja, wie wir bei der Besprechung seiner Willenslehre noch sehen werden, durchweg alles für schlecht und sündig, Gott rechtfertige allein aus Gnade den (aber auch nach der Rechtfertigung) sündig bleibenden Menschen: »*simul iustus et peccator*«, »gleichzeitig gerecht (in den Augen Gottes) und (weiterhin) Sünder« (als der konkrete Mensch im Hier und Jetzt). Originalton Luther: »Wir sind durch die Erbsünde also vergiftet, daß kein Stand auf Erden ist, der von Gott eingesetzt und geordnet, den es nicht gereut, der darinnen ist.« Das gilt auch für den Ehestand. »Das ist unserer Erbsünde Schuld, die die ganze menschliche Natur beschissen und schimpflich gemacht hat« (TiWA III 368 (3508)). Nicht nur den Willen und die Vernunft des Menschen, auch dessen Leiblichkeit, Natur, Sinnlichkeit, Ehe- und Geschlechtsleben vermag Luther nur in pessimistischster Weise zu sehen. Selbst Christus erscheint ihm manchmal wie der Teufel: »Wenn ich Christum ansah, so dünkte mich, ich sehe den Teufel.«[14]

Die Ehe ist nach Luther erlaubte Sünde, göttliches Zugeständnis an die Schwachheit unseres Fleisches, weil Gott dabei – wegen des Sühneopfers seines Sohnes – durch die Finger schaut. Aber Gott ändert nicht unsere verdorbene Natur, und wir verändern sie auch nicht durch unser Tun und die Mithilfe Gottes. Vielmehr herrscht weiter »die böse fleischliche Lust, ohne die niemand ist«, die jedoch »in ehelicher Pflicht nicht verdammlich ist«, weil die »heilige Menschheit Gottes« ihre »Schande« deckt.[15] Wie gesagt, sie deckt nur die Schande, geheiligt wird die Natur des Menschen auch durch die Menschwerdung Gottes nicht. Es fehlt nicht viel, und Luther setzte sogar die Ehe mit der Hurerei gleich, denn »Ehe und Hurerei sind einander so gleich, was das Werk belangt, daß man sie kaum unterscheiden kann; denn Beischlafen ist einerlei, Kinder zeugen ist einerlei« (TiWA V 382 (5852)). Dennoch macht Luther einen Unterschied zwischen Hurerei und Ehestand, so daß er gelegentlich sogar vom »heiligen Ehestand« spricht, auch wenn er die von den Katholiken vertretene Sakramentalität der Ehe nicht akzeptiert. Der Unterschied liegt nach Luther darin, daß Hurerei stets verboten bleibt, die Ehe aber sozusagen von Gott erlaubte und legitimierte Hurerei

---

[13] WA X.2 304: Aber mit alle dißem preyß des ehlichen lebens will ich nicht der natur geben haben, das keyn sunde da sey, ßondern ich sage, das fleysch und blutt, durch Adam verderbt, ynn sunden empfangen und geporn wirt, lautts des 50. pfalm, Unnd das keyn ehepflicht on sund geschicht, aber gott verschonet yhr auß gnaden […]

[14] WA XLV 86: *Quando Christum inspexi, vidi diabolum.*

[15] WA II 168: Sich, umb der ehr willen, das vormischung mans und weybs eyn ßo groß ding bedeut, muß der eelich stand sulchs bedeutniß genießen, das die böße fleischliche lust, der niemant an ist, yn ehelicher pflicht nit vordamlich ist, dye ßonst außerhalb der ehe alletzeyt todlich ist, wan sie vorbracht wirt. Alßo deckt die heilige menscheit gottis die schande der fleyschlichen bößen lust. Drumb solt eyn ehlich mensch sulchs sacraments acht haben, das man die heylige dingk ehret und sich meßig yn ehelichen pflichten hilte, auff das nit der fleyschlichen lust, wie die tiere thun, unvornunfftig folge geschech.

ist, eine »Arznei für die brünstige Natur« darstellt.[16] »Wenn sich einer fühlet, er sei ein Mann«, so Luther wörtlich, »so nehme er ein Weib zur Ehe und versuche Gott nicht. Darum hat das Mägdlein, was sie haben soll, damit sie ihm helfe, daß nicht Verunreinigung und Ehebrecherei geschehen. (...) Lieber Gott, behüte uns vor diesem Greuel, und laß uns in dem heiligen Ehestande bleiben, da du durch die Finger siehest und uns unser Schwachheit zu Gute hältst!« (TiWA IV 11 (3921)).

Ehe ist für Luther sozusagen ein von Gott erlaubter »Käfig« für die ausufernde Sexualität: »Dieweil dann eines sich so an das andere bindet und gefangen gibt, daß es dem Fleisch alle anderen Wege versperrt und sich an einem Bettgenossen genügen läßt, so sieht Gott an, daß das Fleisch so gedämpft wird, daß es nicht kreuzwegs durch die Stadt wütet, und läßt gnädig zu, daß derselben Lust in solcher Treue etwas nachgelassen wird, auch mehr, denn zur Frucht not ist.« Also: Ein bißchen mehr Vergnügen im Ehebett darf's schon sein, jedenfalls über die bloße Zeugungsabsicht hinaus. Aber es darf nicht zuviel werden: »Doch, daß man sich mit Ernste mäßige und nicht einen Mist- und Saupfuhl daraus mache.«[17] Ohne Ehe herrschten Sodom und Gomorra, herrschte »ein wüst, wild Wesen in der Welt«.[18]

Luther exemplifiziert das gern durch das wüste Treiben am päpstlichen Hof: »Ich hab ein Weib genommen auch darum, daß ich wider den Teufel trotzen könne, zu Schanden der Hurerei im Papsttum, und wenn ich keine hätte, so wollte ich doch nun in meinem Alter eine nehmen, ob ich gleich wüßte, daß ich keine Kinder könnte mit ihr zeugen, nur allein dem Ehestande zu Ehren und zur Verachtung und Schande der schändlichen Unzucht und Hurerei im Papsttum, die sehr groß und greulich ist. Papst Leo ist tot blieben, da er mit

---

[16] TiWA VI 273 (6924): Wir, so wir anders Christen seyn wollen, haben ein offentlichen Befehl in Gottes Wort, da Sanct Paulus [Hebr. 13,4] sagt: »Die Hurer und Ehebrecher wird Gott richten.« Viel mehr wird er die strafen, die sie födern, schützen, helfen mit Rath und That &c.. Wie kann man offentlich lehren wider Hurerey und sie strafen, wenn man loben soll die Oberkeit, so Hurerey duldet und gestattet? »Ja,« sagen und rühmen sie, »thun es doch die zu N., gleich als thäten wir allein Unrecht in dem, sonst würde es voll Hurerey werden, wo man solche Häuser nicht gestattete.« Antwort: Dawider ist ein gute Arzney von Gottes Gnaden, die Ehe oder Hoffnung, sich in Ehestand zu begeben. Was bedürfte man aber des Ehestandes Arzney oder Hoffnung, wenn wir Hurerey ließen ungestraft hingehen?

[17] WA II 169: Die weil dan eyns sich also an das ander bindet und gefangen gibt, das es dem fleysch alle andere wege vorsperret und sich an eynem bettgenoßen gnugen lest, Szo sicht gott an, das das fleysch also gedempfft wirt, das nit creutz wegs durch die statt wutet und lest gnedig zu, das der selbenn lust yn solcher trew ettwas nach gelassen wirt, auch mehr dan zur frucht nodt ist, doch das man sich mit ernste meßige und nit eyne mist und ßaw pful drauß mache.

[18] TiWA I 605 (1216): Es ist gut, daß Gott den Ehestand eingesetzt hat, sonst sorgeten die Aeltern für die Kinder nicht, die Haushaltung läge darnieder und zufiele; darnach würde auch der Policey und des weltlichen Regiments, deßgleichen die Religion nicht geachtet. Also ginge es Alles dahin – und würde ein wüst, wild Wesen in der Welt.

einem Knaben zu schaffen gehabt hat, und drüber gestorben. O der greulichsten Schande von dem allerheiligsten Vater!« (TiWA VI 275 (6928)). Ehe ist erlaubte Sünde. Wer aber nicht heiratet, der steckt in der unerlaubten, in der von Gott nicht gestatteten Sünde. Denn die Sexualität ist nach Luther über-, ja allmächtig, sie bricht sich überall Bahn: »(...) wo man das will wehren, da ist's dennoch ungewehret und gehet doch durch Hurerei, Ehebruch und stumme Sünde seinen Weg; denn es ist Natur und nicht Willkür hierinnen.« »Es ist eine eingepflanzte Natur und Art, ebensowohl als die Gliedmaßen, die dazu gehören.«[19]

Da Ehebruch unerlaubte Sünde ist, ist er für Luther auch Straftat, durch den Staat zu ahnden, wenn der Ehebruch publik wird und bewiesen ist. Die Obrigkeit sollte dann, so Luther allen Ernstes, den Schuldigen töten. Er bedauert, daß sie ihn meist laufen lassen, denn »es wäre besser, tot, tot mit ihm!«[20] Dem schuldlosen Ehepartner erlaubt Luther die Wiederverheiratung. Diese gestattet er auch bei Impotenz des Ehemannes oder der Ehefrau, was wiederum von Luthers materialistischer, antispiritueller Eheauffassung zeugt. Materialistisch ist in dieser Hinsicht auch die Ehesicht der katholischen Kirche, die es erlaubt, eine gültig geschlossene, aber (geschlechtlich) nicht vollzogene Ehe aufzulösen. Ehebruch ist es aber nach Luther nicht, wenn ein Ehemann sich eine andere besorgt, weil die Ehefrau den Beischlaf hartnäckig verweigert. Zwar solle die Gemeinde die Ehefrau vorher noch ermahnen, aber wenn das nicht helfe, dann ist's Zeit, daß der Mann sage: »Willst du nicht, so will eine andere; will die Frau nicht, so komme die Magd.«[21] Aber eigentlich, meint Luther, sollte »die weltliche

[19] WA X.2 276: Denn diß wort, da gott spricht: »Wachſſet und mehret euch«, iſt nicht eyn gepot ʒondern mehr denn eyn gepott, nemlich eyn göttlich werck, das nicht bey uns ſtehet ʒuverhyndern odder noch ʒulaſſen, ʒondern iſt eben alʒo nott, alʒ das ich eyn manß bild ſey, und nöttiger denn eſſen und trincken, ſegen und außwerffen, ſchlaffen und wachen. Es iſt eyn eyngepflantʒte natur und artt eben ʒo wol als die glidmaß, die daʒu gehören. Drumb gleych wie gott niemandt gepeut, das er man ſey oder weyb, ʒondern ſchaffet, das ſie ʒo muſſen ſeyn, Alʒo gepeut er auch nicht, ſich mehren, ʒondern ſchafft, das ſie ſich muſſen mehren. Und wo man das wil weren, das iſts dennoch ungeweret und gehet doch durch hurerey, ehebruch und ſtummen ſund ſeynen weg, denn es iſt natur und nicht wilkore hierynnen.

[20] WA X.2 289: Fragſtu denn, wo ſoll das ander bleyben, wenn es villeycht auch nicht kan keuſcheyt halten? Antwort: Darumb hat gott ym geſeʒ gepotten, die ehbrecher ſteynigen, das ſie dieſer frage nit dürfften. Alſo ſoll auch noch das weltlich ſchwerdt und uberkeyt die ehbrecher tödten, denn wer ſeyn ehe bricht, der hatt ſich ſchon ſelbſt geſcheyden und iſt fur eyn todt menſch geachtet. Darumb mag ſich das ander vorendern, als were yhm ſeyn gemalh geſtorben, wo er das recht hallten und yhm nicht gnad erʒeygen will. Wo aber die ubirkeyt ſeumig und leſſig iſt und nit tödtet, mag ſich der ehbrecher yn eyn ander ferne land machen und da ſelbs freyen, wo er ſich nicht halten kan, aber es were beſſer, todt todt mit yhm, umb böſes exempels willen ʒu meyden.

[21] WA X.2 290: Die dritte ſache iſt, wenn ſich eyns dem andern ſelbs beraubt unnd entʒeucht, das es die ehliche pflicht nicht ʒalen, noch bey yhm ſeyn will, Als man wol findt ʒo eyn halſtarrig weyb, das ſeynen kopff auff ſeʒt, und ſollt der man ʒehen mal ynn unkeuſcheyt fallen, ʒo fragt ſie nicht darnach. Hie iſts ʒeytt, das der man ſage: »wiltu nicht, ʒo wil eyn andere, wil fraw nicht, ʒo kum die magd.«

Obrigkeit das Weib zwingen oder umbringen«.[22] Man bedenke zusätzlich zu dieser Ungeheuerlichkeit noch, wie zu Luthers Zeiten die erdrückende Mehrheit der Ehen zustande kam!

Gegenüber den Mächtigen dieser Welt ist Luther nicht so tödlich streng und rigoros. Geradezu großzügig gestattet er zusammen mit Melanchthon dem Landgrafen Philipp von Hessen eine Nebenfrau, erlaubt hier also ohne weiteres den Ehebruch gemäß seiner sonstigen Definition. Wir erwähnten das bereits.

Aber obwohl die Ehe nach dem »Reformator« der sichere, geschützte Hafen der Geschlechtlichkeit ist, so bleibt diese doch auch in der Ehe Sünde und Schweinerei: »Wenn wir aber unseren Ehestand ansehen, so haben wir einen Ekel davor.« Ekel verbindet Luther mit dem, was er das »Scherzen« in der Ehe nennt und womit er den Koitus mit seinem Vor- und Nachspiel meint: »(…) so haben wir einen Ekel dafür, dieweil doch mein Vater ebensowohl bei meiner Mutter geschlafen hat als ich bei meinem Weibe und mit ihr gescherzt, und sind fromme Leute gewesen; wie auch alle Patriarchen, Erzväter und Propheten getan und gewesen sind«.[23] Wenn aber alles außerhalb wie innerhalb der Ehe Sünde ist (wenn auch in der Ehe eben erlaubte Sünde), wenn der Teufel der Fürst der ganzen Welt, die Welt »des Teufels Wirtshaus«[24] ist, wie konnte dann der Gottmensch Jesus Christus sündenlos in diese Welt kommen und in ihr leben, da er doch aus dem Samen Abrahams stammen sollte? Bei der Beantwortung dieser Frage ist der Ex-Mönch Luther wieder traditionell katholisch. Zwar sei auch der »Same Abrahams (…) vermaledeit und gibt eitel vermaledeite Frucht«.[25] Aber die Lösung liege in der Geburt Jesu aus einer Jungfrau »durch den Heiligen Geist, ohne Manneswerk. Da ist die natürliche Geburt und Empfängnis nicht gewesen mit ihrer Vermaledeiung.«[26]

---

[22] WA X.2 290f.: Wo nu eyns sich sperret und nicht wil, da nympt und raubet es seynen leyb, den es geben hatt dem andern, das ist denn eygentlich widder die ehe unnd die ehe zuryssen. Darumb muß hie welltliche ubirkeyt das weyb zwingen oder umb bringen. Wo sie das nicht thutt, muß der man dencken, seyn weyb sey yhm genomen von reubern und umb bracht und nach eyner andern trachten.

[23] TiWA II 166 (1658): Wolan, wenn man dies Geschlecht, das Weibervolk, nicht hätte, so fiele die Haushaltung und Alles, was dazu gehöret, läge gar darnieder; darnach das weltliche Regiment, Städte und die Polizey. Summa, die Welt kann des Weibervolks nicht entbehren, da gleich die Männer selbs könnten Kinder tragen. [...] Also auch, wenn wir beseits sehen auf Brüder, Schwester und Freunde, so sehen wir im Ehestande nichts denn göttliche Ding; wenn wir aber unsern Ehestand ansehen, so haben wir einen Ekel dafur, dieweil doch mein Vater eben so wol bey meiner Mutter geschlafen hat als ich bey meinem Weibe, und mit ihr gescherzt, und sind fromme Leute gewesen; wie auch alle Patriarchen, Erzväter und Propheten gethan und gewesen sind.

[24] WA XXVIII 329: Wir dienen hie in einem wirtshause, da der Teufel Herr ist und die Welt Hausfrawe und allerley böse Lüste sind das hausgesind.

[25] WA VII 598: Zum andern folgt, das dieser sam Abrahe must nit naturlicher weytz von man und weyb geporn werden, denn die selb geport ist vormaledeyet und gibt eytel vormaledeyete frucht, wie itzt gesagt.

[26] WA VII 599: Das hat got selber than, der kan erfullen was er zusagt, obs wol niemant begreift, ehe es geschicht,

56

Wer die Mytho-Theologie einer Urschuld, die uns alle »vermaledeit«, verdirbt und versaut, annimmt, der muß dann allerdings auch ganz wie Luther einen »*Deus ex machina*«, ein Wunder, eine übernatürliche, im Grunde naturwidrige Großtat Gottes postulieren, um wenigstens einen oder zwei Menschen (die »Jungfrau« und ihren Sohn) von der Sünde ausgenommen glauben zu können. Den Jüngern Luthers im 21. Jahrhundert bleibt bei minimaler Redlichkeit nur die Alternative, diese dogmatischen Verrenkungen Luthers mitzuvollziehen oder den Humbug einer Erbsünde (Urschuld) und einer Geburt Jesu aus einer Jungfrau über Bord zu werfen. Im ersteren Fall bleiben sie hoffnungslos im Sumpf orthodoxer Absurdität bzw. kruden Wunderglaubens stecken, im letzteren aber sind sie wiederum gezwungen, zu verdrängen und zu verschweigen, daß sie ihrem Konfessionsgründer untreu sind und daß die meisten der von ihnen so wütend bekämpften und des Okkultismus bezichtigten »Sekten« weit moderner sind und den Unsinn von Erbsünde und Jungfrauengeburt[27] nicht lehren und nie gelehrt haben.

Luthers Lobpreis der Jungfrau Maria verträgt sich aber bei ihm sehr gut mit einer keineswegs hohen Einschätzung aller anderen Frauen. Er tadelt »der Weiber böse Sinne, Ungebärde und böse Sitten«[28] und sieht ihr bei weitem wichtigstes Werk im Gebären. (Man sehe dazu das im vorigen Kapitel Gesagte.)

Wie stark Luthers fatale Sexualtheorie in die Praxis der Menschenbeurteilung hineinwirken kann, zeigt sich z.B. am Fall des evangelischen Pastors Klaus Geyer. Der damals 57jährige Geistliche der Hannoverschen Landeskirche wurde angeklagt, am 25. Juli 1997 seine Ehefrau Veronika Geyer-Iwand, Tochter des namhaften Göttinger Theologieprofessors Hans Joachim Iwand, erschlagen zu haben. Geyer, in seinem Kirchenkreis zuletzt Stellvertreter des Superintendenten, war auch ein führender Vertreter der Christlichen Friedensbewegung. Vielleicht hat er diese Friedensbewegung auch zu konkret-fleischlich aufgefaßt, jedenfalls ergab sich bei den Verhandlungen vor dem Schwurgericht in Braunschweig,

---

drumb sein wort und werck nit der vornunfft grund, sondern einen freyen lautern glauben soddern. Sihe, wie er disze zwen stuck voreiniget hat. Er macht Abraham den samen einen naturlichen szon von seiner tochter eine, einer reynen junpfrawenn Marie durch den heyligen geist on mansz werck. Da ist naturlich geput und empfengnisz nit gewesen mit yhrer vormaledeyung, hat nit mugen dieszen samen ruren, und ist doch naturlich samen Abrahe alhie so warhafftig als in allen andern kindern Abrahe.

[27] Zur historisch-kritischen Bibelforschung bezüglich der Geburt Jesu vgl. MYNAREK 1999a, 3. Teil. Zu den angesprochenen Verrenkungen der Theologen und ihren Verfolgungen der Sekten vgl. MYNAREK 1999b.

[28] TiWA III 4 (2807): Du sollt an deine Mutter und Schwester gedencken und Gottes Creatur nicht also lästern und schänden, darvon Christus selbst geborn ist. Man hätte es leiden können, daß er der Weiber böse Sinne, Ungeberde und böse Sitten getadelt und gestraft hätte [...]

daß er zahlreiche Affären mit Frauen gehabt hat. In dem auf diesen Affären basierenden »ernsthaften Beziehungskonflikt« mit seiner Ehefrau sieht auch die Staatsanwaltschaft das Tatmotiv.

Kollegen und Freunde von Pastor Geyer argumentieren nun ganz orthodox-lutherisch zu seinen Gunsten. Joachim Garstecki, Geschäftsführer von Pax Christi und Mitherausgeber von ›Publik-Forum‹, erinnert an Martin Luthers Satz, nach dem der Mensch vor Gott ohnehin immer zugleich gerecht und sündig ist.[29] Pfarrer Wolfgang Kelm von der ökumenischen Basisgemeinschaft Laurentiushof bei Wethen in Nordhessen rechtfertigt Geyer mit den Worten: »Wir alle können tief fallen, plötzlich Dinge tun, die wir uns selbst niemals zutrauen würden. So sind wir Menschen. Wir können persönlich von unseren Idealen abirren, vom Weg abkommen.«[30]

Pastor Klaus Geyer wurde wegen Totschlags zu acht Jahren Freiheitsstrafe verurteilt, weil »das Gesamtbild der Beweise und Indizien [...] keinen Zweifel zugunsten des Angeklagten zu[ließ]«[31]. In unserem Zusammenhang geht es aber nicht darum, den Menschen Geyer zu verurteilen. Wohl aber geht es um die **doppelte Moral**, die in diesem Fall, und nicht nur in ihm, angewendet wird. Viele evangelische Theologen, vor allem jene, die als Sektenbeauftragte fungieren, sind äußerst schnell bereit, von ihnen so bezeichnete »Sektenführer«, »Sektenguru«, »Propheten« neuer nichtkirchlicher Bewegungen usw. auf den geringsten Verdacht hin schuldig zu sprechen, vorzuverurteilen. Hier aber – im Fall ihres Pastors Geyer – verlangen sie nachdrücklich, daß ein anderer, den eventuellen Täter günstiger wertender Maßstab angelegt werde, wobei sie ihre Argumentation noch mit der Lutherschen These von dem »Sowieso-Sünder-Sein-von-uns-allen« garnieren. Jetzt empören sie sich über die »geradezu schweinische Vorverurteilung«, über all das, »was ein bestimmter Teil der Presse und der elektronischen Medien sich da bisher geleistet hat«[32]. Man kann sich aber angesichts dessen, was sich evangelische Sektenbeauftragte fast permanent gegenüber den sog. Sekten leisten, lebhaft vorstellen, welch infame Vorverurteilungen durch diese »Sekten«-Experten von Presse und elektronischen Medien übernommen und kolportiert würden, wenn ein prominenter »Sekten«-Vertreter im Verdacht stünde, seine Ehefrau erschlagen zu haben. Aber da wir ja sowieso alle sündigen, ist es letztlich auch gut orthodox-lutherisch gerechtfertigt, wenn man ungerechterweise verschiedene Beurteilungsmaßstäbe anlegt, je nachdem,

---

[29] Zit. nach ROSIEN 1998, S. 45.
[30] ROSIEN 1998, S. 44.
[31] SPIEGEL 17/1998, S. 70.
[32] ROSIEN 1998, S. 44.

ob es sich um einen Freund **in** der Kirche oder einen »Feind« **außerhalb** von ihr, in einer »bösen« Sekte handelt.

Auch die zahlreichen Frauen-Affären, die Pastor Geyer hatte, würden dann, wenn sie ein »Sekten«-Vertreter hätte oder gehabt hätte, einen viel negativeren Stellenwert und Beigeschmack erhalten. Pastor Geyer aber kann man im großen und ganzen auch mit Hilfe der Sexuallehre Luthers entschuldigen: Sünder sind wir alle nach Luther sowieso. Pastor Geyer hat lediglich die »erlaubte Sünde in der Ehe« durch die unerlaubte des Fremdgehens, des Ehebruchs ergänzt bzw. ersetzt. Aber vielleicht war es auch gar kein (sündiger) Ehebruch, da die Ehefrau möglicherweise den von ihrem Gatten geforderten Beischlaf verweigerte. Nach Luther darf sich der frustrierte Ehemann ja dann anderweitig behelfen. Mit Recht haben kritische Kommentatoren Luthers konstatiert, daß seine Auffassung von der Ehe in einer »ungebrochenen, von spiritualistischen Erhebungen des Geistes ungestörten Naturalistik [verharrt]«[33].

Wir sahen bereits: Der Kern von Luthers Glauben und der einheitliche Ausgangspunkt seiner umfassenden Theologie ist: Wir sind wesenhaft Gefallene, ständig Scheiternde, total Verdorbene. Wir können nichts tun, Gott muß alles tun. Er tut es durch das Blut seines Sohnes, das uns zwar nicht reinwäscht, aber immerhin bewirkt, daß Gottvater versöhnt ist und uns unsere Schuld nicht mehr ankreidet. Ein freier Wille, eine Entscheidungsfähigkeit zum Guten existiert nicht. Jeder Humanismus, insbesondere der ethische, ist suspekt, oberflächlich, sieht nicht die abgründige Verworfenheit, die Luther in seinem Innern fand und überall in den Menschen zu finden glaubte.

In den Sog seiner radikal pessimistischen Sicht des Menschen mußte daher auch sein Bild von Geschlechtlichkeit und Ehe geraten. Die bäuerliche Derbheit und Unverblümtheit seiner diesbezüglichen Reden ist nicht nur zeitbedingt, wie uns seine Apologeten einreden wollen. Sie erwächst aus seinem Zentraldogma von der allgemeinen Sündhaftigkeit und Schlechtigkeit des Menschen. Der menschliche Leib ist ein »Madensack«, und die Fleischeslust ist durch und durch böse. Auch die Ehe ist es an sich, aber sie ist ein von Gott zugelassenes Brunstventil, eine gottgewollte Kanalisierung des zerstörerischen Sexualtriebes, in engen Grenzen erlaubte Lust, sozusagen eine göttliche Konzession an die menschliche Schwachheit. Aber im Grunde ist auch die Ehe ein Kreuz, weil ja der ausufernde Geschlechtstrieb in ihr gezügelt werden muß und man bei seinem launischen Willkürgott nie weiß, wann der zu zürnen beginnt und wo der »Mist- und Saupfuhl« in der Ehe beginnt. Außerdem gibt es ja nach Luther

---

[33] RONNER 1971, S. 98.

viele boshafte Weiber, und auch eine böse Ehe mit einem boshaften Weib ist unauflöslich und ist als »ein fein seliges Kreuz und ein rechter Weg zum Himmel« zu tragen. Wenn ein solches Weib noch die Bosheit hat, den Beischlaf nicht zu verweigern, dann muß man in der Ehe gefangen bleiben, darf nicht aus ihr ausbrechen, hat das »Übel zu leiden oder allein durch Gott vom Kreuz sich nehmen zu lassen, weil die Ehepflicht nicht versaget wird«.[34] Die Vielweiberei im Alten Testament rechtfertigt Luther zwar, fügt aber ironisch hinzu: »Und werden die Jüden ihrer müde genug geworden sein und gewollt haben, daß sie nur eine oder gar keine hätten« (TiWA V 181 (5483)). Die evangelischen Sektenbeauftragten, die ständig vor den adventistisch-apokalyptischen Erwartungen der »Sekten« warnen, seien daran erinnert, daß Luther immerfort den »lieben Jüngsten Tag« erwartete, an dem Gott mit all der Pest und Verderbnis auf Erden aufräumen und auf die ganze Sündhaftigkeit der Menschen und ihre ehelichen Schweinereien nicht mehr durch die Finger sehen werde.

Fazit: Die Lehre Luthers über die Leiblichkeit des Menschen sowie seine Thesen zur Sexualität sind »eine verderbliche Perversion, ein Verbrechen am Menschen und ein wuchernder Wahn«[35]. Sie waren und sind Gift für die Erziehung, insbesondere auch die Sexualerziehung der Kinder und Jugendlichen, sie haben zahllose Protestanten, Pfarrer wie Laien, in schwere Depressionen und Sexualneurosen gestürzt. Nicht umsonst hat deshalb ein scharfer Analytiker der Psyche wie Nietzsche Luther ein »Unglück von einem Mönch« genannt und hat der berühmte Autor der dreibändigen »Ortsbestimmung der Gegenwart« den Protestantismus als »einen energischen Protest zurückgebliebener Geister« bezeichnet, »welche die Weltanschauung des Mittelalters noch keineswegs satt hatten und die Zeichen seiner Auflösung (...) statt mit Frohlocken, wie sich gebührt, mit tiefem Unmut empfanden«[36]. Auch einer der einflußreichsten Philosophen des 20. Jahrhunderts, Ernst Bloch, rechnete Luther zu den »großen Selbsthassern«, der die ganze Menschheit und Welt als »Widerschein« seiner existentiellen und ethischen Verzweiflung erlebte und aufgefaßt habe.[37] Solange evangelische Kir-

---

[34] WA X.2 291: Nu wenn hie eyns Christlicher sterbe were und truge des andern boßheytt, das were wol eyn seyn seligs creutz und eyn richtiger weg zum hymell. Denn eyn solch gemahl erfüllet wol eyns teuffels ampt und feget den menschen reyn, der es erkennen und tragen kan. Kan ehr aber nicht, ehe denn ehr ergers thu, so laß ehr sich lieber scheyden unnd bleybe an ehe seyn leben lang. Das er aber wolt sagen, es sey seyn schuldt nicht sondern des andern, und wolt eyn ander ehlich gemahl nehmen, das gillt nicht, denn er ist schuldig, übell zuleyden, oder alleyn durch gott vom creutz sich nehmen lassen, weyll die ehe pflicht nicht versagt wirt. Es gehet hie das sprichwort: »Wer des fewers haben will, muß den rauch auch leyden.«

[35] RONNER 1971, S. 122.

[36] RÜSTOW 1963, S. 264.

[37] BLOCH 1961, S. 281 f.

chenvertreter, Theologen und Sektenpfarrer sich nicht von Luthers Menschenbild kategorisch und dezidiert absetzen, haben sie nicht das geringste Recht, an diversen Ethik-Kommissionen und Menschenrechtskongressen teilzunehmen. Sie liegen in ethischer, humaner, menschenrechtlicher und sexologischer Hinsicht total daneben, haben sich selbst disqualifiziert.

Kapitel VIII

Luther und der Staat

Die Anbiederung an den Staat, der Servilismus ihm gegenüber, aber auch das permanent-aufdringliche Bemühen von Protestanten und auch Katholiken, die Kirche und ihre »Werte« als absolut notwendig für den Staat erscheinen zu lassen, hat Tradition. In der evangelischen Kirche geht diese direkt auf Luther selbst zurück. Sein Staats-Servilismus ist klassisch und maßgebend! Luther hatte nach seiner Emanzipation von Papst und Papstkirche und der anfänglichen Proklamierung einer freien, unsichtbaren Kirche der von und vor Gott Gerechtfertigten Angst vor der eigenen Courage bekommen, Angst davor, daß eine solche Kirche in dieser »bösen«, »teuflischen«, »beschissenen Welt« sich nicht werde halten können. So ersetzte er die dem Papst hörige Kirche einfach durch eine dem Landesfürsten hörige Kirche. Ausführlich dargestellt haben wir diese Übergabe und Preisgabe der Kirche durch Luther an den Staat, sprich: die Landesfürsten, bereits.[1]

Luther selbst hat also die entscheidenden Fundamente für eine geradezu metaphysische Mesalliance zwischen Kirche und Staat gelegt. Sein in den verschiedensten und mannigfaltigsten Variationen immer wieder erhobenes Gebot, daß der Christ der von Gott gesetzten weltlichen Obrigkeit unbedingt zu gehorchen habe, bedeutete praktisch die Freisetzung und Legalisierung jeder politischen Handlungsweise der Herrschenden. Der ehemalige Bundespräsident Gustav Heinemann, prominentes Mitglied der Bekennenden Kirche, hat seinerzeit die damit verbundene Behinderung einer demokratischen Entwicklung des Christentums durch Luther offen zugegeben: »Die Abstützung der lutherischen Reformation auf die Landesfürsten und Magistrate behinderte die gebotene Entwicklung der neuen Kirchen zu Gemeindekirchen von gleichgestellten Mitgliedern. Sie behinderte darüber hinaus mittelbar auch eine staatsbürgerliche Gleichstellung, wie sie einer Demokratie eigen ist.«[2]

---

[1] Siehe Kapitel 3.
[2] Heinemann 1971, S. 613f.

62

Nein, mit Demokratie hatte Luther nun wirklich nichts im Sinne, und alle nachträglichen Beschönigungsversuche ändern daran nichts. Wie kein anderer christlicher Religionsführer hat er den totalen Sklavengehorsam der Untertanen gegenüber der Obrigkeit gelehrt und befohlen, wobei es ihm völlig egal war, ob diese Obrigkeit sich gut oder böse, gerecht oder tyrannisch gebärdete. Die Bürger haben keinerlei verfassungsmäßige Rechte, sondern haben willfährige Schafe zu sein! So gleicht Luthers Vorstellung von der Obrigkeit weitgehend seinem unethischen Gottesbild eines weltbeherrschenden, obersten launischen Despoten und Tyrannen. In seinem lesenswerten und kenntnisreichen Buch ›Die Lehre M. Luthers – Ein Mythos zerbricht‹ hat Hans-Jürgen Böhm jene Texte in Luthers Schriften zusammengetragen, die Obrigkeitsdenken und dementsprechend Demokratiefeindschaft des »Reformators« demonstrieren.[3] Dazu im folgenden einige Kostproben: Aufstand gegen ungerechte Herrschaft, Bildung von Verbindungen, um sie zu stürzen, darf es nach Luther unter keinerlei Umständen geben: »Erstens weiß Euer Gnaden wohl«, schreibt er 1525, »dem edlen und wohlgeborenen Herrn, Herrn Albrecht, Grafen zu Mansfeld und Herrn zu Schrappel etc., meinem gnädigen Herrn« (BrWA III 415 (814)), »daß wider die Obrigkeit keine Verbindung erlaubt ist. Denn Gott will die Oberherrn, sie seien böse oder gut, geehrt haben, Röm. 13 und 1. Petr. 3. Zweitens ist auch verboten, daß man sich selbst rächen oder wehren solle, wie Paulus Röm. 12 spricht: Liebe Brüder, verteidigt euch nicht selbst, sondern gebt Raum dem Zorn Gottes!«[4] Das Evangelium, so Luther in seinem Schreiben vom 18. November 1529 an Kurfürst Johann, Herzog von Sachsen, über ein Bündnis gegen den Kaiser, gibt für Aufstand, Rebellion, Revolution gegen böse Herrscher nichts her, »weil wir die sein sollen, die da leiden und, wie der Prophet Ps. 44 sagt, wie die Schlachtschafe gerichtet werden und nicht uns selbst rächen oder verteidigen, sondern dem Zorn Gottes Raum lassen, Röm. 12.«[5] Das einzige Christenrecht nach Luther ist das Recht, zu leiden und die Rolle des Schlachtschafes zu spielen, dabei auf Gottes Rache an den bösen Herrschern geduldig wartend! Denn, so Luther in einem weiteren Gutachten an denselben Herzog, Anno 1530 geschrieben, »nach der Schrift will sichs **in keinem Weg** ziemen, daß sich jemand (wer ein Christ sein will) wider seine Obrigkeit

---

[3] Siehe Böhm 1994, S. 118 ff.

[4] BrWA III 416 f. (814): Das ander, ob man sich verbinden möge unter, hinter [= unter den Augen, hinterm Rücken] oder wider die Oberkeit oder wie ihm zu tun sei, daß man solchen Tyrannen widerstehe: Aufs erste weiß E. G. wohl, daß wider die Oberkeit kein Verbindung gilt. Denn Gott will die Oberherrn, sie seien böse oder gut, geehret haben, Röm. 13 und 1. Petr. 3. Aufs ander ist auch verboten, daß man sich selbs rächen oder wehren solle, wie Paulus Röm. 12 spricht: Lieben Brüder, verteidingt euch selbs nicht, sondern gebt Raum dem Zorn!

[5] BrWA V 182 (1496): […] weil wir sollen die sein, die da leiden und, wie der Prophet sagt Ps. 44, wie die Schlachtschafe gerechet sein und nicht uns selbs rächen oder verteidigen, sondern dem Zorn Gottes Raum lassen, Röm. 12.

setze, Gott gebe sie tue recht oder Unrecht, sondern ein Christ soll Gewalt und Unrecht leiden, sonderlich von seiner Obrigkeit«. Selbst wenn der Kaiser selbst, die »Kaiserliche Majestät Unrecht tut und ihre Pflicht und Eid übertritt, ist damit seine Kaiserliche Obrigkeit und seiner Untertanen Gehorsam nicht aufgehoben (…) Tut doch wohl ein Kaiser oder Fürst wider alle Gottes Gebote und bleibt dennoch Kaiser und Fürst und ist doch Gott viel höher verpflichtet und vereidigt denn Menschen.« Keiner dürfe übersehen, »daß Obrigkeit eine göttliche Ordnung ist.« Daher: »Aber weil Kaiser Kaiser, Fürst Fürst bleibt, wenn er gleich alle Gebote Gottes überträte, ja ob er gleich ein Heide wäre, so soll ers auch sein, ob er gleich sein Eide und Pflichten nicht hält.« Luther ist also in seiner Staatstheorie in erster Linie ein **Verfassungsfeind** (»Eide und Pflichten« braucht der Gewalthaber gemäß dieser Äußerung eben **nicht** zu halten, was ihn z. B. von Calvin, aber auch vielen katholischen Wortführern sehr unvorteilhaft unterscheidet). Schrankenlos erlaubt so Luther den Herrschenden auch darüber hinaus jede Unmoral, jegliche Ungerechtigkeit, ja seine Aussagen über die unbegrenzten Rechte der Obrigkeit kommen fast einer Einladung derselben zu jeglicher Form und Ausübung von totalitärer Willkür gleich. Denn, so Luther im selben Brief, »Sünde hebt Obrigkeit und Gehorsam nicht auf, denn wir nicht allein den gütigen und frommen, sondern auch den bösen und unschlachtigen Herrn sollen mit aller Furcht untertan sein«. Daher soll auch dem Kaiser »niemand Gehorsam entziehen oder wider ihn streben, denn das ist Rotterei und Aufruhr und Zwietracht anfangen«. Die »Rechtssprüche ›*vim vi repellere licet*‹, man möge Gewalt mit Gewalt steuern, helfen hier nichts, denn sie gelten wider die Obrigkeit nichts.« So solle man denn »den Kaiser lassen schaffen mit den Seinen wie er will, solange er Kaiser ist«.[6]

---

6 BrWA V 258f. (1536): Gnad vnd frid ynn Christo! Durchleuchtigfter, hochgeborner furft, gnedigfter herr! Auff E. f. f. g. Beger des Falls halben, ob man fich muge wehren gegen K. Mt., wo fie mit Gewalt yemand vberzihen wolt vmbs Euangelions willen &c., hab ich mit meinen lieben herren vnd freunden Doctor Jonas, Johann Pomer vnd Magifter Philipfen befragt vnd berathfchlagt,

    Vnd befinden, das vielleicht nach kaiferlichen odder weltlichen rechten ettliche mochten fchliessen, das man ynn folchem Fall mochte widder f. Mt. fich zur gegenwehre ftellen, fonderlich weil f. Mt. fich verpflicht vnd vereidet, niemand mit gewalt anzugreiffen, fondern bey aller vorigen freiheit zu laffen &c., wie denn die Juriften handeln von den Repreffalien vnd diffidation,

    Aber nach der Schrifft wil fichs ynn keinen Weg zimen, das fich iemand wer ein Chrift fein will widder feine Oberfeit fetze, got gebe, fie thu recht oder vnrecht, fondern ein Chrift fol gewalt vnd vnrecht leiden, fonderlich von feiner Oberfeit. Denn obgleich hierinn f. Mt. vnrecht thut vnd yhre Pflicht vnd eid vbertritt, ift damit feine keiferliche oberfeit vnd feiner vnterthan gehorfam nicht aufgehebt, weil das reich vnd die kurfurften yhn fur keifer halten vnd nicht abfetzen. Thut doch wohl ein keifer oder furft wider alle Gottes gebot Vnd bleibt dennoch keifer vnd furft, vnd ift doch Gotte viel hoher verpflicht vnd vereidet denn Menfchen. Solts nun gnug fein, das man fich widder Kaif. Maj. fetzet, fo fie vnrecht thut, So mocht man ynn allen ftucken, fo offt er widder Gott thut, fich widder yhn fetzen, Vnd bliebe mit der Weife wol gar keine oberfeit noch gehorfam ynn der wellt, weil ein iglicher vnterthan kund diefe vrfach furwenden, feine oberfeit thet vnrecht widder Gott.

Ernst Bloch, der das philosophiegeschichtlich und fachlich fundierteste Buch über »Naturrecht und menschliche Würde« geschrieben hat, sieht in Luthers Lehre von der Obrigkeit die totale Perversion des Rechts eines jeden Menschen auf Gleichheit und Freiheit. Durch Luther »wurde der Bock zum Gärtner gemacht (…), der Junker richtete, und der Landesherr wurde allmächtig, ohne daß eine Dreinsprache aus natürlichem Recht oder auch von drüben her noch möglich gewesen wäre. Luther macht die Obrigkeit von jeder außerhalb ihrer liegenden Kritik frei, er sah im Staat den schlechthin rechtmäßigen Zwang. Hierbei lieferte er die Kirchenlehre vom Staat als Unterdrücker der Sünde gänzlich der Reaktion aus.« Wenn man überhaupt von einem Naturrecht bei Luther sprechen wolle, dann könne man höchstens von »Luthers pervertiertem Naturrecht« reden »als Gegenschlag gegen das Urstandsideal des ›Herrn Omnes‹«, das eben alle (*omnes*) mit den gleichen Rechten, ohne Herrschaft des einen über den anderen, versehe. »Wesentlich ist für Luthers Konzeption, daß sie in ihren Untertanen überhaupt nur Verbrecher und Todsünder sieht, daß sie infolgedessen die Staatsgewalt

---

Weltliche odder Beptische rechte sehen hierinn nicht an, das oberseit eine gottliche ordnung sey, dorumb sie vielleicht die Pflicht vnd eide so hoch achten, das sie die oberseit ynn solchem Fall selten aufhalten vnd wehren. Aber weil keiser keiser, fürst fürst bleibt, wenn er gleich alle gebot Gottes vbertrete, ia ob er gleich ein heide were, so sol ers auch sein, ob er gleich sein eid vnd Pflicht nicht helt, bis das er abgesetzt oder nimer keiser sey. Vnd soll der spruch Christi fest stehen: »Gebt dem keiser, was des keisers ist«, Vnd 1. Petr. 2: »Ehret den könig«, denn wir nicht allein den gutigen vnd frumen, sondern auch den bösen vnd vnschlachtigen herrn sollen mit aller furcht vnterthan sein. Vnd Summa: Sünde hebt oberseit vnd gehorsam nicht auff, Aber die straffe hebet sie auff, das ist, wenn das Reich vnd die kurfursten eintrechtiglich den keiser absetzten, das er nimer keiser were. Sonst weil er vngestrafft vnd keiser bleibt, sol yhm auch niemand gehorsam entziehen odder widder yhn streben. Denn das ist rotterey vnd auffruhr vnd zwitracht ansehen.

Darumb diese rechtspruche: *Vim vi repellere licet*, Man müge gewalt mit gewalt steuren, helffen hie nichts. Denn sie gelten widder die oberseit nicht, Ia sie tugen auch nicht gegen gleiche, on wo es notwehr oder schutz foddert der andern odder vnterthanen. Denn dagegen stehen auch andere rechtspruche: Niemand sol sein eigen richter sein, Item: Wer widder schlegt, der ist vnrecht. So sind ia aller fursten vnterthan auch des keisers vnterthan, ia mehr denn der fursten, vnd schickt sich nicht, das yemand mit gewalt wolt des keisers vnterthan wider den keiser yhren herrn schutzen, gleich wie sichs nicht ziemet, daß der Burgermeister zu Torgaw wolt die Burger wider den fursten zu Sachsen mit gewalt schutzen &c., so lang er fürst zu Sachsen ist.

Vnd ob man das furwenden mocht, der keiser wolte die Appellation nicht annemen, noch die sache verhoren vnd ordentlicher weiß handeln, denn ich setze gleich, das k. Mt. die Appellation annemen vnd die sache liesse ordentlich verhoren, Wie, wenn wir als denn gleichwol durch ein vnrecht vrteil verdampt würden (als gewislich geschehen wurde)? So wer doch als denn solcher behelff dahin, man wolt denn widderumb vnd ewiglich appelliren. Denn der keiser weis wol, so wissen wirs auch wol, wenn die sach zur vorhore kompt, das wir gewislich verdampt werden, darumb hellt er vns schon als die verdampten. Was sol man denn thun?

Also sol man thun: Wil k. Mt. widder vns, das vns kein fürst noch herr widder yhn schutze, sondern lasse dem keiser land vnd leute offen stehen, als die seinen, vnd befelhe die sachen Gott. Vnd sol auch niemand anders von seinem fursten oder herren begeren, Sondern ein iglicher sol als denn fur sich selbs stehen vnd seinen glauben erhalten mit darstreckung seins leibs vnd lebens vnd nicht den fursten mit yhn die fahr ziehen oder mit schutz suchen beschweren, sondern den keiser lassen schaffen mit den seinen, was er wil, so lange er keiser ist.

ausschließlich als Repressalie darstellt und als Naturrecht des Anti-Teufels deduziert. Je strenger, desto besser, je barbarischer, desto gottnäher (...) Es erscheint auf diese Weise ein Naturrecht der Unterdrückung, einer Gewaltstaats-Omnipotenz (...) Selbst die zehn Gebote und die aus ihnen erfließenden Rechtsgarantien fallen weg; die zehn Gebote, sagt Luther, sind nichts anderes als ›der Juden Sachsenspiegel‹ und haben deshalb keine christlich verpflichtende Kraft; äußerlich sind sie zur Erzeugung der Sündenangst dienlich (...) Luther (...) verkleinert den Dekalog, um überhaupt keine moralischen Bestandteile in seinem spezifischen Naturrecht zu haben, als dem des Staatszuchthauses aus Gottes Strafe.«[7]

Nach Luther ist der Staat die Fortsetzung des furchtbaren Zorneswaltens Gottes auf Erden. Der Staat praktiziert das »*ius divinae irae*« (das Recht des göttlichen Zornes). Gegenüber dem Staat als Gottes Exekutor in dieser Welt hat also der Mensch, der schlechthinnige »Untertan«, gar keine Chance und nicht die geringsten Rechtsansprüche. Der Mensch ist totaler Staatssklave. Wahrscheinlich hängt es auch damit zusammen, daß bereits gegen den vom Deutschen Bundestag im Januar 1998 beschlossenen »Großen Lauschangriff« auf den Bürger kein Protest der evangelischen Kirche erhoben wurde. Der evangelische Geistliche darf staatlicherseits bei Seelsorgegesprächen nicht belauscht werden. Das genügt ihr. Der einzelne Bürger und seine Familie haben, treu-orthodox-lutherisch, als »Untertanen« ohnehin keinerlei Rechte, also auch nicht das der Unverletzlichkeit ihrer Wohnung. Die Regierenden wissen, was sie an der evangelischen Kirche haben. Sie erfüllt nach Bloch die Aufgabe, »das Christentum zum Instrument der Unterdrückung zu präparieren, (...) noch weitgehender als die katholische.«[8] Und die »Würde«, die die evangelische Kirche dem Staat verleiht, nämlich Ausführer der göttlichen Strafbestimmungen zu sein, nimmt jeder Staat gern entgegen.

Alles fügt sich also im Protestantismus systematisch zu einer religiösen Ideologie der Beherrschung des Volks zusammen. »Ohne Bruch« verknüpfen sich »Landesvater, Weltvater, eingesetzte Obrigkeit«, Teufelsglaube, Jesus als »geopferter Lamm-Mythos« und damit »die sogenannte **Geduld des Kreuzes** (...), die den Unterdrückten so empfehlenswerte, den Unterdrückern so bequeme«, weil sie »den bedingungslosen **Gehorsam vor der Obrigkeit schlechthin**, als der von Gott seienden« rechtfertigt.[9]

Da es fundamentaler lutherischer Glaube ist, daß jede Obrigkeit, unabhängig von ihrer sittlichen und menschlichen Qualität, von Gott eingesetzt ist und ihr

---

[7] BLOCH 1961, S. 42ff.

[8] BLOCH 1961, S. 183f.

[9] BLOCH 1989, S. 64, 224.

als solcher der totale Gehorsam aller Untertanen gebührt, ist es nur logisch und folgerichtig – und nicht etwa jeweils ein bedauernswerter Betriebsunfall dieser Institution –, daß sich die evangelische Amtskirche jedem Regime, auch dem ungerechtesten und menschenfeindlichsten, anpaßt und andient. Sie hat sich auch dem nationalsozialistischen Führerstaat gegenüber dienstbar ohne Murren, teilweise ausgesprochen servil verhalten. Außerordentlich viele ihrer prominenten Vertreter sind damals mit unverhohlener Begeisterung und einhellig für die Ziele des Dritten Reiches eingetreten, wenn man auch heute davon nichts mehr wissen will. In Adolf Hitler sah die evangelisch-lutherische Kirche »bis weit in das Jahr 1944 hinein einen wahren Wundermann, den Gott dem deutschen Volk geschenkt hatte (...) Die maßgeblichen Männer (*oder* Kreise) (...) übertrafen in ihren unzähligen Veröffentlichungen, abgedruckt in den jeweiligen kirchlichen Gesetz- und Verordnungsblättern, z.T. selbst jene Verlautbarungen und Stellungnahmen, die der damalige Reichsminister für Volksaufklärung und Propaganda, Dr. Joseph Goebbels, in den Jahren 1933 bis 1945 in Wort und Schrift weltweit verbreiten ließ. Sie (...) sahen im Nationalsozialismus und dessen Führung die alleinige Kraft, die fähig und auch in der Lage war, Deutschland aus dem Chaos der damaligen Zeit herauszuführen.«[10] Vor allem auch sahen sie in Hitler das Werk der göttlichen Vorsehung, das den »bösen« atheistischen Kommunismus und Bolschewismus aus der Welt schaffen sollte.

Ganz rechtgläubig-lutherisch war es, was – um ein Beispiel unter vielen zu nennen – der Präsident der Thüringer Evangelischen Kirche selbst noch im Juli 1944 verkündete, nämlich daß »Adolf Hitler für unsere lutherische Frömmigkeit wahrhaft der Führer von Gottes Gnaden ist. Sein Auftrag ist unmittelbar von Gott, und sein Befehl ist Gottes Befehl!« Hitler verkörpere »in einzigartiger Weise das deutsche Wesen und die Seele unseres Volkes (...) Der Führer ist uns zum Sinnbild des ewigen Deutschen geworden (...) Der Führer (...) steht auf einsamer Höhe in der ganz kleinen Zahl der wirklich Großen unseres Volkes! Kaum wüßte man neben dem Thüringer Bauernsohn Martin Luther noch einen anderen Deutschen zu nennen, der so wie Adolf Hitler in begnadeter, schöpferischer Vollmacht berufen war, seiner Zeit und kommenden Jahrhunderten den Stempel seines wahrhaft revolutionären Wesens aufzuprägen!«[11]

Die Errichtung einer streng nationalsozialistisch gesinnten Deutschen »Reichskirche« stieß daher auch kaum auf Widerstand. Verständlich, angesichts der den Protestanten seit Jahrhunderten eingetrichterten lutherischen Staatslehre.

---

[10] PRERADOVICH/STINGL 1985, S. 7f.

[11] PRERADOVICH/STINGL 1985, S. 8 und 380f.

»Zunächst langsam, dann, nach dem 30. Januar 1933 immer schneller, faßten die ›Deutschen Christen‹ im deutschen Protestantismus Fuß. Binnen Jahresfrist war es um die alten konsistorialen Kirchenleitungen nahezu überall geschehen. Die Deutschen Christen hatten, ihrem politischen Vorbild folgend, die evangelische Kirche erobert und behaupteten in den meisten Landeskirchen Macht und Mehrheit.«[12]

Welchen Widerstand hätten denn auch die 28 Landeskirchen der vehementen Forderung nach einer einheitlichen evangelischen Reichskirche entgegensetzen sollen, wo sie doch selber in ihren Spitzenvertretern und Theologen von der lutherischen Staatsideologie infiziert waren, somit Hitler für die legitime Obrigkeit halten mußten? Daß sie diesen in ihrer Mehrheit sogar für den von der göttlichen Vorsehung gesandten Führer des deutschen Volkes und großdeutschen Reiches hielten und dementsprechend enthusiastisch feierten, ging allerdings selbst über Luthers ideologische Vorgaben hinaus. Aber freilich wirkte dabei auch das Interesse im Hintergrund, endlich ebenfalls eine so einheitliche Größe und Macht zu werden wie die katholische Kirche. Diese »offenkundig langentbehrten Gefühle von Größe, Macht und Einheit« erwiesen sich »als ideales Sammelbecken der verschiedensten politischen und kirchenpolitischen Ziele und Ressentiments«. Die evangelische »Reichskirche« war ein »ungemein zugkräftiger Begriff«[13], und der ständige Hinweis auf den »Einiger Deutschlands« Hitler verschaffte ihr immer mehr Ansehen und Recht und trug wesentlich auch zur Einigung des Protestantismus unter dem einen Dach der »Deutschen Reichskirche« bei. Mit Recht sagt auch der jüdische Zeitgenosse des Dritten Reiches Ernst Bloch, daß in der Nazizeit »die evangelischen Pfarrer ja viel mehr ›Deutsche Christen‹ gestellt haben« als die Katholiken. »Der sehr lutherische ›Reichspfarrer‹ Müller hätte nicht erst einen Hirtenbrief[14] gebraucht, um vor der Obrigkeit kuschen zu lehren«, denn das fügte sich ja harmonisch in den »alten Lutherfrieden mit der Obrigkeit«[15]. Aber die evangelischen Christen der Nazizeit mit ihrem lutherisch fundierten Minderwertigkeitskomplex, d.h. ihrer aus dem Sündenfall resultierenden »menschlichen Nullität hinter sich«, der »lutherisch unverdienten Gnade über sich«[16] mußten mit einer gewissen Notwendigkeit dem (Ver-)Führer

---

[12] So Klaus Scholder, Prof. für Neuere Kirchengeschichte und Kirchenordnung an der Uni Tübingen, Verfasser des Werkes ›Die Kirchen und das Dritte Reich‹, *in:* ›Wider den gottähnlichen Staat, Geschichte und Bedeutung der Barmer Synode und ihrer Theologischen Erklärung‹, FAZ, 2.6.1984.

[13] PRERADOVICH/STINGL 1985, S. 11.

[14] Gemeint ist der Hirtenbrief der katholischen Bischöfe aus dem Jahr 1936, den Bloch ebenfalls heftig kritisiert.

[15] BLOCH 1989, S. 51.

[16] BLOCH 1989, S. 346.

Hitler auch deshalb scharenweise zulaufen, weil der ihnen nach der lutherischen Nulldiät für ihre Psyche, und diese auch noch im Rahmen glanzlos beengender Kleinstaaterei, ein neues großdeutsches Selbstbewußtsein einsuggeriert hatte.

Aber gab es denn nicht die »Bekennende Kirche«, die sich doch mit der deutsch-evangelischen Reichskirche nicht identifizierte, ja von ihr distanzierte? Es gab sie, aber sie war nur eine kleine Minderheit.[17] Und es stimmt auch nicht, daß diese Minderheit gegen Hitler und seinen Staat opponierte oder gar rebellierte. Es gab theologische Streitereien, zum Teil sehr heftige, zwischen den Apologeten der Reichskirche und den Vertretern der Bekennenden Kirche. »Es fällt (…) allerdings auf, daß in der dem Kirchenkampf gewidmeten Literatur und Erinnerung dem aktiven politischen Widerstand gegen Hitler erstaunlich wenig Aufmerksamkeit gewidmet worden ist, von vereinzelten wenigen Ausnahmen abgesehen.«[18] Das hängt damit zusammen, daß entgegen der nach dem Krieg verbreiteten Legende, die evangelische, vor allem die Bekennende Kirche sei ein Teil der Widerstandsbewegung gegen Hitler gewesen, eben das Gegenteil wahr ist: Es gab keinen, einfach keinen auch nur ansatzweise koordinierten, gar organisierten und dadurch den Namen verdienenden Widerstand der evangelischen Kirche gegen das NS-Regime. Und es gab diesen Widerstand auch nicht seitens der kleinen Minderheit der »Bekenner« zu einer sich von der Reichskirche distanzierenden Identität der evangelisch-lutherischen Kirche. Einen »arischen Jesus« lehnten sie zwar ab, das Dritte Reich und seinen Führer aber akzeptierten sie in ihrer überwältigenden Mehrheit. Unter den Akteuren und Opfern des Widerstandes gegen Hitler »bildeten Kirchenleute und Theologen den mit Abstand geringsten Teil.« Aber gab es nicht einen zum Widerstand gehörigen Theologen wie Dietrich Bonhoeffer? Von ihm ist im Anschluß an seinen Freund und Biographen, Eberhard Bethge, zu sagen, daß Bonhoeffer »die große Ausnahme und nicht die Regel ist. Sein Weg in den aktiven politischen Widerstand war nicht der der Bekennenden Kirche in Deutschland.«[19] Nach dieser Logik müßte die SS die bedeutendste Widerstandsorganisation im 3. Reich gewesen sein – wer Eugen Kogons unverdächtiges Buch ›Der SS-Staat‹ gelesen hat, wird dem zustimmen müssen. Denn einzelne SS-Mitglieder, sogar höherrangige, die, teilweise unter eigener Gefahr, Regimeopfern bzw. Gegnern halfen u. ä., gab es durchaus – aber die Logik der Repräsentativität kann doch für einen staatlichen Verband keine andere sein als für einen kultischen!

---

[17] Bischof Schönherr gab dies auch in einem von Klaus Bresser (ZDF) moderierten Gespräch zu: »Wir von der Bekennenden Kirche waren nur eine kleine Minderheit« (zit. nach PRERADOVICH/STINGL 1985, S. 11).

[18] Trutz Rentorff, Prof. für Systematische Theologie an der Uni München, in: ›Widerstandsbewegung wider Wille. Die Bedeutung der Barmer Theologischen Erklärung‹, FAZ, 25.5.1984.

[19] Zitiert nach Rentorff, FAZ, 25.5.1984.

Es ist deshalb eine Geschichtslüge schwereren Kalibers, wenn der »Rat der Evangelischen Kirche Deutschlands« nach dem 2. Weltkrieg in seiner Sitzung am 18./19. Oktober 1945 in Stuttgart ein »klärendes Bußwort« sprach, das die folgenden unerhört verharmlosenden, die Tatsachen verhöhnenden Sätze enthält: »Was wir unseren Gemeinden oft bezeugt haben, das sprechen wir jetzt im Namen der ganzen Kirche aus: Wohl haben wir lange Jahre hindurch im Namen Jesu Christi gegen den Geist gekämpft, der im nationalsozialistischen Gewaltregiment seinen furchtbaren Ausdruck gefunden hat; aber wir klagen uns an, daß wir nicht mutiger bekannt, nicht treuer gebetet, nicht fröhlicher geglaubt und nicht brennender geliebt haben.«[20] Dabei haben sie sich doch durchaus »mutig« bekannt, nämlich zu Hitler und den großdeutschen Zielen, haben treu für ihn in jeder Andacht gebetet, ja ihn in ihrer Mehrheit angebetet, haben fröhlich an ihn geglaubt und ihn brennend geliebt. Nur daß sie gegen ihn und seinen Geist oder gegen das NS-Gewaltregiment gekämpft haben wollen – das ist eine infame Lüge, und sie könnten und müßten äußerst dankbar dafür sein, daß die fatale Geschichtsvergessenheit der Menschen bewirkt, daß diese gegen die lügnerische Erklärung des Rates der EKD nicht protestierten, sie nicht einmal richtig registrierten. Noch infamer aber ist, daß die von den evangelischen Bischöfen berufenen Sektenpfarrer so gern die »Faschismuskeule« gegen neue religiöse Bewegungen schwingen, obwohl diese, soweit sie überhaupt in die Nazizeit zurückreichen, diesbezüglich sich nie auch nur ein Zehntel so fatal korrumpiert haben wie die evangelische Kirche.

Unter den Unterzeichnern der Stuttgarter Erklärung war auch der bayerische Landesbischof Hans Meiser. Der hatte gegen die Judenverfolgung durch Hitler und dessen Rassenwahn tatsächlich »Widerstand« geleistet. Dieser bestand darin, und ausschließlich darin, daß er die Juden trotz ihrer von ihm in Betracht gezogenen möglichen oder hypothetischen Rassenminderwertigkeit nicht zu vernichten, sondern zu missionieren empfahl. Original-Ton Bischof Meiser: »Und selbst wenn die jüdische Rasse eine minderwertige Rasse wäre, wissen wir Christen denn nichts von einer Rassenveredelung und Rassenerneuerung? Trauen wir es der Kraft des Geistes Gottes zu, daß er die Papuas und Hindus und Malayen neu machen kann, sollte er einen Juden nicht erneuern können? Es ist eine zwar landläufige, aber keineswegs richtige Rede, daß der Jude Jude bleibt, auch wenn er getauft wird (...) Gerade wer von der Minderwertigkeit der jüdischen Rasse überzeugt ist, dürfte, wenn er nicht ein blinder Fanatiker ist, mit dem nicht zu rechten ist, nicht das Judenpogrom predigen, sondern müßte

---

[20] Zit. nach PRERADOVICH/STINGL 1985, S. 9.

zur Judenmission aufrufen, weil in ihr die Kraft liegt, die Juden auch rassisch zu veredeln.«

Aber natürlich machte Bischof Meiser nach so minimaler, aber »ungemein mutig« vorgebrachter Abweichung von der Rassenideologie der Nazis sofort eine Verbeugung, indem er eilends hinzufügte, daß er den Glauben der Nazis an den ruhe- und ruchlosen »ewigen Juden« selbstverständlich voll mittrage: »Der ewige Jude wird bleiben unter den Völkern bis ans Ende der Welt. Er stirbt nicht. Wir können ihn von seinem Fluch nicht befreien. Ruhelos und heimatlos zu bleiben ist sein Los. Aber er soll nicht sagen können, wenn er einst an das Ende seiner Wanderfahrt gekommen ist, er habe nichts davon gespürt, daß er auf seinem Weg auch durch christliche Völker gekommen sei.«[21]

Schuld, die man in der Vergangenheit auf sich geladen hat, vergeht nicht. Sie stirbt nicht einfach weg, man kann sie nur eine Zeitlang totschweigen, verdrängen, anderen in die Schuhe schieben. Die Religionen des Fernen Ostens mit ihrer Karma-Lehre sehen das klarer als die Vertreter des kirchlichen Christentums. Statt der Irrlehre vom »Ewigen Juden«, derer sich auch eine Reihe evangelischer Landesbischöfe in der Nazizeit verunglimpfend bedient hat, könte man eher in hoch berechtigter und begründeter Weise vom »Ewigen Lutheraner« sprechen, der auch heute, z.B. als kirchlicher Sektenbeauftragter, die negativen Energien Luthers, und zwar sowohl dessen rabiate Destruktions- und Diffamierungs- als auch seine unterwürfigen Staatsanpassungsenergien, unverändert und ungemildert in sich trägt.

Heute marschieren Repräsentanten der evangelisch-lutherischen Kirche natürlich in jeder antifaschistischen und antirassistischen Demonstration ebenso »mutig« wie risikolos mit, weil sie damit auch vergessen machen wollen, daß sie seinerzeit ebenso »mutig« und risikolos in Hitlers Kolonnen mitmarschiert sind.

Aber wie bereits mehrfach erwähnt: Die evangelisch-lutherische Kirche hatte immer schon im Gefolge Luthers eine beinahe distanzlose Nähe zum Staat; lange Zeit identifizierte sie sich sogar als »Staatskirche« fast unterschiedslos mit ihm. Aber auch nach dem Ende des Deutschen Kaiserreichs 1918 und der damit einhergehenden Auflösung der Staatskirche empfinden und gebärden sich ihre führenden Vertreter noch immer so, als wären sie in elitär herausgehobener, privilegierter Form die eigentlichen Staatsbürger, als wären sie diejenigen, auf die es in einem Staatswesen wesentlich ankommt, als wären sie in besonderer Weise für die geistigen Werte, für die Kultur und Moral des Staates verantwortlich. Die zahlreichen politischen Ämter, die evangelische Pfarrer in Bund und Ländern der

---

[21] Zit. nach den beiden evangelischen Theologieprofessoren Röhm/Thierfelder 1989, S. 80.

Bundesrepublik Deutschland bekleiden, sind dafür lediglich ein Symptom von vielen. Komplementär zur ständigen Anbiederung der evangelischen Kirche an den Staat und zu dessen Durchdringung und Unterwanderung mit kircheneigenem bzw. kirchennahem Personal befleißigt sich der Staat eines überaus wohlwollenden, auch finanziell gehörig zu Buche schlagenden »Staatsprotektionismus« gegenüber der evangelischen (wie auch der katholischen) Kirche. »Vater Staat« und »Mutter Kirche«, in eheähnlichem, aber verfassungswidrigen staatskirchlichen Konkubinat zusammenlebend, kämpfen dann aber auch »an vorderster, gemeinsamer Front« gegen die »bösen« Sekten und »Psychokulte« (nebenbei: gibt es wohl einen Kult ohne subjektive Komponente, also einen »Nicht-Psycho-Kult«?), die das herzliche Einvernehmen der beiden Großinstitutionen, den durch sie vermeintlich garantierten Religions- und Gesellschaftsfrieden (sozusagen eine Art religiösen Siegfrieden) evtl. stören könnten, ja am Ende mit Monopolen konkurrieren und der weltanschaulichen Zwangswirtschaft einen freien Markt entgegensetzen könnten. Nicht ohne fortgesetztes Drängen der Kirche und ihrer kirchlichen bzw. staatlich (in Bund und Ländern) eingesetzten Sektenbeauftragten hat ja auch der Bundestag einen »Sektenausschuß« und eine »Enquête-Kommission«, die »den Einfluß der Sekten jedweder Richtung zu erforschen« (= *inquirere*) hat.[22] Wir stehen also wieder, wie vor ein paar hundert Jahren, vor dem Phänomen einer staatlich legitimierten und bezahlten Inquisition. Auch der Staat, Bundes- und Landesregierungen, ja sogar deren Parteien, also beileibe nicht bloß die Kirchen, setzen stramme Katholiken und Protestanten als Sektenkontrolleure ein.

Mit fast völligem Unverständnis, ja Empörung reagieren daher die Spitzen der evangelischen Kirche in Deutschland (EKD), wenn an der »Staatskirche« in irgendeiner Weise gerüttelt wird.[23] Als z.B. der ›Bündnis-90‹-Abgeordnete Wolfgang Ullmann im März 1993 die ordentliche Trennung von Staat und Kirche forderte und zugleich darauf hinwies, daß ein weltanschaulich pluraler Staat seine Bürger nicht auf ein bestimmtes Gottesbild, nämlich das der beiden großen Kirchen, verpflichten könne, er daher beantrage, »in der Verfassung auf Gott zu verzichten – weil der da nicht hingehört«, entfachte er damit einen Sturm der Entrüstung und der Proteste. »Wagen Sie das nicht hier«, schrie ihn Jürgen Schmude, SPD-Abgeordneter und Präses der EKD-Synode, an. »Nie. Niemals« dürfe der Kirchengott aus der Verfassung verschwinden, denn »wir sind schließlich die Christen«, rief der CDU-Abgeordnete Friedrich-Adolf Jahn. Auch im

---

[22] SPIEGEL 52/1997, S. 68.

[23] Die Zitate dieses Absatzes sowie der beiden folgenden sind dem Leitartikel ›Liebster Jesu, wir sind vier ...‹ des SPIEGEL 52/1997, S. 61 bzw. 67 entnommen.

Hauptquartier der Protestanten, dem EKD-Kirchenamt in Hannover, »herrschte blankes Entsetzen.«

Es bleibt in solchen Fällen, wo es um die privilegierte Existenz der Kirche im Staat geht, natürlich nicht bei Äußerungen der Empörung und des »Entsetzens«. Man handelt. Im Herbst 1997 verabschiedet der Rat der EKD die Erklärung ›Christentum und politische Kultur‹, die das Magazin ›Der Spiegel‹ »eine Art Strategiepapier für die neue Schlachtordnung zwischen Kirche und Staat« nennt. Es ist symptomatisch und irreführend usurpatorisch, daß in diesem Papier ständig von »Christentum«, »christlicher Substanz«, »christlicher Kultur und Ethik« gesprochen wird, wenn man in Wirklichkeit stets nur die Kirche(n) und ihren Einfluß meint. Als ob das breitgefächerte Phänomen Christentum auf die privilegierten Kirchen reduzierbar wäre! Da fordert die evangelische Kirchenspitze in besagter Erklärung z.B. »ein Bekenntnis der Gesellschaft zu ihrer christlichen Substanz ein«, da wird moniert, daß »die Prägekraft des Christentums [...] nicht ins Museum oder in den privaten Winkel [gehört]« (wobei die Frage gestattet sein muß, welche Prägekraft denn hier gemeint sei, etwa die des unmenschlichen, neurotischen und Neurosen schaffenden Gottes- und Menschenbildes Luthers oder seines unwürdigen persönlichen Vorbildes?). Das Dokument betont die Notwendigkeit, »die Aufmerksamkeit für die unaufgebbaren geistigen Besitzstände wachzurufen«. Diese würden verkannt, wenn »man die Zeit für eine Auflösung und Aufkündigung des Zusammenhangs von Christentum und demokratischem Rechtsstaat gekommen sieht« (wobei sich wiederum die Frage aufdrängt, ob es diesen Zusammenhang überhaupt gibt, da doch Luther mit Demokratie und Rechtsstaat nichts im Sinne hatte, sein Staat vielmehr ein von absolutistischen Königen und Fürsten regierter Obrigkeitsstaat war, dessen Bürger keinerlei verbriefte Rechte hatten, nach dem inhumanen Gottes- und Menschenbild Luthers auch gar nicht haben konnten. Und was die katholische Kirche betrifft, so ist diese nach eigener Definition eine von oben nach unten regierte Hierarchie, keine Demokratie, und rechtsstaatliche Kriterien läßt sie in bezug auf ihre Mitglieder auch nicht gelten).

Bombastisches Eigenlob ertönt weiter in diesem Dokument. Die soziale Marktwirtschaft verdanke ihr Entstehen »wesentlich den Impulsen christlicher, vor allem protestantischer Ethik«. (Nun immerhin: Diese Aussage enthält schon einen kleinen Fortschritt, es wird zwischen christlicher und protestantischer Ethik, wenn auch nur verbal, unterschieden. In Wirklichkeit besteht hier ein Unterschied in der Sache: Eine protestantische Ethik gibt es nicht, kann es angesichts der Leugnung der Willensfreiheit durch Luther und die Bekenntnisschriften seiner Kirche gar nicht geben, weil eine Ethik ohne Willensfreiheit, ohne die freie Wahl und Entscheidungsfähigkeit des Menschen zwischen Gut und Böse unmöglich ist, ja ein Unding, einen Widerspruch in sich selbst darstellt.) Es ist daher zynische Irreführung und auf Unkenntnis setzende Täuschung der das Dokument der EKD Lesenden, wenn als Attribute dieser protestantischen Ethik ausgerechnet »die Fähigkeit zur Eigenverantwortung und die gemeinsame Verpflichtung zu Solidarität und Gerechtigkeit« hingestellt werden. »Eigenverantwortung« des Menschen kennt Luther gegenüber dem alleinwirkenden Gott überhaupt nicht, und in den lutherischen Bekenntnisschriften ist sie einzig und allein die Fähigkeit zum Bösen. Gerechtigkeit aber ist nach orthodox-lutherischer Lehre etwas, worauf der Mensch nie Anspruch, nie ein Recht hat. Sie kann – muß aber nicht – von Gott bzw. seinem Vollstrecker auf Erden, dem Staat, als unverdienter Gnadenerweis dem Bürger bzw. Untertan geschenkt werden.

Es steht nicht gut um das religiöse und historische Wissen unserer Politiker, wenn sie nicht durchschauen (wollen), daß das hier analysierte Dokument der EKD Sachen und Werte für sich deklariert, als ihr geistiges Eigentum erklärt, die gar nicht zu den Errungenschaften und Eigenleistungen der Kirche gehören, vielmehr von Humanismus, Sozialismus und Aufklärung in mühsamem Ringen erkämpft werden mußten, oft unter großen eigenen Opfern und erbittertem Widerstand der beiden Kirchen. (Hier haben sie alle beide in der Tat höchst wirksam und hartnäckig »Widerstand« geleistet, darin sozusagen Maßstäbe gesetzt!) Aber meist geht's ja auch gar nicht um dieses Wissen und Durchschauen; eine ganze Reihe von Politikern will doch ohnehin die Liaison mit der Kirche um jeden Preis, auch wider besseres Wissen, weil sie selber evangelisch oder katholisch sind und sich diesbezüglich als Missionare eines christlich (sprich: kirchlich) dominierten Abendlandes fühlen. In dieser Hinsicht hat ja der in deutschen Politikerkreisen so einhellig auf empörte Reaktionen gestoßene Ausspruch des damaligen türkischen Ministerpräsidenten Mesut Yilmaz in einem Interview, daß »die Europäische Union für einige deutsche Politiker ein Projekt der christlichen Zivilisation« sei, nicht ganz unrecht. Yilmaz nannte in diesem Zusammenhang auch ausdrücklich Bundeskanzler Kohl: »Die Fehler von Bundeskanzler Helmut Kohl (...)«[24]

Tatsächlich war Katholik Kohl, solange er Bundeskanzler war, offenbar stets bereit, als Promachos der Kirchen politisch in ihrem Sinne zu handeln. In seiner engen Sicht von Religion setzte er diese ohnehin einfach mit Christentum, ja im Grunde nur mit Kirche gleich. Wie anders wäre es sonst zu verstehen, wenn er in seiner Rede vor der EKD-Synode Anfang November 1997 von »erbärmlichen Angriffen auf die religiöse Erziehung unserer Kinder« sprach, obwohl diejenigen,

---

[24] FOCUS 12/1998, S. 44f. – Auch Papst Johannes Paul II übte mit seinem Programm der Re-Evangelisierung Deutschlands und Europas starken Druck auf die Politiker aus; vgl. MYNAREK 2006, S. 206, 1. Kap.

denen er das Attribut »erbärmlich« attestierte, den konfessionellen Religionsunterricht der Kirchen gar nicht abschaffen wollen, sich lediglich bemühen, als Alternative dazu einen Ethik-, Lebenskunde- und allgemeinen Religionsunterricht einzuführen. Und wer wollte denn leugnen, daß der evangelische Religionsunterricht aus den oben schon mehrfach angeführten Gründen dem Anliegen echter Ethik gar nicht gerecht werden, es nicht einmal angemessen darstellen kann? Wer wollte des weiteren leugnen, daß der konfessionelle Religionsunterricht zwangsläufig eine zu enge Sicht des außerordentlich vieldimensionalen religiösen Phänomens darbietet, so daß noch nicht einmal die zahlreichen christlichen Freikirchen und außerkirchlichen Gruppen innerhalb des Christentums gebührend gewürdigt werden, von den nichtchristlichen Religionen ganz zu schweigen?! Das alles focht aber selbstverständlich einen kirchentreuen Scheuklappenpolitiker wie Helmut Kohl nicht an, vielmehr tönte er vor der EKD-Synode: »›Der Angriff auf die religiöse Erziehung unserer Kinder muß uns als Christen wie als Staatsbürger alarmieren.‹ Emphatisch beschwor Kohl in einem geistlichen Rundumschlag das ›gemeinsame Wertefundament‹, auf dem die ›bewährte Partnerschaft von Kirchen und Staat‹ gründe. Prediger Kohl: ›Aus dem Wort Gottes erwachsen Kraft und Hoffnung – nicht aus den apokalyptischen Visionen falscher Propheten.‹«[25] (Ob er dabei auch an die apokalyptischen Visionen Martin Luthers dachte? Mit Sicherheit nicht, denn davon hat man ihm in seinem katholischen Religionsunterricht ja nie etwas erzählt!)

»Euro-Visionär und -Erbauer« Kohl hatte sich auch für die Aufnahme des christlichen Gottesbezuges in eine künftige europäische Verfassung ausgesprochen: »Sollte es in Zukunft zur Ausarbeitung einer Verfassung der EU kommen, käme die Entscheidung über einen Gottesbezug letztlich einem europäischen Verfassungsgeber zu. Ich persönlich würde dann eine positive Entscheidung befürworten.« So Kohl in einem Brief an den Bezirksvorsitzenden des Evangelischen Arbeitskreises der CSU in der Region Nürnberg-Fürth, Harald Häßler.[26] Wie man hört, soll sich Kohl auch auf Bitte der Kirchen dafür stark gemacht haben, daß das staatliche Kirchensteuereinzugssystem in der Bundesrepublik, das selbst von katholischen Staaten wie Italien und Österreich für abstrus und absurd gehalten wird, von einem Veto der EU-Richtlinien nicht erfaßt wird. Das haben Kohls Nachfolger in CDU und CSU später auch tatsächlich erreicht.

Auch Politiker der Grünen, die doch einmal ein Papier zur strikten Trennung von Staat und Kirche, zur Beendigung ihres prostitutiven Verhältnisses vorgelegt

---

[25] SPIEGEL 52/1997, S. 67.
[26] Zit. nach CHRISTEN HEUTE, März 1998, S. 50.

haben, entdeckten plötzlich die angeblich absolut wichtige ethische und kulturelle Funktion der Kirche für den Staat.[27] Antje Vollmer, grüne Bundestagsvizepräsidentin und von Haus aus evangelische Theologin, empörte sich: »Die Deutschen (...) haben noch gar nicht begriffen, daß ihnen gerade eine Wurzel ihrer Kultur wegbricht.« Und so fragte sie bedrohlich, »wer denn überhaupt noch als Träger und Interpret gewisser Traditionen und Kulturen zu Verfügung steht? Was werden meine Enkel noch erfahren, wenn es keine Vermittlung und Weitergabe spiritueller Erfahrungen, keine lebendigen Kirchen und keine Geschichten mehr gibt?« »Die christlichen Kirchen«, so auch die grüne Bundestagsabgeordnete Christa Nickels, einst Mitglied im Zentralkomitee der deutschen Katholiken, sind »eine bedeutende Größe für unsere bürgerliche Zivilgesellschaft.« Führende Grüne mit dem sehr laut bekennenden Katholiken Joschka Fischer an der Spitze pilgerten auch zum damaligen Vorsitzenden der Deutschen Bischofskonferenz, dem Mainzer Bischof Lehmann, um sich von ihm den Segen für eine rot-grüne Koalition in Bonn geben zu lassen.

Auch andere Politiker lamentierten über den Werteverfall durch Gottlosigkeit. Selbst ein Altliberaler vom Schlage Otto Graf Lambsdorffs, der sich in seiner Finanz-, Partei- und Wirtschaftspolitik durch moralisch-christliche Mahnungen nie sonderlich irritieren ließ, beobachtete seinerzeit »mit Erschrecken [...], daß dem Politiknachwuchs vielfach der Sinn für ethische Fragen und der Zugang zur Kirche fehle«. Es stelle sich für ihn »die grundsätzliche Frage, wer denn für die ethische Erziehung im Lande zuständig sein soll«. Da kann er ganz ruhig schlafen: Die Ethik stirbt nicht, wenn die Un-Ethik des Gottes- und Menschenbildes der evangelischen Kirche einmal von allen oder wenigstens vielen erkannt sein wird.

Noch mehr als die Politiker hauen natürlich die christlichen Theologen und Kirchenvertreter schon von Berufs wegen auf die Pauke.

Ein führender evangelischer Theologe, Professor für Philosophie und Theologie an der Humboldt-Universität in Berlin, Vorsitzender der SPD-Fraktion in der letzten DDR-Volkskammer, Richard Schröder, behauptete gar, daß durch den Abfall vom institutionalisierten Christentum »die Gesellschaft zu entkultivieren« drohe.[28]

Alle diese Aussagen von Repräsentanten des Protestantismus verschweigen oder verleugnen das fatale Erbe Luthers, seine finstere und niederträchtige Kirchenstaatsideologie, die quicklebendig bis heute nachwirkt.

---

[27] Die Zitate dieses und des folgenden Absatzes sind wieder SPIEGEL 52/1997, S. 67 entnommen.

[28] SPIEGEL 52/1997, S. 62.

Kapitel IX

Luther und die Philosophie bzw. Vernunft

Luther spart in seiner Ketzervernichtungswut fast niemanden aus. Selbst die **Philosophie** und alle Philosophen aller Zeiten und Zonen bekommen diese Wut zu spüren. Wiederum im Namen des von ihm vereinnahmten Gottes glaubt er, die Philosophie verdammen zu müssen: »Ich wenigstens glaube, Gott diesen Gehorsam zu schulden, gegen die Philosophie wüten (...) zu müssen.«[1] Denn die ganze Philosophie seit Aristoteles sei Menschenwerk, versuche Gott durch eigene denkerische Leistung zu erreichen oder zu begründen, und das sei Hochmut und falsche Selbstsicherheit. Wie der Mensch in seinem totalen Sündersein nichts könne, so könne auch die ebenso wie der ganze Mensch verdorbene (philosophische) Vernunft gar nichts. Hier rächt sich Luthers Verachtung der Philosophie, der reinen Vernunfttätigkeit an ihm selbst. Denn da die Natur des Menschen ihm zufolge total verdorben ist, ist es auch die zu dieser Natur gehörige menschliche Vernunft. Diese kann dann auch keine gerechten Urteile rechtsphilosophischer und moralphilosophischer Art mehr fällen. Damit gibt es dann logisch-konsequenter Weise bei Luther auch keine vernünftige Begründung mehr für das, was seine »Kirche« oder der Staat als Norm und Gesetz aufstellt. Normen, Gesetze, Anordnungen, Befehle dieser Institutionen können reinste Willkür, purer Despotismus sein. Sie brauchen keine innere Begründung in der Vernunft des Menschen zu haben. So entmündigt Luther den Menschen, indem er sein edelstes Organ, die Vernunft, verketzert und die Philosophie zur »Hure« herabwürdigt. Damit desavouiert er am Ende aber auch seine eigene Lehre und seine Verurteilungen anderer Lehren. Denn eine vernünftige Begründung und Akzeptanz seiner Lehre und seiner Verdikte gegen andere kann es nun nicht mehr geben, da ja die Vernunft bei dieser Begründung und Akzeptanz keine Rolle spielen darf. Ist sie doch nach ihm bei allem wahren Erkennen heillos fehl am Platz.

---

[1] WA LVI 371: *Ego quidem Credo me debere Domino hoc obsequium latrandi contra philosophiam et suadendi ad Sacram Scripturam. Nam alius forte si faceret, qui ea non vidisset, Vel timeret Vel non crederetur ei.*

Man kann also auch berechtigterweise sagen: Die sich heute auf Luther stüt-zenden und berufenden evangelischen Sektenbeauftragten handeln konsequent, wenn sie alle neuen nichtkirchlichen, religiösen Bewegungen verunglimpfen, un-gerecht beurteilen, wahrheitswidrig verleumden und verteufeln. Sie brauchen sich ja dabei – ganz im Sinne Luthers – durch die Vernunft, durch vernünftige Wahrheitssuche, durch wirklichkeitsentsprechendes Erkennen nicht lenken, ein-schränken oder beeinträchtigen zu lassen. Hat man einmal die Vernunft bei den entscheidenden Glaubens- und Lebensfragen hinter sich gelassen, braucht man sich nicht mehr durch sie »gefesselt« zu fühlen, kann man – ganz wie Luther – herrlich maßlos, logik- und wirklichkeitswidrig sein!

Klar, daß Luther dann auch den **Humanismus** ablehnt und verketzert,[2] denn auch dieser hält ja wie die Philosophie viel von der Vernunft des Menschen. Gegen den großen Humanisten Erasmus von Rotterdam wütet Luther fast ebenso furchtbar wie gegen Thomas Müntzer: »Ebenso wie Erasmus habe ich auch Müntzer getötet; sein Tod liegt auf meinem Hals.«[3] Merke: Die Reformation Luthers ist »anti-rational« und »anti-humanistisch«, da sie ja von den Fähigkeiten und der Schöpferkraft des Menschen nichts hält.

In seiner Maßlosigkeit entwertete Luther in gravierendster Art und Weise die menschliche **Vernunft**. Sie sei als Prinzip des Erkennens (*principium cognoscendi*) blind (*caeca*), völlig verblendet (*excaecata*; hier klingt nebenbei, durch auffällig augustinische Wortwahl, anscheinend der ehemalige Augustinermönch durch)[4]

---

[2] Besonders kraß zeigt sich Luthers Affront gegen den Humanismus in seiner Auseinandersetzung mit Erasmus von Rotterdam; s. Luthers Schrift ›De servo arbitrio‹.

[3] TiWA I 195 f. (446): Nu aber redet Erasmus mit Fleiß und fürsätziglich, ja böslich, schlüpferig und, wie man zu Hofe sagt, mit geschraubten Worten, die keinen gewissen Verstand haben und die er lenken und verdrehen kann seins Gefallens, nach seinem Sinn, wie er will, nach Gelegenheit der Umstände. Darum gebiete ich Euch aus Gottes Befehl, Ihr wollet ihm feind seyn und Euch für seinen Büchern hüten, denn er hält unser ganze Theologia wie Democritus, der heidnische spöttische Philosophus, das ist, für lauter Narrentheiding, lacht und spottet ihr. Ich will wider ihn schreiben, sollt er gleich drüber sterben und verderben; den Satan will ich mit der Federe tödten! Wiewol mich diese Gedanken lange geplaget haben, daß ich michs enthalten und nicht wider ihn geschrieben habe; denn ich gedachte, wie, wenn du ihn tödtest? Wolan! Also hab ich Münzern getödtet, deß Tod liegt auf meinem Halse. Ich hab es aber darum gethan, denn er wollte meinen Christum tödten. Ungewisse, zweifelhaftige, wankende Wort und Rede soll man weidlich panzerfegen, durch die Rolle lassen laufen, flugs zausen und nicht lassen gut seyn. Mit der Rhetorica kann ich ihm nicht gleich seyn, aber mit der Dialectica will ich ihm uberlegen seyn wo nicht schön und kraus, wie man sagt, doch alber und fest!

[4] *Omnes quidem heretici generaliter scientiae pollicitatione decipiunt et reprehendunt eos quos simpliciter credentes invenerint; et quid omnia carnalia persuadent quasi ad carnalium oculorum apertionem conantur adducere, ut interior oculus excaecetur (Augustinus, Contra Manichaeos, 25,38).*
Denn alle Ketzer verbreiten samt und sonders Täuschungen durch Berufung auf die Wissenschaft und tadeln jene, die sie als einfältig gläubig angetroffen haben; und weil sie uns alle fleischlichen

und unwissend (*ignara*), sie könne nicht zur Erkenntnis Gottes und des Guten (*Dei et boni*) gelangen, die eigentliche Wahrheit (*veritas*) bleibe ihr verschlossen. In seiner Auseinandersetzung mit dem Humanisten Erasmus hält er sie sogar für ein »erdichtetes Trugwerk«, für eine im wesentlichen immer irrende Vernunft (*errans ratio*).[5] Zwar war die Vernunft einmal Luther zufolge etwas Großartiges, nämlich vor dem Sündenfall Adams und Evas, und es sieht fast so aus, als ob Luther ihre damaligen Vollkommenheitsattribute um so glänzender charakterisiert, je mehr er sie als »*lapsa*« (als gefallene Vernunft) nachher um so tiefer in den Abgrund totaler Verderbtheit herabzustoßen gedenkt. Sie sei vor dem Ursündenfall von allen Gottesgaben die größte gewesen, sie war jene Potenz, die auch den Engeln eignet (*quae in angelis quoque est*), sozusagen etwas Göttliches im Urmenschenpaar (*divinum quiddam*), eine »Sonne und Gottheit gewissermaßen« (*Sol et Numen quidam*). Kurzum: Im Urstand hatte der Mensch den schönsten und glänzendsten Verstand (*pulcherrimum et clarissimum*).[6] Und er hat ihn nach Luther auch nach dem Sündenfall behalten, wenn es um den unseren Sinnen zugänglichen irdischen Erfahrungsbereich geht, was der Reformator aber später wieder abschwächt, weil die nunmehr in bezug auf alle wahre Erkenntnis, alle Sinn- und Gottessuche total korrumpierte und unvermögende Vernunft verständlicherweise auch negativ auf diesen Bereich zurückstrahle, so daß der Mensch selbst auf dem Gebiet der Prinzipien und Handlungsanweisungen für das menschliche und weltliche Zusammenleben ständig Fehleinschätzungen unterliege.

Derart schrecklich (*horribilis*) sei der Fall der Urmenschen gewesen, daß wir durch ihn die überaus herrlich erleuchtete Vernunft verloren haben (*amisimus pulcherrime illuminatam rationem*) und nicht mehr erkennen können, was Gott will und vorschreibt (*quae Deus vult et praecipit*). [WA XLII 106] Die Vernunft hat sich von einer erleuchteten Dienerin des Geistes Gottes zu einer »Teufelshure« und »Teufelsbraut«, zu einem lästerlichen Weibstück, »Frau Hulda«, zu einer Gegnerin Gottes pervertiert.[7] Sie sei nun konstitutiv »Widersacherin Gottes« und

---

Dinge als Argumente aufschwatzen, versuchen sie gleichsam zur Öffnung der fleischlichen Augen hinzuführen, damit das innere Auge geblendet werde (*Aug. contra Manichaeos* 25,38).

[5] WA XVIII 620, 667, 670, 762.

[6] WA XXXIX.1 175; WA XLII 85, 107

[7] WA XVIII 164: Hynfurder leret er uns, was fraw hulde, die naturliche vernůnfft, zu diesen sachen sagt, gerade alls wüsten wyr nicht, das die vernunfft des teuffels hure ist und nichts kan denn lestern und schenden alles, was Gott redt und thut. Aber ehe wyr der selben ertzhuren und teuffels braut antworten, Wöllen wyr zuvor unsern glauben beweysen, und nicht grosse buchstaben noch puncten odder Tuto Tato sondern dürre helle sprüche dar legen, die der teuffel nicht soll umbstossen. – Frau Hulda, die Frau Holle unserer Märchen, ist die Spottfigur der Vernunft. Vgl. WA XXIV 516: Hie sollen wir aber fraw Hulda, der tollen nerrin, der vernunfft antworten. Wie haben sich die hochgelertern daran gestossen [...]; WA X.1.2 104: Hie wirt fraw hulde die heydnische kunst ynn den

seines heiligen Willens und könne im Grunde nur noch »blinde Finsternisse« vermitteln. Das »Spekulieren« über Gott und die tragenden ontologischen und ethischen Grunderkenntnisse und -werte des menschlichen Lebens, dieses »Erklügeln«-Wollen der Wahrheit über Gottes und unseren Willen gehe grundsätzlich in die Irre und Leere. Die natürliche Vernunft sei in dieser Hinsicht nichts, total nichts. Sie könne nichts beweisen, nichts zeugen oder bezeugen, »es ist lauter nichts. Ja, was soll mir's dann, wenn's nichts ist? Ja, es ist nichts, wenn du deine fünf Sinne drum fragst und deine Vernunft und deine Weisheit zu Rate nimmst.«[8] Denn es ist nach Luther nun »der Vernunft Natur und Eigenschaft«, gegen Gott und seinen Willen zu sein, weshalb Gott die menschliche Vernunft damit bestraft, daß er sie entleert, ja »nichtet«.[9]

Gerade die Philosophie, die ja sozusagen das Organ der höchsten Erkenntnisse darstellt, zu denen die Vernunft des Menschen befähigt ist, wird also von Luther besonders verteufelt. Der Fleiß und Eifer der Philosophen um die Wahrheit sei anzuerkennen, aber diese selbst hätten sie nie erkannt. Sie können sich Luther zufolge noch so sehr ihrer eigentlichen Aufgabe, der vernünftigen Wahrheitserkenntnis, widmen, sie erreichen die Wahrheit nie. Die antiken Klassiker der Philosophie, Plato und Aristoteles, deren herrliche Gedankensysteme jedem Humanisten auch heute noch zu imponieren vermögen, finden in Luther einen haßerfüllten Gegner. Für die Theologen des Mittelalters, auch seinen größten, Thomas von Aquin, galt Aristoteles als höchste philosophische Autorität. Im Anschluß an ihn qualifizierten die Theologen der Scholastik die *ratio naturalis*, die natürliche Vernunft, als im Prinzip »*bona*« (gut). Dagegen wütet Luther: Die Scholastiker sähen nicht das Faktum der Sünde, meint er, deswegen übersähen

---

hohen schulen sitzen unnd das maul auffwerffen [...]

[8] WA XXXVI 203: *Ideo omnis error hinc venit* [Von hier kommt aller Irrtum], das man auff Gotts wort nicht wil fussen, das man klugelt.

WA XXXVI 493: Denn menschen weisheit und vernunfft kan nicht höher noch weiter komen denn richten und schliessen, wie sie fur augen sihet und fület odder mit sinnen begreiffet, Aber der glaube mus uber und wider solch fülen und verstehen schliessen und hafften an dem, das im fürgetragen wird durchs Wort, Das kan er aus vernunfft und menschlichem vermögen nicht thun, sondern ist des Heiligen geists werck im hertzen.

WA XLVII 29: In Summa: es sihet sich nicht, es zeitet sich nicht, es stedtet sich nicht, es greifft sich nicht, es fulet sich nicht, es kleidet sich nicht, es stehet nicht in diesem noch jenem, was man sihet und fulet, es ist lauter nichts. Ja, was soll mirs dan, wens nichts ist? Ja, es ist nichts, wenn du deine funff sinne drumb fragest und deine Vernunfft und deine weisheit zu rath nimpst.

[9] WA LI 217: Es ist [...] der vernunfft natur und eigenschafft, das sie nicht anders [...] zu thun gnade oder verstand hat. Darumb [...] schilt und nennet sie [der ander Psalm] Widersacher Gottes und seines Christi.

WA IX 559: Das will die doll, blindt huer, di vornufft, welche mit dem Teuffel buletth, sych nicht uberreden lassen. Darumb ist von notten, das wir diß stucken, diese leher wol und mit fhleyßß einpilden, das wir wissen, das unser gatth allein dorinnen wollgefallen hatt, das nichts ist.

sie, daß die natürliche Vernunft »voller Unkenntnis Gottes und Aversion gegen den Willen Gottes« sei (*plena ignorationis Dei et aversionis a voluntate Dei*). Gegen das scholastische Axiom, ohne Aristoteles und seine Philosophie könne man kein rechter Theologe sein, giftet Luther: »Ein Theologe kann man nicht werden, wenn dies nicht ohne Aristoteles geschieht« (*theologus non fit nisi id fiat sine Aristotele*). Im Grunde führe Philosophie, gerade wenn sie sich um die höchsten Wahrheiten bemühe, somit usurpatorischerweise Theologie betreibe, nur zu einem »Chaos der Irrtümer« (*chaos errorum*), zu inhaltslosen metaphysischen Erwägungen (*cogitatio metaphysica*), ja zu »eitel Gotteslästerung«. Gerade da, wo die Philosophen und Humanisten mit Hilfe ihrer Philosophie die Willensfreiheit zu beweisen versuchen, philosophieren sie sündhaft gegen die Theologie (*impie philosophantur contra Theologiam*), und das ist Luther zufolge ein gemeiner Betrug (*fallacia*). Philosophie habe sich nur den sichtbaren, nicht den wahrhaft unsichtbaren Dingen (*vero invisibilia*) wie die Theologie zu widmen. Ihre Logik, ihre Syllogismen könnten die Ebene des Bezirks der Theologie (*termini divini*) nie erreichen (»*termini*« sind »Grenzsteine«). Allein der Versuch in dieser Richtung sei schon Anmaßung und Hybris. Kaum etwas zeigt nach Luther deutlicher das Versagen der Philosophie als die Tatsache, daß eine so lange Reihe erlauchter Denker viele Jahrhunderte lang »in das Lob und den Ruhm des freien Willens« (*in laudem et gloriam liberi arbitrii*) einstimmten. Aber das sei auch wieder zu erwarten gewesen, weil die These, Gott gegenüber sei der menschliche Wille nicht frei, in höchster Weise das allgemeine Empfinden oder die natürliche Vernunft (*quam maxime sensum illum communem seu rationem naturalem*) beleidige. Da nach Luther die natürliche Vernunft die Wahrheit über das Verhältnis von göttlichem und menschlichem Willen weder verstehen noch ertragen kann (*neque capere neque ferre*), pervertiert sie diese Wahrheit und stürzt diejenigen, die sich ihr anvertrauen, in den »abgrund der Hellen«. Daher gebe es keine gefährlichere Sache (»kain faerlicher ding«) unter allen Gefahren auf Erden als die königliche, herrscherliche Vernunft (*domina ratio*). Wer der natürlichen Vernunft folgt (»der vernunnfft nach wil«), der stürzt in völliges »dunckel«. Leere und sündige Gedanken (*vanas et impias . . . cogitationes*) gebe dann die menschliche Vernunft als die reine Wahrheit selbst (*ipsa veritas*) aus.[10]

Luther entwertet die Vernunft aber nicht nur »*in divinis*«, in Richtung auf das Göttliche, auf die Erkenntnis der höchsten Seins-, Wert- und Sinnprinzipien. Er vermindert ihren Wert wesentlich sogar auf dem Gebiet, den er ihr selber zugewiesen hat, also im Bereich der irdischen Realitäten. Auch das innerweltliche

---

[10] WA I 226; WA VI 29; WA VIII 127; WA XVIII 651, 674; WA XLII 107; WA XLIV 591; WA L 659.

Erkenntnisvermögen der menschlichen Vernunft sei entstellt und pervertiert, auch bei ihren Urteilen über die irdischen Wirklichkeiten und Angelegenheiten wisse sie im Grunde nicht, »was und worüber sie spreche« (*quid aut de quo loquatur*), weil sie in sich befangen, Gefangene ihrer eigenen Weisheit sei, weil sie ein verkehrtes Gottesverhältnis habe, weil sie sich fälschlicherweise als letztgültigen Maßstab aller Dinge auffasse und aufspiele. Somit sei sie letztlich auch nicht legitimiert, oberste weltliche Instanz zu sein. Nicht nur in den das Heil betreffenden Dingen sei die menschliche Vernunft erkenntnisunfähig, auch in den Angelegenheiten und zu erforschenden Tatbeständen dieser Welt sei sie permanent und notwendig Fehlern, Fehlerkenntnissen, Fehlbeurteilungen unterworfen.[11]

Es gibt wohl kaum einen Religions-, Konfessions- oder Sektengründer, der einen wilderen Irrationalismus als Luther lehrte, der die natürliche Vernunft des Menschen derart haßte, reduzierte und entwertete. Bedenkt man, daß diese natürliche Vernunft auch eine notwendige Grundlage und unabdingbare Voraussetzung demokratischer Staaten und Gesellschaften ist, dann sieht man hier wieder die eminente Gefahr, die von Luthers Bild des Menschen und seiner rationalen Erkenntniskräfte ausgeht. Streichen wir die Vernunft des Menschen, sein Vermögen, den Wirklichkeitsgehalt der Dinge wenigstens annähernd richtig zu erkennen, Gut und Böse zu unterscheiden, vernünftige Gesetze zu schaffen und als in ihrer Legitimität eingesehene zu befolgen, dann versinken wir im Chaos der Anarchie oder landen in den Fangarmen menschenfeindlicher Diktaturen (»absolute Fürsten« hatten wir ja schon vorher).

---

[11] WA XVIII 674; WA XLII 207.

Kapitel X

Luther und die Willensfreiheit bzw. Ethik

LUTHER ÜBT mit seiner fatalen Lehre vom Menschen, von dessen »unfreiem« Willen und »blinder« Vernunft, bis zum heutigen Tag einen katastrophalen Einfluß aus. Aber prüfen wir selbst! Lassen wir einige Aussagen von Luther selbst an uns Revue passieren. Nur noch eine Vorbemerkung: Wir haben bereits gesehen, daß die Rechtfertigungslehre das Zentrum und den Wurzelgrund von Luthers Theologie darstellt. Wenn aber Gott den Menschen ganz ohne dessen Zutun rechtfertigt und erlöst, dann ist Gott nicht bloß der All-, sondern auch der Allein-Wirksame, und dann ist auch die menschliche Entscheidungsfähigkeit zum Guten oder zum Bösen, also die menschliche Willensfreiheit, gar nicht vorhanden oder reine Illusion. Sie ist jedenfalls zu nichts nutze. In der Tat ist das die Ansicht Luthers, allen enorm eifrigen und mühsamen Beschönigungs- und Abschwächungsversuchen seiner modernen Verteidiger zum Trotz.

Mit Vehemenz hat Luther stets die Überzeugung vertreten, daß der freie Wille nach Adams Fall bloß »ein leerer Name« sei und nur sündigen könne, sofern er »das seine« tue.[1] Der sog. freie Wille tauge zu nichts als zum Bösen[2], weil er unter der Gefangenschaft des Teufels und seines Willens stehe; er sei total und restlos pervertiert, völlig »ohne Nutzen«[3]. Lieber wäre es ihm, Luther, gewesen, man hätte das Wort »freier Wille« niemals erfunden. Die (Rechtfertigungs-)Gnade Gottes sei alles, der menschliche Wille rein gar nichts bzw. nur böse. Das geht bei Luther so weit, daß die Gnade, auch nachdem sie Gott einem Menschen geschenkt hat, keineswegs den Menschen innerlich zum Guten wandelt, seinen freien Willen wiederherstellt und gut macht, vielmehr seien der Mensch und

---

[1] WA VII 445: Der frey wille nach dem fal Ade odder nach der gethanen sund ist eyn eytteler name, und wenn er thut das seine, szo sundigt er todlich.

[2] WA VII 445f.: Was sagistu hie Bapst? ist das frey, das nyrgen zeu taug denn zum Boszen? […] Wo ist hie der frey will, der des teuffels gefangener ist: nit das er nichts thü, szondernn das er alles nach des teuffels willen thue?

[3] WA VII 449: Die weil sie denn die ferlichen weg suchen, folgen und szo hart vorfechten und lassen den sicheren faren, ia vorfolgen yhn, ists gut zu mercken, das yhr lere nit gotlich sey, szondernn gantz vordechtig. Drumb wollt ich das worttlin »frey wille« were nie erfunden. es steht auch nit ynn der schrifft unnd hieß billicher »eygen wille«, der keyn nutz ist […]

sein Wille auch im Stande der Gnade weiterhin sündig, völlig unvermögend in bezug auf das Heil. Luther vermag den Menschen stets nur als den zu sehen, der »wider die Gnade streitet und wütet«[4]. So erscheint die Gnade Gottes bei ihm als etwas Äußerliches, dem Menschen Aufgeklebtes. Der Mensch wird nicht im Kern seines Seins, in seinem Wesen zu etwas Rechtem, Gutem; Gott schreibt lediglich das Konto des Menschen so um, daß er jetzt in seinen Augen keine Negativbilanz mehr hat. Die Gerechtigkeit bleibt allein die Gerechtigkeit Gottes, eine Gerechtigkeit »allein aus Gnade«[5], der Mensch ist in sich nicht gerecht geworden, es gibt nach Luther keine »Eigengerechtigkeit«, auch nicht als von Gott geschenkte und in die Wesensstruktur des Menschen wirklich eingeflößte. Der Mensch bleibt – auch im Stande der Gnade – »untauglich vor Gottes Augen«[6]; alles, was er von sich aus im Ethischen tut, ist »auf den Sand gebaut«[7].

Selbst der so oft und tönend im Namen der Menschenrechte, der Ethik und der ethischen Grundwerte die sog. Sekten attackierende bayerische Sektenbeauftragte Behnk muß da zugeben: »Von einem Gott gegenüber ›freien‹ Willen des Christen ist also beim Reformator – im Unterschied etwa zu Augustin oder Thomas – nicht die Rede.«[8] Was Luther an Argumenten für die Nichtexistenz des freien Willens des Menschen bringt, erscheint selbst diesem alle Fehler nur bei den nichtkirchlichen Bewegungen sehenden Pfarrer Behnk bedenklich: »(...) greift Luther hier zu Argumenten, die (...) auch uns bedenklich erscheinen.«[9]

Tatsächlich geschieht in Luthers Willenslehre Ungeheuerliches. Der gesamten human-ethischen Tradition der Menschheit versetzt der Reformator einen gewaltigen Schlag; hier ist das Wort »Amputation« dem Tatbestand angemessener als »Reformation«. Diese Tradition ging und geht bis heute davon aus, daß die natürliche Vernunft des Menschen Wahrheit prinzipiell erkennen, sein Wille ethische Werte prinzipiell verwirklichen kann. Auf diese Basis stützen sich alle Demokratien, stützt sich das Gerichtswesen moderner Staaten. Jede Bestrafung

---

[4] WA VII 359: [...] widder die gnade streyttet vnnd wuttet.

[5] WA VII 445: Es soll niemant dran zweiffelnn, das alle vnßer gute werck todsund sein, ßo sie nach gottes gericht vnnd ernst geurteilt vnd nit allein auß gnadenn fur gut angenommen werdenn [...] vnnd erkenne, das niemant durch gutte werck muge rechtfertig sein, ßondernn das sich got uber alle erbarme vnnd allein auß gnaden rechtfertige.

[6] WA VII 433: Aber ein frum Christen mensch sol lernen vnd wissenn. das alle seine gutte werck vntuchtig vnd nit gnug sein fur gottes augen.

[7] WA VII 433: Disser Artickel vordreusset die grossen werckheyligen, die yhren trost auff yhr eigen gerechtickeit und nit auff gottis barmherzickeit bawen, das ist auff den sand: Drumb wirts yhn auch gehen, wie dem hawß auff den sand gebawen.

[8] Behnk 1982, S. 177.

[9] Behnk 1982, S. 178.

von Gesetzesbrechern, jedes Strafrecht anstelle eines Maßnahmerechts, dessen europäischer Pionier ja das 3. Reich war (viele chinesische Kaiser waren ihm darin allerdings, angeregt durch Han Feize, vorausgegangen), wäre unsinnig, wenn sie unfähig wären, ein Gesetz einzusehen und zu befolgen. So erweist sich Luther mit seiner Leugnung der Willensfreiheit als Feind jeglicher sittlichen und rechtlichen Ordnung, und es ist dann nur konsequent, wie wir sehen, daß der Reformator den Staat zum Zuchtmeister Gottes ernennt, der im Namen Gottes jegliche Gewalt gegen den im Grunde rechtlosen Untertan ausüben darf und soll (womit Luther noch ärger als Han Feize ist: dieser gab seinem totalen Staat wenigstens keinen metaphysischen Bundesgenossen, keine metaphysische Willkürlegitimation).

Jedes durch Vernunft und freien Willen des Menschen begründete Recht auf unverletzliche Würde der Person fällt bei Luther weg. »Luthers Naturrecht ist (...) der Hauptsache nach Apotheose [= Vergöttlichung] der Gewalt um der Gewalt willen, der Autorität um der Autorität willen.« Sein sog. Naturrecht ist an sich gar keines, es ist ein durch den Staat praktiziertes »ius divinae irae« (= Recht des göttlichen Zornes), in welchem »jedes Übergleiten zu Menschenrechten verhindert« wird. Stattdessen wird ein »mythisch-dämonisches Rechtsideal bis zur höchsten Furchtbarkeit isoliert und verabsolutiert, mitsamt ihrem mythisch-dämonischen Korrelat: der Schuld und Urschuld, der schlechthin verdammungswürdigen Grundschuld alles menschlichen Daseins. Gänzlich fehlt dafür die Lichtkategorie eines Rechts, Naturrechts, das der Mensch selber zu stellen und zu fordern hat: nicht als sein ›Recht auf Strafe‹, sondern eben als das Naturrecht auf ursprüngliche Freiheit, Gleichheit, Güte, wie die Stoa es halbwegs zureichend formuliert hatte.« So hat die protestantische Kirche im Anschluß an Luther die »Freiheit der Kinder Gottes« zur »Gaukelei« gemacht. »Luthers ›Freiheit eines Christenmenschen‹ setzte (...) sogleich die energischste Freiheitsbeschränkung. Denn Luthers Christenmensch hat nicht nur keinerlei Willens- und Wahlfreiheit, lebt nicht nur als Knecht der Sünde von Anfang an: auch die religiöse Freiheit, die im Glauben an Christus sich in ihn einsenkt, war keine, sondern nur eine gewechselte Knechtschaft.« Immer geht es Luther »um bitterhöchste Unterordnung des Untertans. Befreiung bedeutet bei Luther äußerstenfalls Begnadigung, sie bedeutet, ›sich einen gnädigen Herrn in Gott zu verschaffen‹, sie bedeutet ›Bergung vor Gottes Grimm unter den Flügeln der Henne Christus‹. Auf der Erde jedenfalls, in den Ordnungen der Obrigkeit hat Befreiung nichts zu schaffen, sie geschieht rein im Glauben, ist auch in ihm noch ein Erleiden und gehört zur unsichtbaren Kirche der Gesinnung, nicht zu den Werken, wo sie Sünde« ist. Die Freiheit des Menschen wird bei Luther im Grunde in die »bloße Velleität« (Wünschbarkeit) verlegt. Als einzige Tat des Menschen bleibe ihm die

»Selbstverurteilung« und das Sichüberlassen an Gottes Gericht. In diesem Gericht »gibt es – bei dem Unwert aller Menschen vor Gott – keinen Freispruch; der wesenhaft Angeklagte kann nur auf Gnade hoffen, d.h. auf Begnadigung«. Alle, aber auch »alle Strafen christlicher Obrigkeit sind nichts als Ausführungsbestimmungen des Ur-Strafgesetzes aus dem Zorn des Herrn – *et poena et remedia peccati*« (als Strafen und Heilmittel der Sünde).[10]

Ein Argument Luthers, das ganz wesentlich zu Luthers theologischer Logik gehört, lautet: Das »*liberum arbitrium*« (der freie Wille) sei deshalb eine »*res de solo titulo*« (also eine Sache nur vom Titel, vom Namen her, ohne jeden sachlichen Wert), weil alle Dinge in der Welt »*de necessitate absoluta eveniunt*« (aus absoluter Notwendigkeit hervorgehen). [WA VII 146] Deshalb bewirke ja auch Gott selbst die bösen Werke in den Ungläubigen (»*mala opera in impiis deus operatur*«, WA VII 144) und verhärte er, wen er will (»*Quem vult indurat*«, WA VII 145).

Mit dem Hervorgehen der Dinge in der Welt aus absoluter Notwendigkeit ist also schon ein weiterer fataler Grundpfeiler von Luthers Lehre angesprochen: seine Prädestinationsthese, die Behauptung, daß Gott völlig eigenmächtig, ohne jegliche Rücksichten (auf Verdienste, gute Taten, gute Gesinnungen der Menschen) einen Teil der Menschheit zum Himmel, den anderen zur Hölle seit Ewigkeiten vorherbestimmt (= prädestiniert) hat. Diese Prädestinationslehre ist das Inhumanste, das man sich überhaupt vorstellen kann, ist eine Art Faschismus, praktiziert an der göttlichen Selektionsrampe. Aber gerade in seiner fundamentalen Auseinandersetzung mit dem Humanisten Erasmus von Rotterdam und überhaupt dem humanistischen Gedankengut der Menschheit betont Luther, daß die Prädestination, wie er sie sieht, als eine über allen Zweifel erhabene Glaubenswahrheit, an der auf keinen Fall gerüttelt werden dürfe, zu akzeptieren sei. An der Alleinwirksamkeit und Prädestination Gottes und damit an der absoluten Notwendigkeit, der menschliches Wollen und Wirken unterliegen, müsse gegenüber allen Abschwächungsversuchen unbedingt festgehalten werden. Während also Erasmus sein Werk mit der Überschrift ›De libero arbitrio‹ (Vom freien Willen) versieht, gibt Luther seiner antihumanen Gegenschrift konsequent den Titel: ›De servo arbitrio‹ (Vom knechtischen Willen). Im Dezember 1525 gibt Luther seine Schrift heraus, von der der schon zitierte Pfarrer Behnk in seiner Dissertation sagt, daß sie »weitaus mehr als nur eine separate Auseinandersetzung mit dem Humanismus bedeutet«. Sie müsse »darüber hinaus als eine ›prinzipielle Antwort‹ an die traditionelle Willens- und Rechtfertigungsauffassung überhaupt

---

[10] BLOCH 1961, S. 44 f., 283 f. 281 f.; vgl. MYNAREK 1997, S. 44 ff.

verstanden werden, als eine Art Generalabrechnung mit ihr.«[11] Justus Jonas, der schon im Januar 1526 die deutsche Übersetzung von Luthers Schrift ›De servo arbitrio‹ unter dem Titel ›Das der freie Wille nichts sey‹ herausbringt, trifft mit diesem Titel genau die Intention des Reformators!

In der Tat kann ja auch der Wille des Menschen nur unfrei, nur sklavisch sein, wenn Luther in dieser Schrift ausschließlich Gottes Willen als eigentliches »liberum arbitrium« beschreibt.[12] Gottes Wille sei uneingeschränkt souverän und allein frei, sei ein »Überwille«, der sich an keinerlei Gesetz halten müsse, sondern »wie er will, so ist's gewollt, sein Wille ist sein Richtscheid, Maß und Gewicht«[13], »mit Gott ist nur will will will«[14]. »Deus est, cuius voluntatis nulla est caussa nec ratio, quae illi ceu regula et mensura praescribatur, cum nihil sit illi aequale aut superius, sed ipsa est regula omnium. Si enim esset illi aliqua regula vel mensura aut caussa aut ratio, iam nec Dei voluntas esse posset. Non enim quia sic debet vel debuit velle, ideo rectum est, quod vult. Sed contra: Quia ipse sic vult, ideo debet rectum esse, quod fit.«[15]

Hier tritt uns wieder der pure, maßlose, gesetzlose Dynamismus und Voluntarismus Gottes in der Auffassung Luthers entgegen. Der Wille Gottes kann nach Luther im Prinzip noch so maßlos, gesetzlos, unlogisch, unvernünftig und sinnlos sein: wenn er etwas will, ist es gut, ist es Gesetz, Norm, Maßstab und Pflicht für alle Geschöpfe.

Da alle Tätigkeiten der Menschen bloße Auswirkungen der Allmacht Gottes sind, sind sie im Endeffekt den menschlichen Individuen gar nicht zurechenbar. Böses und Schuld in diesen Tätigkeiten gehen im Grunde auf das Konto Gottes

---

[11] Behnk 1982, S. 190.

[12] In WA XVIII 636 sagt Luther ganz deutlich: »Sequitur nunc, liberum arbitrium esse plane divinum nomen« (»Es folgt daraus nun, daß der freie Wille klarer Weise ein göttlicher Name (Titel, Attribut) ist«). Der Mensch, der sich für frei hält, gibt sich einer Illusion hin (vgl. WA VII 445: Der frey wille nach dem fal Ade odder nach der gethanen sund ist eyn eytteler name, und wenn er thut das seine, so sundigt er todlich).

[13] WA XVI 148: So ist nu diß die Summa dieses Capitels, das man Gott in seinen wercken nicht messen, urteiln noch richten solle, sondern er sol alles messen und urteiln, und sein messen und wille ist sein sinn. Er mache es, wie er wolle, wo kein Gesetz ist, da ist auch keine Sünde noch unrecht, Wo aber Sünde und unrecht sollen sein, da mus Gesetz vorher gehen. Die vernunfft urteilt sich und alle Menschen nach dem Gesetz und wil Gott auch also achten, darümb so feilet sie. Wer das nicht verstehen kan, der schweig nur stille und las es andere urteilen. Gott hat nicht ein Gesetz, sondern wie er wil, so ist's gewolt, sein wille ist sein Richtscheid, Maß und Gewicht.

[14] WA XVI 148: Qui non intelligit deum sine lege esse, taceat, mit got ist eytel wil wil wil.

[15] WA XVIII 712: Gott ist der, dessen Wille weder Ursache noch [vernünftigen] Grund hat, der ihm Gesetz oder Maß vorschriebe, da ihm nichts ebenbürtig oder überlegen ist, sondern dieser Wille selbst ist das Gesetz von allem. Wenn nämlich ein anderes Gesetz oder Maß oder eine andere Ursache und Überlegung für ihn zählte, könnte das nicht der göttliche Wille sein. Denn nicht etwa, weil der göttliche Wille so muß oder so wollen muß, ist richtig, was er will. Sondern im Gegenteil: Weil er so will, wie er will, deshalb muß richtig sein, was geschieht.

selbst. Aber der steht Luther zufolge jenseits von Gut und Böse oder über diesen, weil sein inhalts- und gesetzloser Wille das höchste ist und Gut und Böse erst dadurch zu dem werden, was sie sind, weil Gottes Wille das willkürlich so bestimmt. Kein Wunder, sondern logisch-konsequent im Rahmen eines verrückten theologischen Systems ist es also, wenn Gott ganz aus seiner Willkür und Laune heraus die einen zu Guten (in seinen Augen), die anderen zu Bösen macht. Luther exemplifiziert das in aller Deutlichkeit am **Pharao**, an **Judas** und am Bild des **Reittieres**.

Laut dem alttestamentlichen Bericht im Buch Exodus 9 wollte der Pharao dem Volk der Israeliten nicht die Freiheit des Auszugs aus Ägypten geben. Luther beruft sich nun auf Ex. 9,12: »Aber der Herr verhärtete das Herz des Pharao, so daß er nicht auf sie hörte«. Er beruft sich auch auf den Römerbrief des hl. Paulus: »Er (Gott) erbarmt sich also, wessen er will, und macht verstockt, wen er will« (Röm. 9,18). Für Luther beweisen diese Texte eindeutig, daß es der freie, uneingeschränkte Wille Gottes selbst ist, von dem die Verhärtung des Pharaos vollursächlich ausgeht, Gott ganz allein übe hier seine »*indurandi potentia*« (WA XVIII 707), seine »Macht der Verhärtung« aus, alle geschöpflichen Ursachen (Moses, das Volk, die Berater Pharaos, die Katastrophen, die über Ägypten kamen usw.) seien bei diesem Tun Gottes total ausgeschaltet. Doktorand Behnk interpretierte seinerzeit Luthers Überzeugung ganz adäquat und präzis: »Der Wille des Menschen hat mithin über seine eigene Verstockung keinerlei Macht, sondern ist dem ihn verstockenden Willen Gottes (...) ausgeliefert.«[16] Die Frage, die sich hier jedem stellt, nämlich weshalb Gottes Alleinwirksamkeit dem einen als *indurandi potentia* (als Macht der Verhärtung), dem anderen hingegen als Alleinwirksamkeit der Gnade begegnet, ist Luther nicht unbekannt, aber er weist sie brüsk »zurück, weil ihr Gegenstand seiner Meinung nach zu den ›secreta‹ [Geheimnissen] des im Verborgenen erwählenden und verwerfenden Gottes gehört, welche unserem Auffassungsvermögen entzogen sind.«[17]

Der Irrationalismus Luthers ist hier gar nicht mehr zu überbieten. Denn ausgerechnet in der wichtigsten Angelegenheit, der unseres Heils, unserer Erwählung für den Himmel oder unserer Verwerfung in die Ewigkeit der Höllenstrafen, sollen wir uns mit dem Hinweis auf Gottes Geheimnisse, die unser Auffassungsvermögen angeblich übersteigen, zufrieden geben. Selbst Behnk überfällt hier (wenn auch nur für einen Moment) das kalte Grausen, weil doch Luther hier »die *fides* [den Glauben] vor dem Anspruch der den freien Willen verteidigenden

---

[16] BEHNK 1982, S. 334.
[17] BEHNK 1982, S. 334; WA XVIII 706.

ratio dergestalt schützen will, daß er die Paradoxie des Kreuzes zu einer – mit der in Christo geoffenbarten Liebe Gottes u. E. kaum mehr zusammenzubringenden – ›*absurditas*‹ potenziert.«[18] Aber Behnk untertreibt hier eher noch, denn die »*absurditas*« kommt ja bei Luther nicht nur gelegentlich, nicht nur im hier gerade behandelten Fall vor, sie ist in Luthers Lehre fast durchgehend anzutreffen, vor allem, wie wir sahen, in seiner Auffassung von der menschlichen Vernunft.

Luther hat natürlich seine theologischen Gründe für die Verhärtung und Verstockung des Pharao nicht durch dessen Eigenwillen, sondern durch den Willen Gottes. Alles nämlich, so Luther, was in der Welt geschieht und uns häufig als keineswegs notwendig, sondern als zufällig und aus irgendeinem nichtigen Umstand heraus veränderlich erscheint, »*etsi nobis videntur mutabiliter et contigenter fieri*«, geschieht in Wirklichkeit aus einer ehernen und unveränderlichen Notwendigkeit heraus, die allein vom Willen Gottes diktiert ist, geschieht notwendig und unausweichlich, wenn du den Willen Gottes berücksichtigst, »*necessario et immutabiliter, si Dei voluntatem spectes*« (WA XVIII 615). Von Ewigkeit her muß es also in dem Beschluß des Willens Gottes gelegen haben, den Pharao zu verstocken. Luther merkt nicht einmal, daß er damit Gott zu einem Lügner und Betrüger macht. Denn wenn alles mit einer derartigen, keine Ausnahmen gestattenden Notwendigkeit aus dem Willen Gottes heraus geschieht, dann sind die Kontingenz der Welt und aller Vorgänge in ihr sowie unser Bewußtsein, Verantwortung für das zu tragen, was wir tun, lediglich Einbildung, Schein, somit eine Täuschung der Menschen durch Gott.

Selbst einige evangelische Theologen geben hier zu, daß Luther bei seinem »Versuch, die drei Faktoren göttlicher Wille / menschlicher Wille / das Böse einander theologisch zuzuordnen, in gefährliche Nähe einer monistischen Alleinwirksamkeitsauffassung gelangt« sei, »was ihm die bekannten Vorwürfe eingetragen hat, er vertrete einen abstrakten Determinismus oder Pantheismus.«[19]

Luther selbst aber ist da wesentlich konsequenter und ehrlicher, wenn auch negativer. Er kennt bei seinem Necessitarismus, der Lehre von der aus dem Willen Gottes resultierenden absoluten Notwendigkeit, »*necessitas absoluta*« (WA VII 146), überhaupt kein Halten mehr. Gegen den Humanisten Erasmus, der hier wirklich den Anwalt aller Menschen repräsentiert, indem er die Willensverfügungen Gottes als Folge von dessen Vorherwissen menschlichen Wollens und Wirkens hinstellt (also das göttliche Vorherwissen, die *praescientia*, zuerst, danach erst und auf dieser Grundlage der über Heil oder Unheil des Menschen

---

[18] Behnk 1982, S. 334; WA XVIII 707.
[19] Behnk 1982, S. 333.

entscheidende Willensbeschluß Gottes!), setzt Luther leidenschaftlich und heftig das genaue Gegenteil: Gott weiß, weil er will! Zuerst sei die »*incommutabilis et aeterna infallibilisque voluntas*« (der unveränderbare, ewige und unfehlbare Wille Gottes), dann und nur auf dieser Grundlage des allein vom Willen diktierten freien göttlichen Ratschlusses über Errettung oder Verwerfung eines Menschen komme das Vorherwissen Gottes zustande. Das Vorherwissen Gottes über die Taten der Menschen sei eine Funktion und Ableitung aus dem Willen Gottes. Die Präscienz, das Vorherwissen Gottes ist Folge (nicht Ursache oder Quelle!) seiner *voluntas efficax* (des wirkmächtigen Willens), seiner »*naturalis ipsa potentia Dei*« (der natürlichen Macht Gottes, was man auch so verstehen kann, daß Macht das Eigentliche und Wesentliche, in diesem Sinne Natürliche im Gott Luthers ist). Sagt Erasmus: »*Vult enim Deus eadem, quae praescit*« (Gott will nämlich das, was er vorausweiß), so betont Luther sinngemäß genau das Gegenteil: »*Praescit enim Deus eadem, quae vult*« (Gott weiß nur das im voraus, was er will, was er vorher schon gewollt hat).[20] Selbst der ev. Theologe Behnk interpretiert in diesem Fall richtig: »Der menschliche Wille, so Luther, kann unmöglich in irgendeiner Hinsicht frei wirksam werden, wenn Gottes Wille alle Wirksamkeit sich selbst allein vorbehält und folglich auch alles menschliche Wollen in diese einbezieht.«[21]

Da kann man nur sagen: »Armer Pharao, du hattest von vornherein, von Ewigkeit her nie eine Chance!« Sogar Behnk muß gestehen, daß bei Luther »hier auch hinsichtlich der *induratio* (der Verhärtung) Pharaos Gott als der ›*omnipotens actor*‹ (als der allmächtige Täter) beschrieben wird, der es nicht nur zuläßt, daß jener sich immer mehr in das Böse verstrickt, sondern der ihn selber ›*inevitabili motu*‹ (mit unvermeidbarer Bewegung, d.h. mit unausweichlicher Stoßkraft) regelrecht dorthin treibt, indem er ihm sein Wort vorhält, ohne ihm seinen Geist zu geben«.[22] Die Frage drängt sich wieder auf, warum Gott so hinterhältig mit dem Pharao verfährt. Die Antwort Luthers ist typisch für diesen und grausam zugleich. Für Luther ist Gottes Wille, ist Gottes Allmacht (*omnipotentia Dei*) das unbedingt Höchste. Daher käme es einem Verzicht auf seine Allmacht gleich, wenn Gott nicht aus seinem alles beherrschenden Willen heraus souverän und ohne jegliche Rücksichtnahme einen Teil der Menschheit zum Heil, einen anderen zum Unheil von Ewigkeit her bestimmen würde, also lange bevor diese Menschen überhaupt gelebt haben. Nur weil es Verdammte gibt – so Luthers Gedankengang –, die Gott selbst dazu gemacht hat, kann doch dieser nicht auf-

---

[20] WA XVIII 615f., 716, 718.

[21] Behnk 1982, S. 333.

[22] Behnk 1982, S. 336; WA XVIII 711, 714.

hören, allmächtig und durch nichts beeinflußbar zu sein (nicht einmal durch die guten Taten von Menschen). Der Wunsch, Gott möge barmherziger verfahren, wäre das unmögliche Begehren, »*ut Deus propter impios desinat esse Deus*« (daß Gott wegen der Bösen aufhörte, Gott zu sein).[23] Ergänzend verweist Luther hier noch auf die unser Fassungsvermögen übersteigenden »*secreta maiestatis*«[24] (WA XVIII 712, Majestätsgeheimnisse), womit wir wieder bei dem bereits behandelten Irrationalismus Luthers wären.

Luther ist so vernarrt in die absolute, maßlose Allmacht seines Gottes, daß er die kleinste Regung einer Eigentätigkeit im Menschen, die geringste Spur eines Aufbruchs zum Guten in ihm bereits als Einschränkung der göttlichen Allmacht, als Anschlag auf diese betrachtet. Nur so ist es zu verstehen, daß Luther die totale Sündhaftigkeit jedes Menschen lehrt, was konkret in bezug auf den armen Pharao bedeutet: »*Condidit igitur Deus Pharaonem impium, hoc est ex impio et corrupto semine*« (WA XVIII 708), Gott erschuf also den Pharao als Bösen, als Sünder, d.h. aus bösem und verdorbenem Samen.

Im Hinblick auf die von Luther ausdrücklich gelehrte totale Sündhaftigkeit und Verdorbenheit des Menschen, den Gott nach der Erbsünde Adams nicht bloß als sündenbehaftet vorfindet, sondern als Sünder wirklich und tatsächlich erschafft[25], muß den heutigen kirchlichen Sektenbeauftragten (einen Lutherkenner unter ihnen haben wir ja schon öfters zu Wort kommen lassen) das von den neuen religiösen und spirituellen Gruppierungen verkündete positive und optimistische Menschenbild ein besonderer Dorn im Auge sein. Wie können sich diese unterstehen, etwas Gutes im Menschen auszumachen, seinen Kern als im Prinzip gut und zum Guten aus eigener Kraft fähig zu charakterisieren, seinen Willen als autonom entscheidungsfähig im Ethischen hinzustellen? Dagegen wüten die vom negativen Menschenbild Luthers hoffnungslos Indoktrinierten und Imprägnierten, wobei sie wiederum vor der Öffentlichkeit verschweigen, daß die so attackierten Gruppierungen mit ihrem positiven Menschenbild eminent demokratiekonform sind, weil eine Demokratie gar nicht konstruiert werden kann, wenn sie nicht voraussetzt, daß die zu ihr gehörenden Menschen aus dem eigenen seelischen Innenbereich heraus zum Guten geneigt und fähig sind, daß sie die Eigenpotenz besitzen, sich für das Gute und gegen das Böse zu entscheiden, daß sie aus der Einsicht ihrer Vernunft in die Legitimität der vom Staat

---

[23] WA XVIII 710, 712, 762.

[24] *Maiestas* heißt wörtlich »Größerheit« (cf. *allahu akbar*, wobei *akbar* auch ein Komparativ ist). Das Wort begann seine ideologische Karriere als römischer Kaisertitel, und es ist wohl kaum verwegen, seinen Gehalt und Klang aus der unbewußt fortgesetzten Infantilperspektive zu erklären.

[25] Vgl. z.B. WA XVIII 708.

verordneten Gesetze diese in Freiheit und ohne extrinsischen Zwang befolgen können. Es ist grotesk und absurd, aber systemimmanent und im Rahmen der psychischen Verdrängungs- und Projektionsmechanismen dennoch zwangsläufig konsequent, daß die Feinde der Demokratie (das sind in Wirklichkeit diejenigen, die Luthers äußerst negative und radikal-pessimistische Lehre vom Menschen akzeptieren) die Freunde der Demokratie als deren Feinde diffamieren, um von ihrer eigenen Demokratiefeindlichkeit und -unfähigkeit abzulenken. Es ist fast noch grotesker, daß die Regierenden in Deutschland so ignorant sind oder dies uns wenigstens vorspielen, daß sie weder die Lehre Luthers über den Menschen noch diese psychischen Zwangsmechanismen kennen bzw. wahrnehmen und daher ausgerechnet diejenigen als staatstragend und staatsstützend ansehen und bevorzugt behandeln, die aufgrund ihrer Ideologie wesenhaft un- und antidemokratisch sind. Eine wahre Perversion, die Verkehrung zentraler Grundwerte der menschlichen Gesellschaft hat die evangelisch-lutherische Kirche hier dem Staat sozusagen auf der Patene serviert!

Natürlich muß sich eine falsche bzw. unlogische Lehre immer wieder einmal in offene Widersprüche verwickeln. Das ist bei Luther nicht anders. Es ist geradezu als perverse Verschlagenheit zu bezeichnen, wenn Luther trotz der Tatsache, daß er die rücksichtslose Alleinwirksamkeit Gottes, die Erschaffung des Sünders durch Gott und dessen Willen als Vollursache der Verstockung eines Menschen behauptet, letzterem dennoch die eigentliche Schuld zuschreibt. Eine »*culpa Dei*« (eine Schuld Gottes) am Zustandekommen der Sünde lehnt Luther radikal ab; der Mensch selbst trage alle Schuld. [WA XVIII 711] Der Mensch stelle zwar gegenüber dem übermächtig wirkenden Willen Gottes, dem »*Deus operans*«, nur eine »*mera necessitas passiva*« (eine bloß passive Notwendigkeit oder Zwangsläufigkeit) dar, aber das ändere nichts an der Verantwortung des Menschen für das Böse. [WA XVIII 710f.] Man darf da wohl mit höchster Berechtigung sagen: Nie hat ein Religions-, Konfessions- oder Sektengründer in der gesamten Geschichte der Menschheit derart haarsträubend gegen den Menschen und dessen elementare Rechte argumentiert wie Luther. Nie hat auch einer aus seinem despotisch-tyrannisch aufgefaßten Gott schlimmere Konsequenzen für den Menschen hergeleitet. Natürlich muß Luther wissen, daß er lügt. Denn immer wieder charakterisiert er doch die Wirksamkeit Gottes (die »*operatio Dei*«) als alles mit sich Reißendes (*raptus*), als alles vor sich Hertreibendes (*motus*), als auch im Sünder und Verdammten (*in impio*) agierende Alleinwirksamkeit, der niemand entrinnen könne. [WA XVIII 709f.] Und Luther fragt ja auch gelegentlich selber, was es denn wohl nütze, die Schuld an der Verhärtung eines Menschen (*culpa indurationis*) in dessen Willen zu suchen, wenn der doch in gar keiner Weise vermeiden könne, verstockt zu werden, so Gott ihm nicht den Geist der Gnade schenke (*nisi spiritum dederit Deus*). [WA XVIII 708] Doch am Ende wischt Luther solche Bedenken stets so souverän weg wie sein Gott, mit dem bzw. mit dessen Willen und Absichten er sich immer wieder einmal identifiziert. Der Wille Gottes als pures Faktum, als über allem dominierende höchste Wirklichkeit ist für Luther durch die bloße Tatsache seines Vorhandenseins und seines wie auch immer Wirkens das totale und universale Gute, so daß alles andere nur schlecht sein kann. Unbeirrt verkündet also Luther, daß der für das Böse verantwortliche Fehler (*vitium*) einzig und allein im Menschen liege. [WA XVIII 709]

Auch **Judas**, der Jünger Jesu, **mußte** ähnlich wie der Pharao so handeln, wie er handelte, d.h. er mußte Luther zufolge Jesus verraten, weil Gott das so wollte. Judas wollte und tat unfreiwillig, aber willig, so formuliert Luther spitzfindig-dialektisch, das Böse aufgrund einer »*necessitas infallibilis ad tempus*« (einer unfehlbaren Notwendigkeit, d.h. eines unausweichlichen, ihn zu diesem Zeitpunkt determinierenden inneren Zwanges). [WA XVIII 720 f.]

Das schlimmste, für ihn selbst jedoch evidenteste Exempel, das Luther als Beweis der völligen Unfreiheit des Menschen in Sachen seines eigenen Heils anführt, aber ist das Reittier-Bild. Der menschliche Wille sei genau in der Mitte (*in medio posita*) zwischen Gott und dem Satan. Er sei wie ein Reittier (*ceu iumentum*[26]). »Wenn Gott draufsitzt, will und geht er, wohin Gott will« (*si insederit Deus, vult et vadit, quo vult Deus*). Wenn Satan draufsitzt, will und geht er, wohin der Satan will (*Si insederit Satan, vult et vadit, quo vult Satan*). Und es steht nicht in der Fähigkeit des menschlichen Willens, zu einem der beiden Reiter zu laufen oder ihn zu suchen, sondern die (beiden) Reiter selbst streiten darum, wer sich in bezug auf ihn durchsetzt und ihn in Besitz nimmt (*nec est in eius arbitrio ad utrum sessorem currere aut eum quaerere, sed ipsi sessores certant ob ipsum obtinendum et possidendum*). [WA XVIII 635]

Das also ist das Menschenbild Luthers: Der Mensch ist gar nichts, ist eine Marionette an der Schnur Gottes oder Satans, ist ein Reittier, total abhängig von dem Willen seines Reiters. Eine Entscheidungsfähigkeit darüber, ob er von Gott oder von Satan geritten werden möchte, kommt dem Menschen nicht zu. Dem Bösen wie aber auch dem Guten gegenüber ist der Mensch völlig entscheidungsunfähig. Der Mensch ist hier lediglich der Ort, das Schlachtfeld genauer gesagt, auf dem überirdische bzw. okkulte Mächte um ihn ringen, sich seiner zu bemächtigen versuchen. Er hat seine Rolle als Person, als Subjekt seiner eigenen Akte verloren, ist nur noch Objekt metaphysischer bzw. finsterer, eben

---

[26] *Iumentum* bedeutet eigentlich Zug- oder Lasttier. Aber Luther benutzt das Wort im Sinne von Reittier, um die von ihm intendierte Sache noch überzeugender zu machen.

okkulter Gewalten. Im Grunde ist er nicht nur geritten, sondern besessen von Gott oder dem Teufel.

Zu den permanent wiederholten Hauptvorwürfen der evangelischen Sektenbeauftragten gegen nichtkirchliche religiöse Minderheiten gehört der des Okkultismus und Satanismus. Dieser gilt als besonders wirksame Waffe zur Diffamierung und Desavouierung der sog. Sekten. Hier aber stehen wir bei Luther selbst wieder vor einem klassischen, alles überbietenden Fall von Okkultismus und Satanismus: der Mensch kann nichts dafür, wenn er in die Hände finsterer, okkulter Mächte, also des Satans, des Teufels, gerät. Er ist nach Luther »Gefangener, Unterworfener und Sklave entweder von Gottes oder von Satans Willen« (*captivus, subiectus et servus est vel voluntatis Dei vel voluntatis Satanae*). [WA XVIII 638] Der Satanskult und die Exzesse von Satanisten, für die evangelischen Sektenbeauftragten stets ein überaus gierig gefundenes Fressen, um die Gefährlichkeit, Abartigkeit, Menschenfeindlichkeit aller möglichen »Sekten«, zugleich die moralische Überlegenheit der eigenen Kirche zu demonstrieren – diese könnten sich im Grunde mehr als auf jeden anderen auf Luther als einen der Urväter des Okkultismus, als Protagonisten allen Aberglaubens berufen. Die Regierenden erklärt demokratischer Staaten aber müssen sich fragen und fragen lassen, ob sie sich so einen Bürger als staatstragend wünschen können, der nach Luther nur blinder Spielball metaphysisch-okkulter, ja satanischer Triebkräfte ist.

Es gibt allerdings einige evangelische Theologen, die eine weitere Konsequenz ziehen: »Die Tatsache, daß Luther immer wieder in seinen Schriften die Menschen und überhaupt ›universa creatura‹ [jegliches Geschöpf] als **Larven, Mummerei, Turnier und Reiterei** Gottes bezeichnet, könnte als Indiz dafür angesehen werden, daß die Theologie des Reformators insgesamt eine pantheisierende Struktur aufweist.«[27] Ebensogut könnte man dann freilich auch von einer pansatanisierenden Struktur reden!

Das Reittier-Bild Luthers demonstriert nicht nur die totale Unfreiheit des Menschen gegenüber den ihn reitenden und besitzenden zwei Übermächten: Gott oder dem Satan. Es zeigt auch einen weiteren Widerspruch in Luthers Lehre auf, denn nach diesem Bild wäre Gott plötzlich nicht mehr der vom »Reformator« so vehement behauptete Alleinwirksame, Satan stünde ihm mit seiner eigenen Wirksamkeit ebenbürtig gegenüber. Der Pantheismus der Alleinwirksamkeit Gottes steht hier im Gegensatz zum Dualismus zweier gleich starker metaphysischer Prinzipien. Pantheisierender Monismus *versus* metaphysischer Dualismus! Im Sinne dieses Dualismus wäre Satan ein Gott ebenbürtiger Gegenspieler, ja

---

[27] Zit. nach BEHNK 1982, S. 344.

ein »böser Gegengott«.[28] Wir hätten es also mit einem **Dyotheismus** (Zwei-Gott-Lehre) zu tun, der wiederum zu der Trinitäts- oder Dreifaltigkeitslehre Luthers wie des gesamten Protestantismus im Widerspruch stünde. Verworrener geht's gar nicht mehr!

Ganz logisch und folgerichtig landet die evangelisch-lutherische Theologie aufgrund der von Luther durchgehend behaupteten Alleinwirksamkeit Gottes bei der Notwendigkeit der Lokalisation des Bösen in Gott selbst! Woher soll denn das Böse kommen, wenn nicht aus Gott, sofern dieser der Alleinwirkende, der somit alle und alles Bewirkende ist? Gott prädestiniert also aus seinem Willen heraus, ohne Rücksicht auf die guten oder bösen Taten der Menschen, nicht nur die einen zum Heil, die anderen zum Unheil. Er erschafft auch aufgrund der in ihm selbst steckenden bösen Wesensseite den Satan als seinen Gegenspieler in der Welt, von dem dann Luther folgerichtig sagen kann: »*Quando ergo Deus omnia movet et agit, necessario movet etiam et agit in Satana*« (Wenn Gott also alles bewegt und bewirkt, bewegt und wirkt er auch notwendigerweise im Satan).[29] Gott will nach Luther, daß Satan der »*princeps mundi*« (der Fürst dieser Welt), der »*Deus huius saeculi*« (der Gott dieser Welt und dieser Zeit) sei, der als »*rex*« (als König) mit seinem »*regnum*« (Königreich) gegen das »*regnum Dei*« (das Königreich Gottes) kämpft, so daß zwei Könige (*duo reges*) gegenseitig ihre Königreiche verwüsten.[30] Gott benützt kraft seiner Alleinwirksamkeit, in der auch das Böse seinen letzten Grund hat, den Satan als »*principium et instrumentum malum*« (als böses Prinzip und Werkzeug) in der Welt. Der Satan manifestiert und repräsentiert sozusagen in der Welt die böse Wesensseite Gottes, Christus die gute. Zumindest mit einem subordinatorischen Dualismus »Christus-Satan« hätten wir es hier also zu tun, aber es darf nicht übersehen werden, daß auch dieser Dualismus als untergeordneter dem polaren, positiv-negativen Wesen Gottes entspränge, der eben in seiner All- und Alleinwirksamkeit dem Christus und dem Satan ihre gegensätzlichen Rollen in der Welt zuteilt.

Wiederum stehen wir hier aus einer anderen Perspektive vor dem totalen **Bankrott** der evangelisch-lutherischen Theologie, die, wenn sie ehrlich ist, nicht leugnen kann, daß die Lehre von der Rechtfertigung des Sünders durch Gott ohne Mitwirkung des Menschen, ohne dessen Willensfreiheit in Sachen des Heils, die These von der Alleinwirksamkeit Gottes nach sich zieht, der dann auch für alles Böse und Satanische in der Welt voll verantwortlich zu sein hat, somit das

---

[28] Vgl. Behnk 1982, S. 340.

[29] WA XVIII 709; vgl. WA XVIII 638.

[30] WA XVIII 607, 627, 635. Die beiden Satanstitel übernimmt Luther direkt von Paulus.

Böse als Prinzip und Wesenselement auch in sich selbst enthalten muß. Aber wer gibt schon einen solchen Bankrott gern und offen zu? Stattdessen spricht man allerhöchstens von »Ratlosigkeit«. »Wenn schon Luthers Gegner und Anhänger zu seiner Zeit angesichts seiner Spitzenthesen ratlos waren, so müssen diese gerade auch in unserer heutigen Zeit zu theologischer Ratlosigkeit führen.«[31]

Fazit: Die Lehre Luthers und seiner theologischen Anhänger über die nach ihnen nicht vorhandene menschliche Entscheidungsfähigkeit und Willensfreiheit sowie über die göttliche Alleinwirksamkeit und Prädestination ist so eindeutig falsch und übel, daß gegenüber dieser inhumanen und fatalistischen Lehre kategorisch eine von der Humanität und den Menschenrechten geforderte ablehnende Stellung bezogen und diese auch klar und deutlich ausgesprochen werden muß.

---

[31] BEHNK 1982, S. 396.

Kapitel XI

Luther und Gott

Das Bild, das sich die evangelischen Theologen von Gott machen, kann selbstverständlich nicht unabhängig vom Gottesbild ihres Konfessionsgründers sein. Dieser hat mit seiner Gotteslehre einen umfassenden Rahmen geschaffen, hat der evangelisch-reformatorischen Theologie gewisse Richtungen und Aspekte der Gottesvorstellung vorgegeben. Aus dieser Fundgrube der Lutherschen Ausführungen über Gott schöpfen bis heute die evangelischen Theologen mehr oder minder eifrig, wobei sie von ihnen als negativ empfundene Elemente der Gotteslehre Luthers gern ausblenden, obwohl sie sich der Tatsache bewußt sind, daß sie damit dem ganzen Luther nicht gerecht werden. Aber die Heuchelei der doppelten »Wahrheit« (eine für die Theologen, die »Experten«; die andere für das Volk, die Laien, die Ungebildeten) dient ja der Festigung der Kirche. Wäre doch der Auszug evangelischer Laien aus ihrer Kirche noch viel massenhafter, wenn sie die ganze Lehre Luthers über Gott kennen würden. Diese Lehre ist nämlich zu einem beträchtlichen Teil schrecklich, grausam, inhuman, irrational und abstoßend; deshalb dürfen nach der Auffassung der überwiegenden Mehrheit der verantwortlichen Kirchenmänner diese negativen Teile des Lutherschen Gottesbildes nicht zur Sprache kommen.

Welcher Theologe könnte es heute aber auch wagen, Texte wie die gleich folgenden vorzulegen, ohne zugleich tiefste Empörung, Protest und Kirchenauszug seitens der Gläubigen in Kauf zu nehmen? Das im höchsten Maß Irrationale, ja Dämonische von Luthers Gottesglauben wird deutlich, wenn Luther einräumt, daß »sich die Natur vor solcher göttlichen Majestät entsetzen muß.«[1] Denn Gott »ist schrecklicher und greulicher denn der Teufel. Denn er handelt und geht mit uns um mit Gewalt, plagt und martert uns und achtet

---

[1] WA XVII.1 221: Diſſer richter, der mit ſolcher gewalt komen wird, das er auch den teuffel und alle todten erwecken wird, der wird eyn bruder, vater und patron ſeyn der Chriſten, O es wird ſehr frölich ding ſeyn, wenn er uns ſeyne freunde und brüder wird heyſſen und ſeyne gabe und heiligen geiſt ynn uns anſehen, und den todten wird es widderumb frölich ding ſein, wiewol ſich die natur fur ſolcher göttlicher majeſtet entſetzen mus, doch ſo wird der geyſt diſſe majeſtet mit freuden anſehen, Wilcher diſſer tröſtunge nicht wird haben, der wird mit dem teuffel gequelet.

unser nicht.«[2] »In der Majestät ist er ein verzehrendes Feuer.«[3] Wenn ein Mensch »recht an Gott gedenket, so erschrickt ihm das Herz im Leibe und liefe wohl zur Welt aus.«[4] Gott hat nach Luther eine geradezu sadistische Lust am Schmerz- zufügen: »Er schlingt einen hinein und hat eine solche Lust daran, daß er aus seinem Eifer und Zorn dazu getrieben wird, die Bösen zu verzehren. Fängt das einmal an, dann hört er nicht mehr auf.«[5] »Dann werden wirs lernen, wie Gott ein verzehrend Feuer sei, das da allemache und eifere zu beiden Seiten.«[6] »Das ist denn das verzehrend fressige Feuer.«[7] »Und wirst du sündigen, so wird er dich auffressen.«[8] »Denn Gott ist ein Feuer, das verzehret, frisset und eifert, das ist er bringet euch um wie das Feuer ein Haus verzehrt, zu Asche und Staub macht.«[9] Wen erinnert das nicht an Goyas Saturn, der seine Kinder frißt?! Das Schreckliche, Wütende in Gott falle den Menschen an, als wäre Gott der Teufel selber. Er, Luther, sei »nicht nur einmal bis auf Todesgefahr davon angefochten worden. (...) Lehren soll man zwar von Gottes unausforschlichem und unbe- greiflichem Willen; aber sich unterstehen, denselben zu begreifen, das ist sehr gefährlich und man bricht sich dabei den Hals.«[10] Unumwunden erklärt Luther,

---

[2] WA XVI 141: Solt ich hierin Gott messen und urteiln nach meiner vernunfft, so ist er ungerecht und hat viel mehr Sünde denn der Teufel, ja er ist erschrecklicher und greulicher denn der Teufel, denn er handelt und gehet mit uns umb mit gewalt, plaget und martert uns und achtet unser nicht.

[3] WA XLVII 180: In der Maiestet, do ist er ein verzehrend feuer.

[4] WA XXVIII 120 f.: Denn das vermag kein mensch auff erden zulassen, wenn er recht an Gott gedencket, so erschrickt jhm das hertz im leibe und liesse wol zur welt aus, ja so bald er Gott höret nennen, so wird er schew und schüchter.

[5] WA XXVIII 559: Das ist: ein solcher Gott der euch verzeret und auffreumet, so jr Gottlos seid, eivert und frisset und machet zu Asschen und Staub, er schlinget einen hinein und hat eine solche lust daan, das er aus seinem Eiver und zorn dazu getriben wird, die Bösen zuverzeren. Gehet solches ein mal an, so lesst er nicht abe.

[6] WA XXVIII 561: Denn werden wirs lernen, wie Gott ein verzerend fewer sey, das da allemache und eivere zu beiden seiten, denn er wils nicht gut sein lassen und drewet uns auch durch den Türcken oder noch wol andere die uns neher sind, solche Straffen.

[7] WA XXVIII 569: Das ist denn das verzerend fressige Fewer, denn du hast Gottes Wort nicht geacht noch jm gegleubet, das er uns gerne und von hertzen beim ersten Gebot erhalten wolle.

[8] WA XXVIII 578: Es wird doch gewislich letzlich geschehen, darumb sol sich einer nicht darauff vertrösten, das Gott Barmhertzig sey, wie alhie der Text saget, und drauff hingehen und sündigen, denn du wirsts erfaren, das er auch ein verzerend Fewer sey, und wirst du sündigen, so wird er dich auff fressen.

[9] WA XXVIII 584: Als solt er sagen: Das jrs gewis seid, das jr balde werdet umbkomen, so wisset: ungestrafft wirds nicht bleiben, denn Gott ist ein Feuer, das verzeret, frisset und eivert. Das ist: er bringet euch umb, wie das Fewer ein Haus verzeret, zu Asschen und staub machet.

[10] TiWA VI 39 (6561) Aus einem Schreiben Luthers an Caspar Aquilam, Pfarrherr zu Salfeld: Die Disputatio [...] von heimlichen verborgenen Werken Gottes, ist ein hohe Anfechtung, die man nennet Got- teslästerung, in welcher viel verloren und umkommen sind, und ich bin nicht einmal bis auf Todesgefahr damit angefochten worden. Und was ists doch, daß wir arme elende Menschen grübeln, so wir noch nicht die Strahlen göttlicher Verheißungen mit dem Glauben fassen oder ein Fünklin von Gottes Geboten und Werken begreifen

daß Gott im Grunde »untragbar für die menschliche Natur ist« (WA XL.1 77: *intolerabilis est humanae naturae*).

Auch Luthers Vorstellung von Gottesgericht und gerechter Bestrafung durch Gott weist ins Irrationale. Es gibt ihm zufolge keine gerechte Bestrafung des Sünders nach dem rationalen Maß und Vorstellungsvermögen des Menschen. Die »Hure Vernunft«[11] sei da völlig überfordert und fehl am Platz.[12] Vielmehr sei Gott, seine Gerichtsbarkeit, sein Strafmaß unerforschlich, unbegreiflich, über jedes menschliche Verstehen hinausgehend: »*mysteriis suis et iudiciis impervesti-gabilibus*« (in seinen Geheimnissen und Gerichten undurchschaubar); seine »*vera maiestas*« zeige sich »*in metuendis mirabilibus et iudiciis suis incomprehensibilibus*« (wahre Majestät in seinen furchterregenden Wundertaten und unbegreiflichen Gerichtsurteilen).[13] Mit der Rationalität und Humanität als einsichtigen Erfordernissen wahrer Gerechtigkeit und angemessener Gerichtsbarkeit hat Luthers Richtergott nichts am Hut. »Luther kennt Abgründe und Tiefen der Gottheit, die ihm das Herz verzagen machen, vor denen er sich flüchtet in das ›Wort‹ wie ein Has in die Steinritzen (...) Dieses Furchtbare aber, vor dem er sich flüchtet in oft sich wiederholenden Zuständen bangen Erschauerns seiner Seele ist nicht nur der strenge Richter, der die Gerechtigkeit fordert. Denn der ist durchaus auch ›offenbarer Gott‹. Es ist zugleich: Immer der Gott nach seiner ›Unoffenbarkeit‹ in der schauervollen Majestät seines Gottseins selbst: der, vor dem nicht erst der Gesetzesübertreter erzittert, sondern die Kreatur selber in ihrer ›unbedeckten‹

---

fonnen, welche beide er doch felbes mit Worten und Wunderwerken bestätiget hat? Jdoch werden wir Schwachen und Unreinen geriffen und wollen erforschen und verstehen die unbegreifliche Majestät des unbegreiflichen Lichts der Wunder Gottes. [...] Lehren soll man zwar von Gottes unausforschlichem und unbegreiflichem Willen; aber sich unterstehen, denselben zu begreifen, das ist sehr fährlich und man stürzt den Hals darüber ab.

[11] Siehe S. 79, Anm. 7.

[12] WA XVIII 688: *Venitur nunc ad novum testamentum, ubi iterum instruitur copia verborum imperativorum pro misera illa servitute liberi arbitrii accersunturque auxilia rationis carnalis, nempe sequelae et similitudines, ac si videas pingi vel somnieris muscarum regem stipatum lanceis stipulaceis et clypeis feneis adversus veram et iustam aciem bellatorum hominum. Sic pugnant humana Diatribes somnia adversus divinorum verborum agmina.* (Wir kommen jetzt zum Neuen Testament, wo wiederum eine Fülle von befehlenden Worten für jene elende Knechtschaft des freien Willens in Schlachtordnung aufgestellt wird und die Hilfstruppen der fleischlichen Vernunft herbeigerufen werden, nämlich die Folgerungen und Gleichnisse, so als ob Du gemalt oder im Traume den König der Fliegen umgeben von strohernen Lanzen und Schilden aus Heu gegen eine wirkliche und richtige Schlachtreihe von Kriegsmännern antreten sähest.)

WA XVIII 695: *Satis est nosse, quod Deus ita velit, et hanc voluntatem revereri, diligere et adorare decet, coercita rationis temeritate.* (Es genügt zu wissen, daß Gott so will, und für uns ziemt sichs, diesen göttlichen Willen zu verehren, zu lieben und anzubeten, die vorlaute Vernunft aber in ihre Schranken zurückzuweisen.)

[13] Zit. nach Otto 1936, S. 124; WA XVIII 718.

Kreatürlichkeit. Luther wagt es sogar, dieses Schauervoll-Irrationale in Gott als den ›*deus ipse*‹ zu bezeichnen, *ut est in sua natura et maiestate* (– in der Tat eine gefährliche und falsche Annahme . . .).«[14]

Halten wir fest: Das »Schauervoll-Irrationale« ist also auch nach dem Urteil eines der größten protestantischen Theologen des 20. Jahrhunderts[15] für Luther der »*deus ipse*«, also Gott selbst, Gott in seinem eigentlichsten Selbstsein, so wie er »*in sua natura et maiestate*«, also in seiner wahren Natur und Majestät ist. Im Kern von Luthers Gottheit liegt das Düstere, Dunkle, Gewalttätige, Jähzornige, Feurig-Triebhafte, Zügel- und Maßlose. »Er [Gott] ist ohne Maß, Gesetz und Ziel und betätigt sich im ganz Paradoxen.«[16] Selten hat ein Mensch seine eigene zügellose, triebhafte, grobe und gewalttätige Natur derart deutlich in seinen Gott projiziert wie Luther. Der »launische Despot« Luther macht Gott zu einem ebensolchen launischen Despoten, der völlig gesetzlos handeln darf. Aber diesen Projektionsmechanismus bei Luther haben bis zum heutigen Tag nur wenige seiner theologischen Nachfahren durchschaut (oder durchschauen wollen). Um so unbekümmerter können auch sie projizieren, z.B. wenn sie die Schatten, Düsternisse und Dämonien ihrer eigenen Seele auf das Feindbild »Sekte« lustvoll-sadistisch übertragen und sich dadurch gereinigt und befreit fühlen. »Bis an die Grenze der Gemütskrankheit« führte Luther sein »irrationales Erleben eines tief irrationalen transzendenten Objektes, das sich fast der Bezeichenbarkeit mit ›Gott‹ entzieht. Und dies ist die dunkle Folie für das gesamte Glaubensleben Luthers. An unzähligen Stellen seiner Predigten, Briefe, Tischreden wird diese Folie sichtbar.«[17]

Der Glaube an die Rechtfertigung allein aus Gnade, aus der Gnade Gottes, ohne alle Werke und Verdienste des Menschen ist das Zentrum von Luthers Theologie, dem sich jeder evangelisch-lutherische Theologe schon von Berufs wegen verpflichtet fühlen muß, weil mit diesem vom katholischen Verständnis der Erlösung unterschiedenen Sonderglauben erst überhaupt die Existenzberechtigung der evangelisch-lutherischen Kirche gegeben ist. Dieser Glaube mag zwar Fürsten und Bürgern manche Ausgabenkürzung für den Klerus gerechtfertigt und daher gefallen haben – von den Konsequenzen, die leibeigene Bauern aus ihm ableiteten, reden wir lieber nicht mehr –, aber er kann auch psychologische

---

[14] Otto 1936, S. 121 (*deus ipse* = Gott selbst, das eigentliche Selbst Gottes, »wie er es in seiner Natur und Majestät ist«).

[15] Als solcher wird Rudolf Otto auch von vielen evangelischen Theologen anerkannt, allein schon wegen seines zahlreiche Wiederauflagen verzeichnenden genialen Buches ›Das Heilige‹.

[16] Otto 1936, S. 124.

[17] Otto 1936, S. 126.

Konsequenzen entfalten (oder sie zumindest bahnen) sowie ein theologisches Eigenleben. Denn ein solcher, den menschlichen Beitrag an der Erlösung völlig ablehnender, also inhumaner und unethischer Rechtfertigungsglaube mündet zwangsläufig und direkt in den ebenso inhumanen Glauben an die totale Alleinwirksamkeit Gottes, den dann also auch alle Theologen evangelisch-lutherischer Provenienz, ob sie wollen oder nicht, zu akzeptieren haben, weil er eben ein notwendiges Resultat, eine direkte Konsequenz des Rechtfertigungsglaubens ist. Diese Konsequenz machen sich nur nicht alle pastoralen Nachfahren Luthers klar, oder sie wollen sie sich nicht bewußt machen. Denn der aus dem Rechtfertigungsglauben konsequent folgende Glaube an die göttliche Alleinwirksamkeit ist derart brutal und menschenunwürdig, daß die Leute massenweise aus der evangelischen Kirche austräten, wenn er ihnen von ihren Pfarrern bekanntgemacht würde. So wird man auch von den Kanzeln und Altären evangelischer Kirchen her nirgendwo ein Wort darüber vernehmen. Aber die Psyche lutherischer Pfarrer muß diesen Sachverhalt ständig verdrängen. Nicht wenige von ihnen landen ja auch aufgrund nicht gelingender Verdrängung beim Psychotherapeuten oder gar Psychiater. So stellte z.B. schon vor Jahren der evangelische Theologe und Psychotherapeut K. Thomas, bekannt geworden durch seine erfolgreiche Telefon- und Praxisseelsorge an Lebensmüden und Verzweifelten sowie durch sein ›Handbuch der Selbstmordverhütung‹, fest, daß 12 Prozent seiner Patienten evangelische Pfarrer und ihre Frauen, Religionslehrer, Diakonissen und Theologiestudenten sind, obwohl ihr Anteil an der Gesamtbevölkerung sich nicht einmal auf 1 Prozent beläuft: daß 40 Prozent seiner Patienten an ekklesiogenen, d.h. an durch die – diesmal – lutherischen Lehren und Erziehungseinflüsse verschuldeten Neurosen leiden.

Und Neurosen kann schon verursachen, was Luther über die Alleinwirksamkeit Gottes sagt. Gott, so Luther, hat zwei Seiten: die rationale, geoffenbarte, uns zugewandte, freundlich erscheinende und die »nicht verkündete«, »nicht offenbarte«, »nicht aufgedeckte«, die sein tiefstes (irrationales) Wesen ausmacht. Entsprechend habe Gott eben auch zwei Willen: auf der einen Seite den »gepredigten, geoffenbarten« Willen, der sich als »freundlicher« und »gnädiger« Wille manifestiert, der »nicht den Tod des Sünders«, sondern »alle Menschen zum Heil führen will«; auf der anderen Seite den nicht gepredigten, nicht geoffenbarten, nicht angebotenen »heimlichen Willen«, die »*voluntas occulta et metuenda*«, »*non requirenda, sed cum reverentia adoranda*«, »*imperscrutabilis et ignoscibilis*« (= der verborgene und zu fürchtende göttliche Wille, dem man nicht nachgrübeln, sondern den man mit Ehrfurcht anbeten soll, weil er ein unerforschlicher und nicht erkennbarer ist). Dieser zweite Wille ist die eigentliche »*voluntas maiestatis*« (Wille der wahren Majestät Gottes), der Wille, der macht, was er will, der aus seiner ganz freien, durch nichts bedingten, schrankenlosen Ursächlichkeit heraus »Menschen verläßt, verhärtet, verdammt« (*homines deserat, induret, damnet*), je nachdem ob er sie von Ewigkeit her »liebt oder nicht liebt« (*vel amat vel non amat*); der »den Tod des Sünders will« (*vult mortem peccatoris*), bevor dieser überhaupt geboren ist; und der das Böse und den Tod von sich aus (ohne Rücksicht auf das gute oder schlechte Tun des Menschen) bewirkt (*malum et mortem operatur*).[18]

Die Wahrheit bleibt unbestritten und unverrückbar: Luther hat allen Lutheranern ein extrem inhumanes, krankmachendes Gottesbild vererbt. Seine »Theologie«, seine »Lehre Gottes« ist das Spiegelbild seiner Persönlichkeit, die sich als willenloses Werk- und Spielzeug in der Hand übernatürlicher, sich in seiner Seele tummelnder göttlicher und teuflischer Mächte empfand und erlebte. Diese Art von Erleben interpretierte er theologisch dahingehend, daß der Mensch im Grunde wehr- und willenlose Marionette Gottes oder des Teufels sei, die nichts, aber auch gar nichts zu ihrer Selbstverwirklichung, ihrer ethischen Reifung oder gar zu ihrer Erlösung beitragen könne. Konsequenterweise war dann Gott in seinem innersten Wesen für Luther ein unberechenbarer Despot, ein Willkürgott, ein oberster Tyrann, der sein Heil ganz ungerecht verteilt, an wen er will. Das Triebhafte, Irrationale, Anti-Vernünftige in Luther selbst, in ihm im Lauf seines Lebens immer mehr dominierend, erhöhte er metaphysisch, verlagerte er in das Innerste Gottes selbst. So wurde Gott selbst naturalisiert und materialisiert, wurde zu einer blinden Naturkraft, einer blind waltenden, triebhaften Energie, wurde zu nackter, alles fortreißender oder vernichtender Gewalt. Insofern ist an dem von manchen in ihm gewitterten Pantheismus oder Pansatanismus durchaus »etwas dran«. Luther hat seinen Epigonen einen **theologischen Naturalismus** und **Materialismus** vermacht, denn sein Gott ist nur noch physische, keine logische, keine geistige Allmacht. Die Freiheit Gottes ist nur noch die blinde Ungebundenheit einer ihrer selbst nicht mehr mächtigen, rasenden, schrankenlos wütenden Macht, eines Orkans, der fast alles niederreißt und einiges Wenige stehenläßt. Gott ist ein tyrannisches Faktum und Fatum jenseits von Gut und Böse, ein universaler Determinator und Exterminator, der aber selber nicht weiß, warum er so und nicht anders determiniert und exterminiert. Mit Recht hat man gesagt: »Niemals hatte das *Credo quia absurdum* [›Ich glaube, weil es unsinnig ist‹] einen so von seinem Auftrag überzeugten Anwalt wie Luther.«[19]

Wer im Glashaus sitzt, sollte bekanntlich nicht mit Steinen werfen. Heutige evangelische Theologen, die sich das extrem irrationale, menschenunwürdige,

---

[18] WA XVIII 636, 684ff., 689, 707, 719, 724f.
[19] De Negri 1973, S. 73. Vgl. Behnk 1982, S. 40.

grausame, naturalistische usw. Gottesbild ihres Konfessionsgründers, zu dessen Anerkennung sie an sich von Berufs wegen verpflichtet sind, vergegenwärtigen, müßten redlicherweise eigentlich ganz still und demütig werden, dürften großspurig-arrogante Verdikte über andere religiöse Gruppierungen gar nicht mehr austeilen. Es gehört ein fast grenzenloses Unmaß an Unwahrhaftigkeit, Verstellung, Heuchelei, ja Betrug dazu, sich dem Staat, der Gesellschaft, den Medien als der Humanität und Objektivität dienende »Sektenexperten« anzudienern, wenn man vom fatalen, katastrophalen Gottesbild eines solchen Obergurus abhängt. Wie gewaltig muß aber auch die Ignoranz, um nicht zu sagen willige Dummheit oder gar Lügenbereitschaft einer Gesellschaft und von Medienvertretern (Presseleuten, Journalisten usw.) sein, die diese Zusammenhänge nicht im entferntesten durchschauen oder diese Unkenntnis vorspiegeln, vielmehr ständig von diesen evangelischen »Humanisten« objektive, unabhängige Sekten-Expertisen zu erwarten vorgeben und dann anfordern. Die ›Evangelische Zentralstelle für Weltanschauungsfragen‹ (EZW), deren Leiter übrigens einmal Dr. Karl Hutten, ein begeisterter Anhänger des Nationalsozialismus und ein Antisemit »aus sittlichen Gründen« (!) war[20], hat keine innere Berechtigung, sich als unfehlbare Oberinstanz, als inquisitorische Über-Behörde in Sektensachen zu gebärden und sich als höchste Garantin für saubere Recherchen den maßgeblichen staatlichen und gesellschaftlichen Organen anzubieten. »Sechs Dinge sind, die der Herr haßt, und das siebente verabscheut seine Seele; lügenhafte Zeugen (…) einen falschen Zeugen, der Lügen vorbringt, und wer Zwietracht aussät unter Brüdern« (Ps. 33,14)! Da die evangelische Kirche von Luther so kräftig auf das Wort der Hl. Schrift festgenagelt worden ist (*sola scriptura*), sollten sich ihre Vertreter und Verteidiger bei ihrer Kritik an anderen religiösen Gruppierungen ständig dieses Psalmwort vor Augen halten und im Spiegel dieses Wortes ihr eigenes Verhalten und Reden kritisch betrachten. Aber, wie gesagt, noch wichtiger und dringender wäre, daß sie für lange Zeit schweigen und ihre künftige Rede dann nur noch der reuevolle Ausdruck ihrer schonungslosen Kritik am eigenen Verhalten, am eigenen Gottesbild und an ihrem Gründer-Vorbild Luther sein sollte.

Das Gottesbild ihres Konfessionsgründers stellt die evangelischen Geistlichen vor eine fatale Alternative: Entweder sie identifizieren sich mit diesem Gottesbild, wozu sie eigentlich von Amts wegen verpflichtet sind. Dann partizipieren

---

[20] Nach PILICK 1998, S. 68. Pilick zitiert auch die folgenden Aussagen Huttens: »Es geht uns um das Werk Adolf Hitlers in unserem Volk und darum, daß unsere Kirche ein freudiges Ja dazu habe.« Der Antisemitismus sei eine »durch und durch sittliche Bewegung«, die von den Christen unbedingt bejaht werden müsse.

sie an dessen inhumanem, die Menschenwürde mit Füßen tretenden Charakter. Oder sie identifizieren sich eben nicht mit Luthers Gottesbild. Dann stehen sie in innerer Opposition zu ihrer Kirche und deren Lehre, für die das Gottesbild Luthers verbindlich und zentral ist. Die Folge sind Versteckspiel, schlechtes Gewissen und Skrupel, weil man nach außen hin eine Rolle spielt, die mit der inneren Bewußtseinslage nicht übereinstimmt. Manche evangelische Christen spüren ja auch diese mangelnde Übereinstimmung, was sich dann in Worten wie den folgenden Bahn bricht: »Die Pastoren glauben doch selber nicht, was sie sagen.«

In der Tat ist eine naheliegende Konsequenz des furchtbaren Gottesbildes Luthers – der **Atheismus**. Neuere Umfragen demonstrieren ja auch immer wieder übereinstimmend, daß ein nicht unerheblicher Prozentsatz evangelischer Pfarrer gar nicht mehr an Gott glaubt. Das hat sicher viele Gründe, aber mit Sicherheit auch den, daß das amtskirchlich normative, maßgebende Gottesbild des Konfessionsgründers derart negativ ist. Man kann eben nicht davon ausgehen, daß jeder evangelische Geistliche einen so großen Glauben aufbringt, wie ihn Luther allen Ernstes verlangt, wenn er betont: »Das ist der größte Grad des Glaubens, zu glauben, daß der gütig ist, der so wenige rettet, so viele verdammt; zu glauben, daß der gerecht ist, der durch seinen Willen uns notwendig verdammenswert macht.«[21]

Es ist aber nicht bloß der kleine evangelisch-lutherische Pfarrer, der da seinen Gottesglauben verliert. Im Grunde kapituliert die gesamte evangelische Theologie vor der Gottesproblematik im allgemeinen und der Luthers im besonderen. »Gott«, so klagte ein führender evangelischer Universitätstheologe, »das ist einst ein anspruchsvolles Wort gewesen. Doch es droht immer mehr zu einem unpassenden Wort zu werden.«[22]

Eine ganze Reihe prominenter evangelischer Theologen des 20. Jahrhunderts aber zog die noch viel radikalere Konsequenz: sie verkündeten die in sich total widersprüchliche, absurde Konzeption eines theologischen Atheismus bzw. einer atheistischen Theologie. US-Amerikanische Spitzentheologen wie Thomas J. J. Altizer, William Hamilton, Paul M. van Buren, Harvey Cox und einige führende Theologen in anderen Ländern (in Deutschland besonders Dorothee Sölle) versuchten in den sechziger Jahren des 20. Jahrhunderts, den gordischen Knoten protestantischer Gottesproblematik gewaltsam zu lösen, indem sie in den verschiedensten Variationen Gott als nicht oder nicht mehr existent proklamierten.

---

[21] WA XVIII 633: *Hic est fidei summus gradus, credere illum esse clementem, qui tam paucos salvat, tam multos damnat, credere iustum, qui sua voluntate nos necessario damnabiles facit.*

[22] JÜNGEL 1978, S. 1.

Der Grund für diese Proklamierung ist einfach: Wenn Gott gar nicht existiert, braucht man sich mit den Widersprüchlichkeiten und Negativitäten seines Wesens nicht mehr herumzuschlagen, und dann fällt auch das leidige Theodizeeproblem weg, das sich im Raum der Kirchen so schwertut mit der Frage, wie Übel, Leid, Böses in eine Welt kommt, die Gott geschaffen hat und beherrscht. Wie ein Offenbarungsereignis, das vollkommen neue Lösungsmöglichkeiten eröffnet, wird in der protestantischen Öffentlichkeit der Vereinigten Staaten von Amerika deshalb das 1961 erschienene Buch ›The Death of God‹ von G. Vahanian begrüßt. Auch der berühmteste deutsche Bibelexeget Rudolf Bultmann erklärte, es sei »das erregendste theologische Buch (...) das ich in den letzten Jahren gelesen habe«, und es stelle »eine gewisse Parallele zu Karl Barths ›Römerbrief‹« dar.[23]

Auf den von Vahanian gestarteten »Gott-ist-tot«-Zug sprang gleich eine Reihe bekannter protestantischer Theologen auf. Sie alle waren plötzlich begeisterte Verkünder der »originellen« theologischen Idee des Todes Gottes. Weite Teile der »aufgeklärten« modernen Presse sahen das natürlich auch so. Dabei ist es hier wie bei allen anderen neu aufkommenden Ideen: die Kirchentheologie ist nie originell, sie übernimmt – oft sogar erst nach sehr langer Zeit – die originellen Gedanken, die anderswo ausgebrütet worden sind. Den »Tod Gottes« verkündeten lange vor den Theologen Philosophen und philosophische Richtungen wie Hegel und die Hegelsche Linke, Marx und der Marxismus, Feuerbach, Nietzsche, Sartre, Camus und andere. Diese Philosophen sind auch klarer und eindeutiger in ihren Aussagen zur Nichtexistenz Gottes.[24] Die Theologen wären keine Theologen, wenn sie ganz eindeutig wären, ein klares Ja oder Nein sprächen, wenn sie sich kein Hintertürchen für die »Dennoch-Bejahung« von Gottes Existenz ließen. Einige Kritiker bezeichneten denn auch die »Tod-Gottes-«Theologie als ein »theologisches Happening, das keinen anderen Sinn hat, als Aufsehen zu erregen, zu schockieren, ja zu düpieren«. Sie beanstandeten den mangelnden Ernst dieser Theologie, den Umstand, »daß das Wort vom ›Tod Gottes‹ ja gar nicht ernst gemeint sein kann, sondern mit dem Verblüffungstrick arbeitet und sich insofern einer journalistischen ›Masche‹ bedient«, und einfach nur »ein Reizwort« sei.[25]

Aber natürlich ist die Tod-Gottes-Theologie auch eine Konsequenz aus dem fatalen, inhumanen und widersprüchlichen Gottesbild Luthers, des weiteren aus seiner antispirituellen, exklusiven Fixierung seiner Gläubigen auf das trockene,

[23] Zit. nach dem Artikel: ›Tod-Gottes-Theologie‹, *in:* BAUER 1972, S. 349.

[24] Vgl. MYNAREK 2010a.

[25] BAUER 1972, S. 362.

seiner geistigen Dimensionen beraubte Wort der Hl. Schrift sowie aus seiner einseitigen Rechtfertigungslehre, die dem Menschen jede Fähigkeit zum eigenen Aufbruch und Aufschwung ins Geistig-Ethische abspricht.

Es bleibt jedenfalls festzuhalten: Evangelische Theologen, die sich der Ungereimtheiten, Widersprüchlichkeiten, Irrationalitäten und Grausamkeiten des Gottesbildes ihrer Kirche bewußt werden, können, wenn sie Theologen und in dieser Kirche bleiben wollen, vor ihren Gläubigen und der gesellschaftlichen Öffentlichkeit eigentlich nur der strengen Devise folgen, auf gar keinen Fall Interna auszuplaudern. Oder aber sie entscheiden sich, Luthers und auch Calvins inhumanen, ja antihumanen Gottesbegriff ganz über Bord zu werfen, insofern Atheist zu werden.

Heutige evangelische Kirchenvertreter und Theologen sind froh darüber, daß die Tod-Gottes-Theologie mit ihren radikalen Infragestellungen aller Glaubensinhalte und den fatalen Konsequenzen für das lutherische und calvinistische Gottesbild inzwischen selber ebenfalls tot zu sein scheint. Sie stellen sie gern als eine Episode des Zeitgeistes dar, die schon längst wieder vorüber sei. In Wirklichkeit ist nach dem gewaltigen Medienspektakel der Tod-Gottes-Theologie in den sechziger und siebziger Jahren des 20. Jahrhunderts nichts mehr so wie früher: egal ob evangelische Theologen nun viel oder wenig Kenntnis von der expliziten Tod-Gottes-Theologie besitzen, der Atheismus dieser Theologie steckt ihnen allen in den Knochen, weil alle spüren, daß das für sie normative und verpflichtende Gottesbild ihrer Konfessionsgründer (Luther und Calvin) unhaltbar und untragbar ist und aus seinem immer noch nicht ganz unfruchtbaren Schoß ständig die Gefahr des Atheismus gebiert. Die Tod-Gottes-Theologen haben ja auch die den Atheismus ermöglichenden Inkonsequenzen, Widersprüchlichkeiten und Auswegslosigkeiten in den klassischen protestantischen Theologiesystemen des 20. Jahrhunderts, der dialektischen Theologie Karl Barths und dem philosophisch-theologischen System Paul Tillichs, schonungslos aufgedeckt.

Es müßte außerdem noch darauf aufmerksam gemacht werden, daß Luthers latenter Pantheismus im Grunde ein »Pan-Dämonismus« war, weil er das Göttliche nicht gern, wenn überhaupt, im Menschen sah, dagegen das Teuflische in obsessiver Manie und Manier ständig in der menschlichen Seele und in der Welt am Werk erblickte.

Fazit: Wie wir die Sache auch drehen und wenden, von welcher Seite wir sie auch erörtern, welche Varianten, Richtungen und Strömungen der protestantischen Theologie wir auch noch analysieren würden, am Ende spränge immer das Ergebnis heraus, daß die evangelische Gotteslehre unentrinnbar in ihrer eigenen Schlinge zappelt, daß sie entweder anti-human, grausam und unmenschlich, ja dämonisch ist, wenn sie sich schön orthodox an Luther oder Calvin hält, oder daß

sie einseitig, wesentliche Aspekte unterschlagend, unlogisch und widersprüch-
lich, naturalisiert, entsubstantialisiert, ja nihilisiert ist, wenn sie sich modernen
und postmodernen Strömungen angleicht und anbiedert. Das Ganze ist auch
deshalb fatal, weil die Gotteslehren evangelischer Theologie auf dem Weg über
den Religionsunterricht ja weiterwirken und Unheil in den Seelen unschuldiger
Kinder und Jugendlicher verursachen. Mit tiefem Ernst und warnender Stimme
sagte schon Friedrich Nietzsche, der ja Sohn eines evangelischen Pfarrers war,
in der ›Antichrist‹ (8): »Man muß das Verhängnis aus der Nähe gesehen haben,
noch besser, man muß es an sich erlebt, man muß an ihm fast zugrunde gegangen
sein, um hier keinen Spaß mehr zu verstehen.« Franz Buggle, seinerzeit Professor
für Klinische und Entwicklungspsychologie an der Universität Freiburg, bestä-
tigte das Urteil Nietzsches: »Wohl jedem klinischen Psychologen sind aus seiner
Praxis Fälle ›ekklesiogener Neurosen‹ bekannt: Patienten, die unter religiösen
Schuldgefühlen leiden, Menschen, die unter der Last ihres Glaubens zusammen-
gebrochen sind.«[26] Aber auch das kann keineswegs ausgeschlossen werden, daß
die geradezu sadistische Strenge in manchen evangelischen Erziehungsheimen
den Vorgaben des launisch-grausamen Lutherischen Gottesbildes folgte.

---

[26] BUGGLE/DAHL 1995, S. 164; vgl. auch das fürchterliche Ringen Tilman Mosers mit seinem protestantischen Gott (MOSER 1976).

Anhang 1

Aus den Protokollen der Nürnberger Prozesse

Ein Ausschnitt aus den NÜRNBERGER PROZESSEN, welche auf beide Seiten und insbesondere Luther, auf den sich die eine Seite beruft, während ihn die andere verleugnet, nicht eben das beste Licht werfen:

Einhundertsechzehnter Tag.
Montag, 29. April 1946.
Vormittagssitzung.

[...]

DR. MARX [Ankläger]   Gab es außer Ihrem Wochenblatt, insbesondere seit dem Machtantritt der Partei, noch andere Presseerzeugnisse in Deutschland, welche die Judenfrage in judengegnerischem Sinne behandelten?

STREICHER [Julius ~, wohlbekannt als der lautstärkste Antisemit des 3. Reiches] Antisemitische Presseerzeugnisse gab es in Deutschland durch Jahrhunderte. Es wurde bei mir zum Beispiel ein Buch beschlagnahmt von Dr. Martin Luther. Dr. Martin Luther säße heute sicher an meiner Stelle auf der Anklagebank, wenn dieses Buch von der Anklagevertretung in Betracht gezogen würde. In dem Buch ›Die Juden und ihre Lügen‹ schreibt Dr. Martin Luther, die Juden seien ein Schlangengezücht, man solle ihre Synagogen niederbrennen, man soll sie vernichten ...

DR. MARX   Herr Streicher! Das ist nicht meine Frage, ich ersuche Sie, meine Frage so zu beantworten, wie ich sie gestellt habe. Antworten Sie zunächst mit Ja oder Nein, ob es außer ...

RICHTER JACKSON   Ich möchte gegen diese Methode, auf Fragen durch Reden zu erwidern, ohne sie zu beantworten, Einspruch erheben. Wir sind völlig außerstande, in diesem Verfahren Einsprüche zu erheben, wenn die Erwiderungen keine Antworten auf die gestellten Fragen darstellen. In diesem Falle haben wir bereits durch Streichers eigenwillige Reden einen Angriff auf die Vereinigten Staaten zu hören bekommen, dessen Beantwortung, falls wir überhaupt darauf antworten wollten, eine Menge Beweismaterial benötigen würde. Es scheint mir absolut ungehörig, daß ein Zeuge etwas anderes tut, als die ihm gestellten Fragen zu beantworten; denn wir müssen verhindern, daß in diesem Verfahren Fragen erörtert werden, die mit dem Fall gar nichts zu tun haben. Um die Frage der Schuld oder Unschuld Streichers zu entscheiden, wird es dem Gerichtshof nichts nützen, sich mit Streitfragen zu befassen, die Streicher hier gegen uns erhoben hat – Dinge, die denkbar leicht zu erklären sind, wenn wir uns die Zeit dazu nähmen.

Es scheint mir angebracht, dem Zeugen eine Verwarnung zu erteilen, und zwar so, daß er vielleicht begreifen lernt, daß er Fragen zu beantworten und dann einzuhalten hat, so daß wir gegen Reden über unerhebliche Dinge rechtzeitig Einspruch erheben können.

VORSITZENDER   Dr. Marx! Wenn Sie Fragen an den Zeugen richten, wollen Sie versuchen, ihn zurückzuhalten, wenn er nicht die an ihn gestellte Frage beantwortet?

DR. MARX   Jawohl, Herr Präsident, ich war ja gerade im Begriff ...

VORSITZENDER   Angeklagter Streicher! Sie haben gehört, was gesagt wurde und Sie werden verstehen, daß der Gerichtshof Ihre langen Reden, die keine Antworten auf die Ihnen gestellten Fragen sind, nicht zulassen kann.

[...]

Gedanken zu Luther und zur Reformation

von Fritz Erik Hoevels

D A LUTHER sehr bekannt ist, gibt es jede Menge Bücher zu ihm; nicht schlecht ist z.B. das biographische von Richard Friedenthal, welches freilich die antisemitische Bösartigkeit des Reformators in fast masochistisch zu nennender Zurückhaltung in den Hintergrund spielt (allerdings ohne sie zu verschweigen oder zu beschönigen). Hubertus Mynareks neuestes Buch, welches auf den Weg zu bringen ich die Ehre hatte, führt uns Luthers Gedankenwelt in der umfassendsten und sorgfältigsten Weise vor, die bezüglich des Themas jemals aufgetreten sein dürfte; es ist nicht Ergebnis irgendeiner Parteilichkeit, Einseitigkeit oder Voreingenommenheit des Ex-Theologen, daß diese Gedankenwelt sich höchst einseitig als gröblich inhuman und äußerst finster herausstellt, wobei allerdings gesagt werden sollte, daß sich bei Luther kein einziger Gedanke und kaum auch nur eine Formulierung findet, die nicht bei irgendeinem kanonisierten katholischen oder sogar orthodoxen Autor vor ihm, am häufigsten dem Kirchenvater Augustinus, ebenfalls zu finden ist. Luther ist tatsächlich und einseitig äußerst bösartig und inhuman, verzerrend wäre vielmehr jede Darstellung, die diese leicht belegbare und durch keinerlei haltbaren Gegenbeleg relativierte Tatsache zu beschönigen und zu glätten suchte, wie das die Mynareks Werk darum unterlegenen tausend anderen Bücher zum gleichen Stoff gewöhnlich zu leisten suchen; sie wären anderenfalls auch viel seltener gedruckt und viel weniger verbreitet worden. Nur in *einer* Hinsicht ist Luther nahezu einzigartig, unter den, sagen wir: hundert, prominentesten Religionsideologen sogar völlig einzigartig: er erreicht in allen Gebieten, die Mynarek in dem vorliegenden Buche so umfassend vorführt, jedesmal die Spitzenwerte der Antihumanität. Es wird schwierig sein, ihm diese Goldmedaille wieder abzunehmen, egal, welchen Ehrgeiz ihre Anhänger dabei vielleicht entwickeln mögen, wenn sie sich nur an die Regel halten, weder zu lügen noch zu unterschlagen. Was ihn von anderen christlichen Autoren der ersten anderthalb Jahrtausende der Kirche abhebt, sind ausschließlich Akzentsetzungen und Zusammenstellungen. Trotzdem erscheint er sogar in dieser historischen Gesellschaft als überdurchschnittlich finster, vergleicht man ihn etwa mit einem Nikolaus von Kues oder dem wesentlich finstereren Origenes (wobei die beiden letztgenannten, wohl weil sie bei allen ihren Mängeln einen etwas höheren intellektuellen und moralischen Standard verkörpern als die Masse der prominenten Kirchenschriftsteller, nur den allerschäbigsten Platz im ›Ökumenischen Heiligenlexikon‹ ergattern konnten – aber die katholische Kirche hat ihnen keine einzige Wolke ihres ausgedehnten Heiligenhimmels neben dem stupidesten Einsiedler und der hysterischsten Nonne eingeräumt). Allerdings haben in den para-olympischen Disziplinen der Misogynie, des Antisemitismus, der menschlichen Selbstentwertung, Wissenschafts- und Vernunftfeindschaft auch die hll. Augustinus, Gregor der Große (also der eigentliche Gründer der katholischen Kirche) sowie der Primärtheoretiker der Hexenverfolgung, Thomas von Aquin, ebenfalls jeweilige Spitzenwerte erreicht; Luther bleibt das zweifelhafte Verdienst, an dieser Stelle in allen Disziplinen den maximalen Punktwert erzielt zu haben. All diese Athleten Christi illustrieren nur eines: im repräsentativen Christentum allgemein und in dessen berühmtestem Reformator besonders dominiert nun einmal »das Böse«, alles andere wird dem Ernst der Sache und deren Substanz nicht gerecht, und deshalb trägt Mynareks Lutherbuch seinen Untertitel zu Recht – wobei das »Böse im Reformator« dessen gedankliche wie persönliche Substanz (leider, möchte man sagen) nahezu vollständig abdeckt.

An dieser Stelle spätestens regt sich ein Unbehagen, das nicht nur auf anerzogene proreligiöse Vorurteile zurückgeführt werden kann – ich teile es jedenfalls auch und hätte doch mancherlei Grund, dem alten antisemitischen Hetzer, der Hitler in Deutschland auf jeden Fall handfeste und sozusagen wertvolle Anknüpfungspunkte für sein para-rassistisch maskiertes Tatchristentum hinterlassen hat, gram zu sein. Dennoch gibt es hochkarätige Zeugen, daß ich Luther gegen allzu radikale Kritiker immer in Schutz genommen habe – nicht wegen eines hypothetischen »Guten im Reformator«, für das es außerhalb seines vorbildlichen Wormser Auftritts nicht gerade viele Anhaltspunkte gibt, sondern wegen des »Guten der Reformation«, welche nun einmal mit seiner Person und den von dieser ausgehenden Stichworten verknüpft ist. Aber wie sieht diese Verknüpfung genauer aus?

Bevor wir dieser keineswegs leicht und mit kindlichen Mitteln – »weil er das doch gesagt hat!« u.ä. – zu lösenden Frage nachgehen, sollten wir erst einmal zwei schwammige Begriffe entwässern, die hier schon öfter gefallen sind, nämlich »gut« und »böse«. Da sie streng relativ sind – »gut« oder »schlecht« ist irgend etwas immer nur *in bezug* auf etwas anderes, Nässe ist z.B. gut für Pilze, aber schlecht für Kartoffeln –, müssen wir diesen Bezug für Lehren oder andere historisch-gesellschaftliche Aktivitäten erst einmal angeben, und das soll geschehen: was der maximal positiven durchschnittlichen Lust/Unlust-Lebens-Bilanz des Individuums, zu welcher die Bewußtheit des entsprechenden Erlebens gehört, förderlich ist, gelte als »gut«, was sie bzw. die Bewußtheit des entsprechenden Erlebens und Kalkulierens zu besagtem Ziele beeinträchtigt, als »schlecht«, und was die Beeinträchtigung absichtlich fördert, nämlich durch andere Prioritätensetzung mit den entsprechenden pragmatischen und kalkulatorischen Konsequenzen, als »böse«. Damit ist die Parteinahme, ohne die eine Bestimmung von »gut« und »böse« unmöglich ist, ausgesprochen; wer eine andere Bestimmung vorzunehmen wünscht, muß erst einmal die seinige Parteinahme aussprechen, anders läßt sich nicht werten. Denn jeder denk- und konstruierbare Wert ist ebenso wesenhaft relativ wie die Begriffe »links«, »östlich« oder »oben«; gibt es nur *eine* Sache, kann sie naturgemäß weder links noch östlich noch oben sein, denn das kann sie nur in bezug auf mindestens eine weitere. Es sei aber gleich erwähnt, daß für die Begriffe »gut« und »schlecht« oder »böse« nur schwer ein anderer Bezugspunkt zu finden ist als das empirische Subjekt, konstituiert durch seine Wünsche und Interessen; wer einen anderen benennen muß, nämlich weil er danach gefragt wurde, wie vor allem unter Artikulationszwang geratene Faschisten und nicht-buddhistische (und nicht-jainistische) Religionsvertreter, landet sehr schnell bei einem Fetisch (»Volk«, »Staat«, »Gesellschaft«, »das Ganze«) oder bei einem unmittelbaren logischen Bruch, nämlich einer zweiten Person, irgendeinem Individuum, Subjekt usw., die unerfindlicherweise in der Art eines Autos mit eingebauter Vorfahrt Wertungspriorität vor der primären, natürlich letztlich eigenen Person (die sich aus praktischen Gründen dann mit anderen notgedrungen wesensgleichen Individuen einigen muß) aufweisen soll. Es ist dabei nicht entscheidend, ob diese Person »mit eingebauter Vorfahrt« imaginär wie ein Gott oder real wie ein Kaiser, Häuptling oder sonstiger Oberaffe ausfällt; die Frage bleibt ja in jedem Fall bestehen, woher dieses zweite Subjekt seine eingebaute Vorfahrt nehmen will, eine Frage, deren logisch unhaltbare Antwort, ohne auf Luther warten zu müssen, mit der gleichen Unredlichkeit und Lakaiengesinnung schon die Verfasser des Buches Hiob geliefert haben: weil er als Oberaffe nun einmal die Macht hat und außerdem, geschützt durch diese, auf allerhand Anciennetäten oder Verdiensten herumreiten kann. Da das weder besonders gut noch überzeugend klingt und die vorhin beschworenen Fetische sich auf genau den gleichen logischen Bruch reduzieren lassen, wobei ihr Fetischcharakter ins Auge springt – welches *Subjekt*, das als einzige denkbare Entität irgend etwas *fordern* könnte, soll denn neben der Summe der realen Subjekte *noch* existieren?! (ein unüberwindliches Problem aller Apologeten des Ameisenstaates bzw. Lobsänger des »Superorganismus«, übrigens) –, drücken sich jene Finsterlinge, die *nicht* für das primäre Subjekt Partei ergreifen wollen, davor, ihre Parteinahme für die krude und nackte Gewalt als obersten Wert auszusprechen, und quatschen uns stattdessen mit dem Idiotenkonzept eines »Guten (oder Bösen) an sich« zu (natürlich auch aus dem grob praktischen Grund, das für ihre Zwecke bereitliegende Überich ihrer Zuhörer bis Zwangszuhörer raunend anzuzeigen, wofür hat man denn das Unbewußte, zumindest empirisch!). Da war Luther einfach besser, weil ehrlicher und klarer; und was dabei herauskam, in der Hauptsache eben das von mir soeben Entwirrte und Klargestellte, hat Mynarek vorbildlich analysiert und vorgeführt.

Aber nicht er allein und nicht als erster, nur als erster akademischer Theologe; der von ihm geschätzte Bloch und noch präziser, wenngleich thematisch einge-schränkter, Herbert Marcuse (in MARCUSE 1969) haben es auch schon geleistet und mit wichtigen, die ganze Angelegenheit erhellenden Details in eine tief in unsere Gegenwart reichende Entwicklungslinie gestellt, und da wird es interes-sant. Denn es erlaubt die Lösung der Frage, wie ein intellektuell wenig origineller Finsterling geistlichen Standes zum massenhaft rezipierten Stichwortgeber einer großflächigen Umwälzung werden konnte, die mindestens ambivalent war, im großen und ganzen aber in oben umschriebenem Sinne vorwiegend als »gut« zu werten wäre. (Daß dieser substanzielle Finsterling außerdem ein begnadeter, bewußt und erfolgreich die Überwindung der deutschen Sprachzersplitterung anstrebender Übersetzer sowie ein zwar nur mäßig begnadeter, doch massen-wirksamer musikalischer Dilettant und Tendenzdichter war, ändert daran nichts; denn es geht hier nur um seine Lehre, nicht etwa um seine Lautenschlägerkunst oder sein Sprachgefühl. Hätten z.B. Cortez oder Dschingis Khan neben ihren destruktiven Fähigkeiten die besagten auch noch besessen, könnte und sollte das an unserem Urteil über ihr Wirken ebensowenig etwas ändern.) –

Die Reformation war nichts anderes als die Überführung des Suggestionsappa-rates (Geistlichkeit, Kultgebäude) aus der feudalen Kontrolle in die bürgerliche Kontrolle. Das ging nicht ab ohne ideologisches Begleitgetöse; dieses nehmen wir gleich näher in Augenschein, geben uns auch ein Weilchen lang der auf dem Boden der fdGO so heißgeliebten Tätigkeit des »Differenzierens« hin (denn die jeweilige Stärke des Stadtbürgertums wies im europäischen Raum der Zeit folgenreiche Differenzen auf), aber zunächst einmal ist zu sagen, daß die Pfarrerbesoldung ebenso wie die Kontrolle ihrer organisatorischen Spitzen mit der Reformation aus feudalen in entweder »absolutistische« oder, mit dem nach dem lutherischen Durchbruch existenzfähig bzw. regierungsfähig gewordenen Calvin, ganz in bür-gerliche Hände überging. In unseren Geschichtsbüchern hallt von diesem grund-legenden Prozeß immer nur als grobes und unverständiges Echo die »Enteignung des Kirchenguts« oder gar der »Raub des Kirchenguts« durch gräßlich gierige Fürsten nach; aber besoldet wurde der Suggestionsapparat von den »absolut« ge-wordenen Fürsten, auch Stadtrepubliken, ja auch weiterhin, nur eben kärglicher und geordneter als früher – es ging eben um seine Kontrolle durch neu erstark-te bis zuvor kaum vorhandene gesellschaftliche Kräfte. Wesentlich war, daß er nicht mehr von Feudalabgaben lebte (was bedeutet hätte: in eigener Regie), sondern von Gehältern, die sich notfalls auch sperren ließen, mochten sie nun hoch oder niedrig sein. (Das wäre, allen Antimarxisten zum Trotz, ohne eine entwickkelte Geldwirtschaft, wie sie erst durch den ziemlich flotten Produktivitätsanstieg Westeuropas seit dem 12. Jahrhundert möglich wurde, einfach nicht gegangen; ihr weltliches Analogon war der Ersatz belehnter Gefolgsleute [»Adlige«] durch bezahlte Beamte im damals produktivsten Teil Europas durch die letzten Staufer, ein Pionierunternehmen, das durch seine ganz knapp zu schwache Basis zwar scheiterte, aber seit ziemlich genau der Reformationszeit von Dutzenden europäischer Fürsten schrittweise und jetzt erfolgreich wiederholt wurde.)

Die Christianisierung Europas außerhalb der römischen Grenzen war der ideologische Hebel und daher die obligatorische Begleiterscheinung ihrer Feudalisierung gewesen – Taufe und Freiheitsverlust der germanischen, später auch slawischen und magyarischen Bauern, langsamer, aber tendenzgleich auch der nordwestkeltischen, waren stets verbunden vorgerückt, sie gehörten ja auch psychotechnisch zusammen. Mangels disziplinierter und großflächiger Koordination brach der anfänglich stets heftige, aber eben undurchdacht-plumpe Widerstand der verknechteten Bauern, die als Organisation nur ihre beschränkten und schwerfälligen Sippenverbände kannten, aus deren Repräsentanten noch dazu die neue Feudalität hervorgegangen war, stets »mit einem Winseln« zusammen (allerdings mit der so gerne, auch von den DDR-Schulen, verschwiegenen und übergangenen Ausnahme des Havellandes und seiner angrenzenden Gebiete, die den Ottonen bzw. deren Fortsetzern das wohlverdiente Dien Bien Phu, sich selber aber, für mehrere Generationen!, wieder »Heidentum« und Freiheit bescherten). Von nun an aber waren in der allgemeinen Wahrnehmung, ob idealisierend affirmativ oder mit wachsender Reserve betrachtet, Feudalismus und Kirche untrennbar vereint, so wie sie es in der Realität nicht nur funktional, sondern auch genealogisch und strukturell waren – denn der geistliche Apparat, »die Kirche« also, bestand praktisch lückenlos aus den feudalen Sekundogenituren aller jeweiligen Ränge (die sich je nach individuellem »Politiker«-Talent beim Übergang vom »Zweiten« in den »Ersten Stand«, also Klerus, auch etwas nach oben oder unten verschieben konnten, wenn auch eher selten), und ihre Einkünfte erhielten diese »zwei und doch eins« gleichermaßen aus Feudalabgaben, also weder aus Handwerk noch Handel (oder dies nur geringfügig und ausnahmsweise).

Ganz im Gegensatz dazu die einzig potenten Klassen, die sich ab dem Ende des 11. Jahrhunderts in Westeuropa allmählich zwischen rechtlos ausgesogener und entsprechend blöder Bauernschaft einerseits, allmächtiger Feudalität andererseits herausbildeten, nämlich die Fernhändler und Zunfthandwerker. Sie konnten von ihrem Mehrprodukt so viel behalten – nämlich fast alles –, daß sie es in Stadtmauern stecken konnten, an welchen sich die feudale Gier abkühlen mußte, und in zähen Kämpfen gelang ihnen häufig ihre Behauptung gegen den Stadtherren, in der erdrückenden Mehrheit einem Bischof, hin und wieder auch einem Abt oder einer Äbtissin, d.h. eine leibliche Kaisers- oder Fürstenschwester (so in Zürich und Quedlinburg, wobei der exemplarische lokale Kampf mit jeweils entgegengesetztem Ausgang versehen war; der Vergleich dieser Ausgänge illustriert sehr gut, *wie viel* bei der bürgerlich-antifeudalen bzw. -antiklerikalen Emanzipation auf dem Spiel stand). Ohne das lange Patt zwischen Zentralgewalt und Fürsten bzw. Klerus wäre besagter Kampf, welcher die weltweit und geschichtsweit einzigartige Sonderentwicklung Westeuropas bewirkte, die u.a. die Wissenschaft und eben die Reformation ermöglichte, wohl chancenlos geblieben; so dagegen bescherte sie der Welt für viele Jahrhunderte etwas sehr kostbares, das erst in unseren Tagen vom globalen US-Imperialismus und seiner Geist wie Freiheit zerstörenden, trübe Aussichtslosigkeit verbreitenden Lückenlosigkeit der unbesiegbaren Weltherrschaft überflutet und ersäuft wird.

Jedenfalls entwickelten Fernhändler und Zunfthandwerker hinter ihren schützenden, von ihren Patrouillen bewachten Stadtmauern ein frohes Selbstbewußtsein, das sie von den unglücklichen und dumpf gewordenen Leibeigenen vorteilhaft abhob, sowie eine nicht geringe Distanz und Reserve gegenüber allem, was von Leibeigenenabgaben lebte; dieser Vorgang setzte recht markant im 12. Jahrhundert oder kurz davor ein, verbindet sich mit heute noch strahlenden Namen wie Abaelard oder Arnold von Brescia und gefährdete den Erfolg der flächendeckenden Suggestion, für welche es ja noch keine Fernsehgeräte, sondern nur die Kirche gab. Diese reagierte erstaunlich schnell mit Mimikry: als ihre Unterorganisationen entstanden gegen dem Bürgertum entspringende Bewegungen zur Entfeudalisierung und damit Entmachtung bis Zerstörung der Kirche Propagandabruderschaften unter ihrer Kontrolle, welche bald nach kurzer Bewährungszeit in den Klerus hineinwuchsen, die *demonstrativ* auf Feudaleinkünfte verzichteten (nichts anderes bedeutete ihre lautstark verkündete »Armut«, ja »Bettelei«): die Franziskaner und Dominikaner, als ihre erstaunlich frühen Vorläufer auch die weniger durchschlagend wirksamen Kamaldulenser (welch letztere in den Folgejahrhunderten dann tatsächlich mehr durch Pädophilenskandale und ähnliches als durch Vorzeigeheilige auffielen, doch das nur am Rande). Kleinere ähnliche »Orden« kamen hinzu.

Mit den bürgerlichen Bewegungen, die Kirche zu entfeudalisieren und damit entweder langfristig zu zerstören oder eben unter bürgerliche Kontrolle zu bringen – Bewegungen, denen sich aus den unterschiedlichsten Gründen auch Feudalherren anschlossen, zunächst nur kleinere, die sich ebenfalls von der Kirche eingeengt oder bevormundet fühlten bzw. an dieser Tatsache Anstoß nahmen –, läßt sich der Einsatz des Reformationsprozesses datieren, dessen Ausgang noch lange nicht feststand. Des Prozesses, wohlgemerkt, nicht der Sache: diese gelangt erst fast drei qualvolle Jahrhunderte später mit Heinrich VIII. und eben Martin Luther zum historischen Durchbruch. Denn zur Mimikry, d.h. der strukturellen Lüge, welche sich nicht nur im demonstrativen Verzicht auf Feudaleinkünfte, sondern auch dem hohen Anteil von Laienbrüdern und deren besserer, selbständigerer Stellung im Vergleich zu den älteren Orden vor allem bei den Franziskanern beobachten läßt, tritt sofort die Gewalt: nicht grundlos erhalten die gegen die katharische und sonstige Reformationsgefahr aufgebauten »Bettelorden«, d.h. faktisch auch: Stadtorden, die Inquisition übertragen, und mit dieser Erpressungsmöglichkeit »bettelt« es sich doch gleich viel angenehmer. (Dabei lag von Territorium zu Territorium die direkte oder größere Erpressungsmöglichkeit immer nur bei *einem* der beiden Orden, was psychologisch nützlich ist; der andere in den Mauern der jeweils gleichen Stadt, meistens die Franziskaner, mußte sich mit schnüffelfreudiger »Wohltätigkeit« und gelegentlichen antikatharischen und antisemitischen Hetzreden begnügen.)

Ob diejenigen, die den feudalistischen Suggestionsapparat, ob mit oder ohne unfeudal gestylte Mimikry-Anhänge, abschütteln oder in ihre eigene Kontrolle überführen wollten, damit Erfolg haben konnten, hing von der Geschlossenheit der gesamtfeudalen Kooperation ab, d.h. der wasserdichten Zusammenarbeit zwischen dem zerteilten feudalen Gewaltapparat (Kaiser, Könige, Fürsten) und dem zentralisierten feudalen Suggestionsapparat, d.h. der Frage, ob letzterer die Tötung seiner Kritiker an allen Stellen seines Wirkungsbereiches erzwingen kann oder nicht, zumindest von deren einigermaßen begabten Wortführern. Zu diesem Zwecke war letzterer ab dem Hochmittelalter in die Lage gekommen, Mordverweigerern unter dem Gewaltapparat gewissermaßen »Friedenstruppen« auf den Hals zu schicken, indem er Militäraktionen der Nachbarvölker gegen diese Mordverweigerer koordinierte, ganz wie heute die USA ihre Klientelstaaten gegen widerstrebende oder gar aus ihrem Herrschaftsbereich ausbrechen wollende Staaten und Staatsoberhäupter, wobei aber die klerikale Zentrale diese Koordination nicht durch militärische Erpressung, sondern nur durch Beuteversprechen und ihre durch Einheitlichkeit effiziente propagandistische Hilfeleistung und bewährte Dirigentendienste bewirken konnte; immerhin wurde auf diese Weise der erste kraftvolle Anlauf zur Reformation, der Katharismus und daneben das zähe, doch weitaus weniger kraftvolle Waldensertum, im Blut erstickt, Südfrankreich, der nach dem ebenfalls mit ähnlichen Mitteln ruinierten staufischen Sizilien wirtschaftlich-technisch zweitfortgeschrittenste Teil Europas, seiner Eigenständigkeit beraubt und seine Bevölkerung dezimiert, wovon es sich nie wieder erholte, so wenig wie das untere »Stiefeldrittel Italiens«. Das bedeutete aber eine nicht wenig an unsere Gegenwart nach 1990 erinnernde Souveränitätseinschränkung der europäischen Staaten westlich der Orthodoxiegrenze. Denn ob ein Staat gezwungen werden kann, seine Bürger auf äußeren Druck hin zu töten oder entsprechend auszuliefern, ist nun einmal eine Nagelprobe auf die Existenz seiner Souveränität, und mochte die Kirche manchen Fürsten durch ihren »Bann« seiner in Schwierigkeiten geratenen Nachbarn auch mit Beuteaussichten zum Gehorsam verlocken, so machte sie doch auch manchen nachdenklich, ob dieser Gehorsam zum Vernichtungsfeldzug gegen Tötungsverweigerer wie z.B. Ezzelino III. oder Raimund VI. nicht auch in späteren Runden gegen ihn selbst gewendet werden könnte. Diese Nachdenklichkeit wurde durch weitere Faktoren im Laufe der Zeit immer mehr verstärkt und ließ die Idee erwachen, welche dann erstmals in England zum Zuge kommen sollte: den zur Erleichterung der Herrschaft ja durchaus nützlichen Suggestionsapparat trotz immanent schädlicher Erschwerung des bewährten »Zwei-und-doch-eins«-Hase-und-Igel-Spiels doch und notgedrungen sichtbar unter die eigene Kontrolle zu stellen. (Die scheinbare Eigenexistenz eines Suggestionsapparates neben dem unmittelbaren Herrschafts-, d.h. Gewaltapparat, ist für jede Herrschaft psychologisch nützlich [nur das chinesische Kaiserreich kam dauerhaft ohne sie aus, mußte aber dafür seinem Beamtenapparat chronisch das Attribut und den durch Studierzwang mit Substanz unterfütterten Schein der Gelehrsamkeit und moralischen Superiorität zugestehen, welcher so manchem Kaiser lästig werden konnte; daneben hielt der Buddhismus das Volk ruhig, war aber nie obligatorisch und verfehlte in der Tang-Zeit knapp, aber für immer den Sprung zum »Staat im Staat«, der mit jenem gegen den Hasen »Volk« die »zwei-und-doch-ein« Igel spielen kann und für diesen Dienst sehr hohen Lohn fordert].)

Wieder war der wirtschaftliche Faktor, allen Antimarxisten zum Trotz, der chronisch entscheidende: mit der Produktivität Westeuropas war es seit ihrer dramatischen Regeneration im 12. Jahrhundert – die man heute noch an dem auch künstlerisch sehr beeindruckenden Heer romanischer Kirchen augenfällig nachvollziehen kann, während entsprechende Monumente aus den vorangehenden christlichen Jahrhunderten auf unserem Subkontinent sehr spärlich sind, anders als z.B. in Armenien – kontinuierlich und geradezu aufsehenerregend bergauf gegangen, das Mehrprodukt, von dem ein Teil sogar bei seinen Produzenten hinter deren Stadtmauern geblieben und geborgen war, entsprechend angestiegen, und konnte der Gewaltapparat es vergleichbar gesteigert dessen Produzenten weiterhin wie gewohnt entreißen, so sahen seine Vertreter immer öfter nicht ein, warum sie von ihrem Raub auch weiterhin ein sattes Drittel in den Suggestionsapparat weiterleiten sollten, der ihre Herrschaft und dadurch Raubmöglichkeit stabil machte, obwohl für dessen sattes Funktionieren inzwischen der gleiche absolute Betrag wie bisher auch gereicht hätte, also etwa ein Zehntel der Staatseinnahmen oder weniger und nicht mehr das konstantinische oder Merowinger-Karolinger-Drittel. Umgekehrt aber war der Suggestionsapparat dank seiner außerhalb Tibets fast singulären Autonomie seinerseits auf die Idee gekommen, das traditionelle Drittel noch auszuweiten, was ihm manchmal gelang – im Schottland der Reformationszeit sollen bis zu vier Fünftel »öffentlicher« Einnahmen in die Kirchenkasse geflossen sein, was die Radikalität der örtlichen Reformation, als sie einmal gesiegt hatte, mühelos erklärt, so unsere erste versprochene »Differenzierung« –, manchmal aber auch zu Rückschlägen führte. In dem folgenden Verteilungsgerangel zwischen Suggestions- und Gewaltapparat der Feudalgesellschaft, in deren sich ausweitenden Poren noch dazu ein immer wertvollerer potentieller Bündnispartner der einen oder anderen Seite heranwuchs, mehrten sich dementsprechend die Reibungspunkte wie die Einmischungen. Die Kirche verwendete ihr Koordinationspotential (mittels »Bann« und ähnlichen Signalleistungen) immer offener zur Einmischung in innerstaatliche Angelegenheiten, vor allem, um die Regierungen besagter Staaten zu schwächen und dadurch ihre eigenen Einkünfte zu schützen oder zu vergrößern, denn es gab ja auf einmal auch absolut mehr zu holen – ein frühes und grobes Beispiel solcher Einmischung bietet z. B. die Geschichte des englischen Königs Johann »Ohneland« –, während umgekehrt die bedrohten Fürsten auf die ererbte bis wachsende Beschneidung ihrer Souveränität immer bewußter und gereizter reagierten, zumal es jetzt ja aus dem oben genannten Grund ebenfalls »mehr zu holen« gab statt dämlicherweise mehr abzugeben. Ihre Bereitschaft, der römischen Dreistigkeit zu widerstehen, wuchs also heimlich an; immer wieder versuchten sie, kirchlichen Tötungsbegehren zu trotzen, die Tötung von Kirchen- bzw. Dogmenkritikern, Reformatoren somit, also wenigstens zu verschleppen und zu verzögern. Es war eine Frage der Zeit, bis es »knallte«, d.h. ein Ortsfürst den »UNO-Truppen« seiner Zeit mit Unterstützung wenigstens einiger seiner Nachbarn trotzen zu können glaubte und sich gegen einen kirchlichen Tötungswunsch anhaltend auf die Hinterbeine stellte; das war der Rubikon, der zur Reformation hin überschritten werden mußte und auf dessen anderer Seite Hus und Savonarola den Flammentod gefunden hatten, wie er trotz allen erkennbaren Unwillens des englischen Gewaltapparats gegen das katholische Mordbegehren gewiß auch Wycliff ereilt hätte, wenn ihm Gott ein längeres Leben »geschenkt« hätte. Das Schicksal jeder möglichen Reformation hing also an der Fähigkeit und Entschlossenheit der Lokalgewalten, ihre Souveränität gegen die Drohung mit den »Friedenstruppen« ihrer Zeit zurückzuerkämpfen, wofür der Test war, reformatorischen Wortführern Asyl zu bieten: die Verläßlichkeit der Wartburg entschied über Sein oder Nichtsein der Reformation, d.h. der Überführung des herrschaftsstützenden Suggestionsapparates aus feudaler in absolutistische oder bürgerliche Kontrolle.

Halten wir an dieser Stelle kurz inne. Über Sein oder Nichtsein der Reformation, d.h. der Bändigung des feudalen Suggestionsapparates bei immer noch sehr kräftigem, auch militärisch potentem Fortbestand des feudalen Gewaltapparates, der seine indirekte post-antike Zentralisierung sehr weitgehend der Kirche verdankte und dafür auch seinen Preis zu zahlen noch zu großen Teilen bereit war (besonders in den auf nicht-bürgerlicher Grundlage reichen und daher trägen Teilen Europas, von denen Spanien durch den amerikanischen Goldraub bald zum Retter der nach wie vor ansehnlichen und gefährlichen Rumpf-Katholika wurde), **entschied die Haltbarkeit des Asyls der reformatorischen Wortführer vor dem Zugriff der Quasi-UNO-Truppen.** Münster und Mühlhausen waren zwar staatliche Entitäten auf in der Hauptsache bürgerlicher Grundlage; aber sie waren viel zu schwach zu dieser Leistung, die von ihnen beherbergten Reformationsführer wurden grausam getötet, sie selber verwüstet und entrechtet. Zwar fiel im Falle Englands, dessen bürgerliche Klasse stärker als in jedem anderen Teil der Welt geworden und folglich der unverzichtbare Bündnispartner aller Teile des aus dunklen Jahrhunderten ererbten Staatsapparates war, die Asylfrage einfach mit dem Fortbestand der vorhandenen Königsherrschaft zusammen, da König und Reformator dieselbe Person waren, welche das Bürgertum ebenso wie jene Teile der Grundbesitzerklasse hinter sich wußte, welche ihre Einkünfte gerne um jenes noch dazu mittlerweile, da die Produktivität anstieg, zinstragende Drittel aufgestockt hätte, das sonst in dem Schlund der Kirche versackt wäre, auch wenn das den Genuß und die Sicherung ihrer Erbprivilegien anstrengender machte; aber dennoch fiel die Entscheidung recht knapp aus, da der bequeme Teil der Grundbesitzerklasse, nach wie vor der dominierende des Landes, als schlimmes Bleigewicht an den Füßen der englischen Reformation hing und der allseits als ausgesprochen weltlich geprägt bekannte König nicht gerade als geistlicher Führer und Bibelkenner imponieren konnte. Doch er überführte, wenn auch knapp, mit der ihm eigenen Entschlossenheit die Kontrolle des überkommenen Suggestionsapparates in seine eigenen, d.h. absolutistischen Hände, welche ebenso stark waren wie die Unterstützung des zahlenden Bürgertums und der mit dessen Einkommensform sympathisierenden Teile der waffengeübten Großgrundbesitzerschaft sie machte oder bleiben ließ. Wie knapp die Entscheidung war, zeigt der unmittelbare Fortgang der englischen Geschichte, in der zwischen allerhand Massenhinrichtungen und Palastrevolutionen »alles«, jedenfalls aber die lokale Autonomie bzw. bürgerliche oder absolutistische Kontrolle des Bim-Bam-Apparates, mehrmals an einem seidenen Faden hing. Doch nur um diese Kontrolle ging es; das zeigt deutlicher als alles andere die äußerst geringe dogmatische Differenz zwischen der katholischen und der »anglikanischen« Kirche, d.h., was den Suggestionswert drückt, jedenfalls wenn kein notgedrungen verkrampftes Erwähltheitsdogma den Verlust kompensiert, einer von vornherein um den Glanz des Universalanspruchs gebrachten Kirche. Jene endlich mit Ach und Krach zusammengestoppelte Differenz, niedergelegt in den mehr bürokratischen als zum Glaubenskrieg inspirierenden »39 Artikeln«, an denen nach einer Experimentierphase der Zugang zum Staatsdienst und Vergleichbares hing, wirken eher wie ein liebloses Provisorium zu ziemlich praktischen Zwecken als wie ein wie auch immer gearteter kritischer Durchbruch. Etwas Glanzvolleres konnte der Reformationsbewegung nicht schaden, zumal sie in ihren vielen hingemordeten und oft persönlich bewundernswerten Protagonisten der Vergangenheit, nur leider bis jetzt aus Mangel an sicherem Asyl sämtlich Verlierer, derlei fast im Übermaß aufzuweisen hatte.

Asyl hätte außer größeren Fürsten einem Wortführer, der der römischen Kirche aus einigermaßen überzeugenden Gründen, von denen es in der Tat jede Menge gab, das christliche Organisationsmonopol bestritt, nur eine erst herzustellende Bauern- und Bürgerrepublik bieten können, und da dieses Unternehmen den meisten Stadtbürgern nicht grundlos zu waghalsig vorkam, blieb der deutsche Bauernkrieg leider eine Episode, von seinen noch schwächlicheren spanischen, ungarischen und englischen Parallelen ganz zu schweigen (französische und italienische, in denen sich irgendein praktischer Ansatz zu einem Bündnis freier Bürger mit zur Freiheit strebenden kampfwilligen Bauern ausmachen ließe, sind mir aus Spätmittelalter und Frühneuzeit überhaupt nicht bekannt). Aber dann wird diese alles entscheidende Wartburg oder deren Analogie nur einem Wortführer dieses Programms zuteil, der besagten zur Souveränität strebenden Fürsten auch sympathisch ist. Und damit, doch *erst* damit, rückt die Person Luthers in den Bereich des Interesses.

Wie klar Luther (oder irgendeinem anderen Reformator) der skizzierte allgemeine, d.h. historisch-gesellschaftliche Zusammenhang war, ist für seine Funktion völlig gleichgültig. Es gibt auch heute noch genug Leute (z.B. den angloirischen Literaturprofessor Eagleton, zu dessen Historizitätsverständnis ich mich andernorts geäußert habe, hoffentlich exemplarisch genug), die von Historizität einfach keine Vorstellung haben. »Historisch« bedeutet in unserem Zusammenhang keineswegs in kindlicher Einfalt, daß irgendeine Sache »geschehen« ist und das nachgewiesen und datiert werden kann, sondern daß sie in einen (»synchronen«) gesellschaftlichen Zusammenhang eingeordnet werden kann, der einerseits ihr Verständnis als Vorgang ermöglicht, andererseits vergangen ist und sich daher praktisch immer von dem heutigen, als solchen ebenfalls »synchronen« gesellschaftlichen Zustand *unterscheidet*, ohne Kenntnis und Verständnis dieser verflossenen Struktur also nicht begriffen werden kann. Die in ihm wirksamen Akteure und Wortführer müssen ihn und seine Dynamik sowie ihre mögliche Funktion in ihm deshalb noch lange nicht begreifen, im Gegenteil, sie können von den be-

120

schränktesten und subjektivsten Motiven getrieben werden – aber sie müssen zu ihrer Funktion *passen*, sonst finden sie nicht die akkumulierten Sympathien und Resonanzen, die sie brauchen, um selbige Funktion erfüllen zu können, d.h. sie werden durch Wirkungslosigkeit oder geringe Wirkung der Nachwelt gar nicht erst bekannt, egal, ob sie das ungerecht finden oder selber aus Erfolgsarmut heraus resignieren, ja umfallen. Wie sie zu ihren Eigenschaften gekommen sind, die sie für ihre historische Funktion geeignet machen, d.h. die ausreichend starken Resonanzen und Förderer zu finden, spielt dabei keine Rolle – das erklärt, warum eine selber recht finstere Person manchmal eine sozusagen lichte Position einnehmen kann, manchmal vielleicht auch umgekehrt. Doch nun endlich zu dieser Person.

Es heißt bisweilen, Luther sei Mönch geworden, um sich dem Druck seines mit einem engen Horizont gesegneten Vaters zu einer »arranged marriage« zu entziehen. Das wäre ein ehrenwertes Motiv, und er wäre damit in seiner Zeit alles andere als allein gewesen. Dafür spricht, daß besagter unangenehmer Vater ein geschworener Feind der Mönche war (das war auch nicht selten zu dieser Zeit!), die er als »unnütze Horensänger« verspottete und die schließliche Entmönchung und Heirat seines zu diesem Zeitpunkt schon berühmten Sohnes als eine Art persönlichen Triumph genoß. Daß dieser sich in den elenden innerfamiliären Quälereien und Zoffereien hinter der hl. Anna versteckte und sich in seine entsprechende Vision vielleicht sogar so hineinsteigerte, bis er sie fast selber zu glauben begann, gehört zu dem üblichen Szenario entsprechender familiärer Unerquicklichkeiten der Zeit – Hauptsache, er schaffte die Flucht aus dem perspektivlosen Familienmief in die karge, aber stille und würdige Mönchszelle, und das gelang ihm ja auch. Aber er hatte die Rechnung ohne den Wirt gemacht, nämlich ohne jene häufigen Phänomene, die Freud zweifelsfrei als existent und wirksam nachgewiesen hat und die seine Wissenschaft mit den Namen »ödipales [und in der Folge unbewußtes] Schuldgefühl« sowie »Selbstbestrafungsbedürfnis« und vor allem »nachträglicher Gehorsam« belegt. Sie springen bei Luther in die Augen. Nur die furchtlos, rechtzeitig und *lege artis* durchgeführte Psychoanalyse vermag vor ihnen leidlich zu schützen, und selbst das nur selten, und damals gab es sie sowieso nicht.

Evident ist das bei Luthers selbst für seine Zeit erkennbar krankhaftem und zugleich inhaltlich äußerst vagem Schuldgefühl, mit dem er sogar seinen klostereigenen Beichtvater nervte. Dieses führte ihn schließlich – anhand einer Paulusstelle – zu seinem Grunddogma von der »Nichtigkeit der Werke« und der »Rechtfertigung allein durch den Glauben«. Es bedeutet, daß das Individuum gegenüber der »ewigen«, d.h. unendlich viel älteren und stärkeren Gewalt (dem sogenannten Gott, in dem sie phantastisch personifiziert wird) seine restlose Nichtigkeit »einsieht«, d.h. aus einer physischen auch noch eine moralische Inferiorität ableitet, und zwar eine restlose; das von Mynarek so richtig benannte Fehlen moralischer Kategorien bei Luther – die Gewalt darf eben alles, und da sie ihrerseits die Grundlage und Richtschnur für alles sein soll, fehlt eben jede ernste moralische Kategorie, denn ihr Ersatz durch blinden Gehorsamswillen, nicht einmal erfolgreichen Gehorsam gegenüber einer von jedem moralischen Urteil gelösten Instanz bedeutet nun einmal von vornherein das genaue Gegenteil jeder auch nur möglichen moralischen Konstruktion – nimmt hier seinen Ausgang. Aber diese totale Selbstentwertung findet sofort, ganz wie am Originalanfang des Christentums, also Paulus, auch ihre narzißtische Kompensation, die bei Paulus wie Luther »Rechtfertigung durch den Glauben« heißt: sind *die* blöd, die noch gar nicht gemerkt haben, daß sie absolut wertlos sind und nichts aus eigener Kraft erreichen können, die Deppen! Da bin ich aber doch wesentlich schlauer, ja regelrecht erleuchtet, weil ich's ja gemerkt hab' und diese Verblendeten nicht … ja, richtig erleuchtet, jawoll! – Dies der Kern und die innere Mechanik der sachlich so absurden »Rechtfertigung durch den Glauben«, für welches Wort wir auch ohne weiteres »Kapitulation, Unterwerfung« einsetzen können, arabisch also »Islam«. (Dessen subjektive Mechanik ist also sehr ähnlich, man wird sich bei Gopal oft an sie erinnert fühlen, aber sie erwarb durch gänzlich andere historisch-gesellschaftliche Umstände sofort ein Ventil in militärischer Aggression und Bereicherung, welche die von außen so unansehnliche und stets von Realitätswahrnehmung bedrohte narzißtische Kompensation überlagerte.) Nun, ähnliche Kompensationswege gegen reale Ohnmacht des Individuums und dessen Beutelung durch das Überich, das es doch zu beseitigen gälte, drängen auch die Ipsävtel ihren schwachen und unglücklichen Patienten auf, ich könnte ein langes Lied davon singen, aber es gehört nicht in diesen Kontext, und deshalb muß es bei diesem im Nutzungsfalle freilich erkenntnisfördernden Hinweis bleiben.

Jedenfalls hat Luther seinen Paulus, den Gründer und Erfinder des Christentums (von welchem Jesus keine Ahnung hatte noch haben konnte, er war ein religiös nach keiner Originalität strebender jüdischer Antiimperialist pharisäischer Ausrichtung gewesen), völlig richtig verstanden; liest man Maccobys klare und logisch zwingende Ausführungen zu der gleichen Paulusstelle und ganz allgemein zur paulinischen Ideologie[27], so wird man eine hundertprozentige gedankliche wie psychomechanische Übereinstimmung zwischen Paulus und Luther an diesem in der Tat zentralen Punkt feststellen können, muß daher auch letzterem mindestens hier – und das ist bedeutsam – jede Originalität absprechen (wogegen er übrigens auch nichts gehabt hätte). Aber die historische Position beider Religionsstifter und

---

27 Hyam Maccoby, Der Mythenschmied, Freiburg 2007 (dieser Verlag), p. 203, cf. auch 210sq.

daher auch ihrer jeweiligen »Erleuchtungen« (resp. Nacherleuchtungen) ist grund-
verschieden: beide schreiben, subjektiv aufrichtig und voller Mitteilungsdrang,
über ihre angebliche und angeblich weltbewegende Einsicht, aus einem reinen
»Psycho« heraus, Luther ganz, Paulus wenigstens zunächst noch unbeeinflußt von
politischen Erwägungen und konkreten Anwerbe-Absichten; aber Paulus schreibt
für ein real gebeuteltes, gegen den imperialistischen Gewalt- und Aussaugeappa-
rat Roms chancenloses Publikum, dem etwas erheblich besseres als unbewußte
narzißtische Kompensation nach dem grausamen Scheitern jenes jüdischen anti-
kolonialen Aufstandes, dem der Sieg des Arminius im Teutoburger Wald (und das
ausgerechnet über Judäas alten Quälgeist Q. Varus!) moralischen Auftrieb und
Durchhaltekraft gegeben hatte, nicht mehr angeboten werden konnte. Dieses bloß
auf Subjektives zielende »Angebot« war also notwendigerweise reiner »Psycho«;
zu diesem kam freilich und praktisch bedeutsam noch eine vage, doch häufig
wertvolle Option gegenseitiger Hilfe im Schatten der scheinbar unerschütterlich
bestehenden Gesellschaft; und so entstand und verbreitete sich das Christentum.
Bei Luther lag persönlich, wenigstens zunächst, genau der gleiche »Psycho« vor,
und gewiß teilten diesen etliche seiner Zeitgenossen, deren unbewußtes Schuldgefühl die sie umgebende Gesellschaft mit ihren Mitteln hatte anzeigen und ausbau-
en können; aber das waren bemerkenswert wenige, jedenfalls lesen wir von ihnen
nicht viel, denn der erst recht aufmerksame Rest hatte ganz andere Sorgen und vor
allem: Chancen. Luthers Vater selber war ein kleinbürgerliches Modell für deren
Existenz und kluge, tatkräftige Wahrnehmung gewesen; ohne die auf einmal sehr
zügige Entwicklung der Produktivkräfte, welche den Kupferbedarf sprunghaft
steigerte (allerdings auch den Kapitalbedarf für dessen Fördertechnik, was den alten Luther bei aller Zähigkeit und Bauernschläue beinahe gekostet hätte, weshalb
sein berühmter Sohn sich später fast lebenslang und durchaus kenntnisreich mit
dem Laster des »Wuchers« herumschlug, denn bei allem Fleiß hätten Luther *sen.*
die Zinsen fast erdrosselt!), hätte ein analoger nicht-erbender Bauernsohn, also
eine Generation früher, kaum eine andere Aussicht als diejenige auf eine trübe
und erbärmliche Hofknechtsexistenz besessen, während Luther *sen.* dieser mit
vielen seiner Altersgenossen jetzt hatte entrinnen können. (Beim ersten Wieder-
erstehen der westeuropäischen Städte durch einen initialen Produktivitätsanstieg
nach langer, langer Dekadenz und Stagnation im 12. Jahrhundert also, als Stadt-
luft vergleichbare Individuen als Handwerks-Einsteiger immer wieder einmal
wirklich frei machte – und die gleiche Ursache »Ministerialen« zu »Rittern«, d.h.
freien Kleinadligen –, war das schon einmal ähnlich gewesen, wenn auch in viel
geringerem Maßstab; aber das war zur Zeit von Luther *sen.* schon lange her, ihn
trug eine viel breitere Welle aus dem Bauern- in den Kleinbürgerstand, zu deren
Nutzung er sich allerdings, wie alle Parallelexistenzen, extrem anstrengen mußte

– doch es lohnte sich, vorher aber nicht.) Und neben diesem am Kupferbergbau hängenden Beispiel gab es noch unzählige in anderen der tausendfältig expandierenden Produktionszweige vom Buchdruck bis zum Maschinenbau – und neben dem kleinbürgerlichen großbürgerliche bis territorialfürstliche.

Wo es reale Chancen gibt, weicht das »Jenseits« zurück; der »Psycho«, die Autoplastik also, verliert an Interesse, wenn die Wirklichkeit durch fleißige und zielstrebige Alloplastik für die eigene Person etwas Handfestes hergibt; man kann das und sein symmetrisches Gegenteil in allen Zeiten und Völkern beobachten. (Wohl deshalb entstand die Psychoanalyse, die bei richtiger Anwendung wohl konstruktivste Autoplastik, nämlich als »Seelenarchäologie« eine Art Anti-Autoplastik, doch notgedrungen in deren praktische Grenzen eingeschlossen, im »Polizeistaat« Österreich, die Ökoanalyse dagegen in den industriell aufstrebenden, praktische Freiheitsmöglichkeiten sichtbar werden lassenden Gebieten Englands und Deutschlands, und auch die besten Franzosen tendierten mehr in die gesellschaftlich-praktische, eben alloplastische Richtung, während daneben Freuds von ihm verleugnete französische Vorläufer von Baudelaire über Lautréamont bis hin zu Breton zwar unwissenschaftlich vorgingen, aber wegen des Näherliegens der alloplastischen Option tendenziell bis real viel kühner waren.) Das Publikum, das den Resonanzboden des von Luther wiederaufgewärmten protochristlichen Ideologems der »alleinigen Rechtfertigung durch den ›Glauben‹« abgab, mochte sich gewiß hin und wieder, besonders sonntags, in die neutestamentlich korrekte und theologisch überzeugende Ableitung dieser Behauptung hineinsteigern, aber besonders einleuchtend war für besagtes Publikum natürlich, daß man dann nicht nur keine Ablaßbriefe mehr kaufen mußte (»Werke«, die zeittypische Spitze ihres Eisbergs), sondern auch keine Messen bezahlen, durch unzählige Feiertage in der zügigen Arbeit behindert werden mußte usw. – schon die Unwirksamkeitserklärung des kirchlichen Abendmahlsritus, den die Kirche gegenüber ihren zahlenden Zwangsgästen schon sehr früh monopolisierte und dann brahmanengleich ihre Existenz und teure Unterhaltung mit diesem Monopol begründete, durch Hus, der schriftkorrekt besagte Unwirksamkeit mit der fehlenden Kollektivierung des Kelches begründete, hatte aus den gleichen Gründen ein ähnliches Echo gefunden. Kurz: nachdem die Kirche nach ihrer Konstantinisierung ihre Mitglieder nicht mehr durch bloßen »Psycho« und die vage Option gegenseitiger Hilfe gewinnen und halten mußte, sondern sie lückenlos und gewaltsam von der Staatsgewalt geliefert bekam, um sie dieser dann im Gegenzug innerlich gefügig zu machen, hatte sie ihr Ursprungsdogma, eben jenes paulinische, das Luther wieder aufwärmte (wobei er in Gestalt der *devotio moderna* in den handwerklich fortgeschrittensten Teilen Europas etliche Vorläufer besessen hatte, doch keinen einzigen Nicht-Mystiker, der dabei genauso konsequent gewesen wäre), immer mehr verwässert und überlagert. Natürlich war auch das, was sie jetzt, mit der Staatsgewalt im Rücken, ihren nunmehrigen Zwangsmitgliedern aufschwatzte, reiner »Psycho«, etwas anderes hatte sie ja nicht, auf dem Schuldgefühl geigte sie nach Kräften immer noch herum, aber der Akzent hatte sich verschoben: an die Stelle der nur noch sparsam an von vornherein neurotische Zwangskunden verscherbelten »narzißtischen Kompensation« war die handfeste Drohung getreten, mit der widerspenstige Volksmassen von Kindheit an erst einmal ordentlich neurotisch gemacht werden mußten, die Höllenstrafen und das Jüngste Gericht, unbewußt also die Aktivierung der längst verdrängten, fortwirkenden, doch durch Unerinnerlichkeit der Realitätsprüfung entzogenen Kastrationsangst, für welche die christliche Mythologie – Vater läßt Sohn, der die Mutter von Geburt an monopolisiert und den Vater entsexualisiert hat, grausam töten, angeblich, um mit seinem eigenen Zorn über allerhand akkumulierte, doch ominöse »Sünden« anderer fertigzuwerden – einen optimalen Rahmen liefert. (Dieser unbewußte Gehalt des jahrtausendelang praktizierten »Psychos« erklärt auch den auffälligen Schwerpunkt der Beichtväterneugier im Sexualbereich.) Mit der Drohung war die Abhängigmachung der bearbeiteten Opfer an den Suggestionsapparat selber verbunden: er sprach sich die Fähigkeit zu, diese Drohung zu mildern bis völlig zu entschärfen (»Absolution«, organisierte »Fürbitte« usw.), und verlangte dafür immer offener materielle Gegenleistungen, erst anlaßgebundene Spenden an Wallfahrtszielen, »Heiltümern« d.h. Fetischen usw., schließlich ablaßgebundene Direktzahlungen. Das waren also die sogenannten Werke, wenigstens der praktisch relevanteste Teil davon; kam zu ihrem Ersatz durch den kostenlosen »Glauben« auch noch die sich organisch anschließende Behauptung hinzu, der Klerus, objektiv also der feudale Suggestionsapparat, sei als Höllenschutz gänzlich entbehrlich (was auch der Lehre des Neuen Testaments entspricht, da dieses sich noch an freiwillige Anhänger richten mußte – hier war Luther in der Tat ein echter »Reformator«, also jemand, der die Verbiegungen der verlorenen Urform rückgängig macht), dann läßt das die Hoffnung aufkeimen, den in fremden, unterdrückerischen Händen befindlichen Suggestionsapparat diesen entreißen und in die eigenen überführen zu können – also das, worum es seit Katharern und Waldensern, letztlich schon keimhaft den sogenannten »Patarenern« der damals größten Bankenstadt der Welt, die ganze Zeit ging und das »Reformation« genannt wurde.

In die eigenen Hände – aber welche sind das? Die fremden waren die kaiserlichen und die päpstlichen – dorthin ging das Geld, das nicht im Lande blieb, und ihrer Kontrolle unterstand der imponierende Suggestionsapparat, von Island bis Sizilien, von Portugal bis Polen. Unter lokaler Kontrolle würde er selbst dann ungefährlich, wenn er ansonsten gleichbliebe (und das Geld im Lande: englisches

Modell). Außerdem ließe er sich für die eigenen Zwecke umfunktionieren (wenn man ihn nicht auflöst, was aber aktiv nie geschah, außer unter Héberts Einfluß ganz kurz und Jahrhunderte später auf faktisches Drängen des aufblühenden, doch für diese Aufgabe viel zu schwachen hauptstädtischen Kleinbürgertums in Frankreich). Geht es nur um die lokale (statt klassenbestimmte) Kontrolle, dann haben diese »eigenen Hände« die Fürsten; sie verfügen über den Gewaltapparat, und legen sie ihre Gewaltapparate einigermaßen flächendeckend zusammen (was sie dann im »Schmalkaldischen Bund« auch versuchten), dann haben sie halbwegs gute Aussichten, den »UNO«-Truppen des Spätmittelalters zu widerstehen, wenn diese mal wieder »Predigtverbotszonen« errichten wollen. Aber diese Fürsten sind selber nicht ganz billig und außerdem ökonomisch, wenn man gerade dabei ist, sich als Kleinunternehmer von den Banken u.ä. in die Freiheit und den Wohlstand freizustrampeln, ausgesprochen schädlich; denn was sie für ihren Gewaltapparat und sich selber brauchen, das können sie sich mittels desselben in dessen Zugriffsbereich (»ihrem« Lande also) auch holen, und das kann für das persönliche Schicksal entscheidend sein.

Auch auf Bürgern, Kleinbürgern und Leibeigenen lastete der verselbständigte Suggestionsapparat des Feudalismus, und eben diesen hatten sie noch niemals brauchen können; folglich hatten sie durchschnittlich offenere Ohren für die These von dem allein seligmachenden, erfreulich billigen und aufpasserlosen Glauben sowie für die Entschamanisierung des Priesterstandes, ideologisch ausgedrückt »die Lehre vom allgemeinen Priestertum«. Gegen von ihnen geregelt bezahlte Spezialisten als Zeremonienleiter und ideologische Sprachregler hätten freilich, ganz wie die Fürsten auch, welche sich schließlich durchsetzten, mindestens die bessergestellten Bürgerlichen auch nichts gehabt, aber der Tanz autonomer Magier auf ihren Nasenspitzen, welche durch Feudaleinkünfte bis Herrschaftsrechte unabhängig waren, sollte beendet werden. Und das wurde er im Einflußgebiet der Lehre Luthers dann tatsächlich; bis dessen geographisch-politische Grenzen etabliert waren, mußte freilich noch sehr viel Blut fließen, aber für die nördlich der katholisch gebliebenen Rumpfzone gelegenen Länder hatte es sich gelohnt: für die nächsten Jahrhunderte waren sie nicht nur ihren östlichen, sondern auch ihren südlichen Nachbarn an Wohlstand und Bildung überlegen[28] und beherrschten viele Generationen lang sogar die Welt, bis sie

---

[28] Freilich waren sie das nur im Mittelwert und in der Entwicklungstendenz; nur hin und wieder und sehr kurz war der durch feudale Einnahmequellen so satt gepolsterte Kirchenbesitz in den beispielhaften »gemeinen Kasten« der örtlichen Bürgerschaft in ihrer juristischen Eigenschaft als *Religionsgemeinde* geraten, den *diese* – also nicht unmittelbar ihre politischen Repräsentanten – dann zwar auch zum Kult, aber auch zum gemeinen Nutzen in *ihrem* Sinne verwenden konnte – also für Bildung und

selber zusammen mit dem Rest besagter Welt unter die Herrschaft ihres eigenen nordwestlichen Ablegers gerieten. Umgekehrt zogen schließlich auch die trägeren südlichen Nachbarn nach, zu spät für sie freilich, um den Vorsprung der protestantischen Pioniere aufholen zu können, welche inzwischen ihre zunächst samt und sonders ärmeren Länder zu den reicheren gemacht hatten, aber die Autonomie der Kirchenmacht gegenüber dem Staat bröckelte auch dort, wenngleich mit unterschiedlicher Geschwindigkeit (so gerieten die iberischen Schlußlichter Europas unter die faktische Vormundschaft Englands, welches sie Frankreich mißgönnte und zu diesem Zweck die örtlichen Kräfte der Finsternis militärisch stützte wie die heutige USA arabische Scheiche und vergleichbare Figuren). Schließlich verschwand auch der Kirchenstaat – korrekter: der letzte Kirchenstaat, denn die vielen Bischofs- und Klosterstaaten insbesondere Deutschlands waren ihm vorangegangen –, und erst der Faschismus verhalf ihm nach längerer Pause und eher unerwartet wieder zur – freilich stark verkleinerten – Existenz.

Das alles ist freilich »eine andere Geschichte« – aber erstens ist sie eine relativ erfreuliche, weil Wohlstand und Bildung das immer sind, und zweitens verbindet sie sich nun einmal mit dem Namen Luther, weil dieser in ihrer Initialphase unbestreitbar die wirksamen Stichworte geliefert hat.

Wird aber dadurch Luther *selber* zu einer erfreulichen Figur? Sein Stichwort von der »Rechtfertigung allein durch den Glauben« hat zweifellos gute Dienste bei der Überführung des feudalen Suggestionsapparates, der Kirche also, in fürstlich-lokale bis sogar bürgerliche Hände geleistet (ein Prozeß, den Calvin später mit viel kühlerem Kopfe anpackte und mindestens kryptorepublikanisch, wenn nicht regelrecht republikanisch radikalisierte, wovon Freiheit und

---

sogenannte Wohltätigkeit, welche als umfunktionierter Rest der ursprünglichen gegenseitigen Hilfe in der feudalen Kirche erhalten geblieben war, um auf bequeme Weise Loyalitäten binden und durch für die eigene Organisation nicht allzu schmerzhafte »gute Taten« Ansehen befestigen zu können (»tue Gutes und rede darüber!«). Damit war es bald vorbei; mit der Reformation verschlechterte sich die Lage der sog. Armen noch einmal drastisch gegenüber jenen der Gegenreformation, sie sollten in den aufstrebenden, gesundheitszerrüttenden Manufakturen vernutzt oder als »Vagabunden« gehängt oder (dänisches Wort) »abgeknipst«, also erschossen werden, wenn sie aus dem Klosterschutz entlassen durch die Welt irrten und in alter Gewohnheit Almosen erbaten. Das und eine entsprechende Steigerung der Geburtenrate – drastische Stichworte lieferte schon Luther –, damit Elend und daher Erpreßbarkeit haltbar blieben, geht in der Tat stärker auf protestantisches statt katholisches Konto und ließ massenhaft profitable Manufakturen und Fabriken »erblühen«, die in der Tat technische Fortschritte beförderten, denen die trägen katholisch gebliebenen Länder nicht folgen konnten. Und der »gemeine Kasten« der Religionsgemeinde wanderte so schnell in Fürstenhände wie derjenige der freiwilligen Kranken- und Arbeitslosenschutz-Kassen in diejenigen Bismarcks und seiner Nachfolgetäter; die Zweckentfremdung seines Inhalts nahm in beiden Fällen groteske Ausmaße an, mal schneller, mal langsamer, und behielt sie auch. Der Vorgang verlief nicht überall reibungslos und oft genug bewußt; illustrative Beispiele liefert u.a. die Reformationsgeschichte Frieslands.

Wohlstand der Niederlande später nach härtesten Kämpfen beredtes Zeugnis ablegen sollten); aber ganz abgesehen davon, daß Luthers eigene Motivation dabei bloß persönlich-neurotisch gewesen war, hatte sich am *Inhalt* dessen, was besagter Suggestionsapparat da suggerieren sollte, kaum etwas geändert, es war ohne jedes auffindbare, möglicherweise relativierende Gegengewicht genau das, was uns Mynarek im jetzt vorliegenden Buche vorführt (und sehr viel gedrängter und abstrakter, aber ergebnisgleich, Bloch und Marcuse auch), und das ist in Nuancen vielleicht sogar noch schlimmer, im allgemeinen aber einfach gleich oder tendenzgleich mit dem entsprechenden Stoff Luthers theologischer Vorläufer (oder direkt von diesen übernommen). Darin kann »das Gute« im Reformator, so es dieses gibt, offensichtlich nicht liegen.

Es liegt in Wahrheit auch wirklich nicht in ihm, sondern nur in einer **Folge** der mit ihm verknüpften historischen Aktivität: der Schwächung des gesellschaftlichen Suggestionsapparates durch dessen Überführung in fürstlich-absolutistische (also nicht mehr einfach feudale) oder sogar bürgerliche Kontrolle, welche zugleich seine Dezentralisierung bewirkte und damit seine Aktionsfähigkeit verminderte. (Sie war ja auch in der Tat nur durch den Verlust der kaiserlichen Kontrolle über den Westteil des römischen Reiches sowie die relative Randlage Roms in der christlichen Welt während einiger entscheidender Jahrhunderte zustandegekommen; die bewußte Vorgeschichte der späteren, auch formal und dogmatisch von der Orthodoxie abgespaltenen katholischen Kirche beginnt genau in dem Augenblick, in dem der Kaiser aus seinem an etlichen Fronten in Defensivkriege verwickelten Byzanz bzw. Ersatz-Rom heraus den Bischof der ehemaligen Hauptstadt seines Rumpfreiches nicht mehr verhaften lassen kann, woraufhin ihm dieser eine lange Nase dreht und an den Aufbau eigener Hausmacht geht.) Wer kann wen verhaften lassen? – Wir erinnern uns daran, daß dies die Kernfrage der Kirchenposition war, die Wartburg ihr hoffnungsvollstes Symbol, aber noch recht weit entfernt vom wahrhaft souveränen, von keinen prokatholischen »Friedenstruppen« mehr bedrohten Absolutismus des »*cuius regio, eius religio*«, in welchem kein Fürst mehr, nur um die Versorgung seiner Lieblingsfrau auch nach seinem Tode zu gewährleisten, solche Opfer und Risiken wie Philipp von Hessen auf sich zu nehmen brauchte und dadurch Luther wie die ganze Sache des Protestantismus in größte Verlegenheit und Gefahr brachte – man vergleiche damit, wie problemlos derlei Angelegenheiten etwa zur Zeit Augusts des Starken längst geworden waren, ohne die Reformation aber kaum hätten werden können. Vorzuwerfen ist Luther persönlich in solchen heiklen Fällen zweifellos sein geradezu obszön ungleiches Maß, aber man bedenke, in welcher militärischen Zwangslage seine Sache damals steckte und ihr um Haaresbreite auch zum Opfer gefallen wäre, ohne den türkischen Angriff auf Wien, der als Entlastungsangriff zugunsten der protestantischen Fürsten wirkte (und uns in jedem Fall die Cafés bescherte), sogar mit ziemlicher Sicherheit.

Machen wir es kurz: die Lehre Luthers ist so abscheulich und unrelativierbar menschenfeindlich, wie wir sie nun einmal lesen können, aber der mit ihr verknüpfte Suggestionsapparat konnte sie nun einmal nicht ebenso wirksam vertreten wie sein mittelalterlicher Vorgänger, da er seine finanzielle Autarkie verloren hatte und dadurch indirekt auch seine wirksamsten Gewaltmittel, die nun auf Fürsten und Stadtrepubliken wie Hamburg oder Frankfurt übergingen. Er war also nicht besser geworden, sondern nur schwächer, und das, unfreiwillig und daher keines Dankes wert, war das einzig Gute an ihm und insofern auch am »Reformator«.

Das Böse an diesem wirkt aber fort. Denn zwar wurde die Kirche schwächer und schließlich überwindbar, und solange diese Überwindung noch nicht möglich war, heftete sich der Fortschrittsgedanke vernünftigerweise nur an ihre Schwächung und damit auch an den Namen Luthers. Dieser erhielt dadurch jenen guten Klang, den er sachlich nicht verdient; denn die Schwächung der *Religion*, welche die unvermeidbare Folge der Schwächung des sie stabilisierenden und standardisierenden Apparates ist, war weder sein Ziel, noch gibt es Anzeichen dafür, daß ihm der Zusammenhang dieser Schwächungen klar gewesen wäre. Denn wer an die Aussagen einer Religion blindlings glaubt, leugnet notgedrungen deren weltliche und organisatorische Voraussetzungen, und das wird bei Luther der Fall gewesen sein. Sein Haß auf die Vernunft, somit notgedrungen auch auf das Programm ihrer systematischen und extrawurstlosen Anwendung, das den Namen »Aufklärung« erhielt, läßt an Deutlichkeit nichts zu wünschen noch zu »interpretieren« übrig. Daß die Schwächung des Suggestionsapparates, welche durch den relativen Erfolg der von Luther mit Stichworten versehenen Bewegung langfristig eintrat, die Aufklärung ermöglichte oder jedenfalls erleichterte, macht Luther so wenig zu deren Vorläufer wie Hitler zum Gründer Israels, obwohl dessen Gründung ohne seinen »Holocaust« kaum eingetreten wäre. Beide hatten die entsprechenden Folgen jedenfalls nicht beabsichtigt, ganz im Gegenteil, und deshalb kommt ihnen auch kein Verdienst an ihnen zu.

Aber durch den wie beschrieben entstandenen guten Klang des Namens Luther bleibt das durch ihn vermittelte Erz-Böse eine Gefahr. Seine Zitate, seine Lehre können als »tiefsinnig«, »demütig« (was sogar stimmt, aber nichts Gutes ist – »Demut« heißt wörtlich »Knechtsgesinnung«) usw. präsentiert und empfunden werden, aber sie sind einfach finster, destruktiv und inhuman. Mynareks Verdienst bleibt es, durch harte Arbeit an einem uferlosen und sperrigen Textkorpus den so häufig nahegelegten, doch gefährlichen Selbstbetrug über diesen Tatbestand mindestens erschwert zu haben.

Literaturverzeichnis

BAUER, Johannes B. (Hrsg.) : Die heißen Eisen von A bis Z, Graz 1972

BEHNK, Wolfgang : *Contra Liberum Arbitrium – Pro Gratia Dei*, Frankfurt a.M. 1982

BLOCH, Ernst : Naturrecht und menschliche Würde (Bd. 6 der Gesamtausgabe), Frankfurt a.M. 1961

id. : Atheismus im Christentum (Werkausgabe Bd. 14), Frankfurt a.M. ²1989

BÖHM, Hans-Jürgen : Die Lehre Martin Luthers, Plech 1994

BROWN, Norman O. : Zukunft im Zeichen des Eros, Pfullingen 1962

BUGGLE, Franz / DAHL, Edgar : »Denn sie wissen nicht, was sie glauben«, *in:* DAHL, Edgar (Hrsg.): Die Lehre des Unheils, Hamburg 1995

CLEMEN, Carl : Religionsgeschichte Europas, Bd. 2, Heidelberg 1931

DESCHNER, Karlheinz : Abermals krähte der Hahn, Düsseldorf 1974

ERIKSON, Erik H. : Der junge Mann Luther. Eine psychoanalytische und historische Studie, Stuttgart 1975

HEINEMANN, Gustav : Zum Gedenken an den Wormser Reichstag von 1521, Abdruck *in:* Bulletin der Bundesregierung Nr. 59, Bonn 20.4.1971

JÜNGEL, Eberhard : Gott als Geheimnis der Welt, Stuttgart ³1978

KOGON, Eugen : Der SS-Staat, München ²⁷1993

MARCUSE, Herbert : Ideen zu einer kritischen Theorie der Gesellschaft, Suhrkamp tb 300, Frankfurt a.M. 1969

MARX, Karl / ENGELS, Friedrich : Werke, Berlin 1959 ff.

MAUERHOFER, Walter / SESSLER, Reinhard : Um des Glaubens willen, Bielefeld 1990

MAURER, Wilhelm : Kirche und Synagoge, Stuttgart 1953

MAUSER, Ulrich : Der junge Luther und die Häresie, Gütersloh 1968

MENZEL, Wolfgang : Geschichte der Deutschen, Bd. 2, Stuttgart und Augsburg 1872

MOSER, Tilman : Gottesvergiftung, Frankfurt a.M. 1976

MYNAREK, Hubertus : Das Gericht der Philosophen, Essen 1997

id. : Die Kunst zu sein. Philosophie, Ethik und Ästhetik sinnerfüllten Lebens, Essen 1998

id. : Jesus und die Frauen, Essen 1999(a)

id. : Die Neue Inquisition, Marktheidenfeld 1999(b)

id. : Eros und Klerus, Essen ⁵1999(c)

id. : Der polnische Papst. Bilanz eines Pontifikats, Freiburg 2005

id. : Denkverbot. Fundamentalismus in Christentum und Islam, Bad Nauheim 2006 *id.* : Papst-Entzauberung. Das wahre Gesicht des Joseph Ratzinger, Norderstedt 2007

id. : Die Neuen Atheisten, Essen 2010(a)

id. : Herren und Knechte der Kirche, Freiburg [3]2010(b)

DE NEGRI, Enrico : Offenbarung und Dialektik. Luthers Realtheologie, Darmstadt 1973

NÜRNBERGER PROZESSE : http://docused.de/text/0903.htm

OSIANDER, Andreas : Schriften und Briefe 1539 bis März 1543, hrsg.: MÜLLER, Gerhard / SEEBASS, Gottfried, Gütersloh 1988

OTTO, Rudolf : Das Heilige, München [25]1936

PFISTER, Oskar : Das Christentum und die Angst, Zürich 1944

PILICK, Eckhart : Stellungnahme zum Artikel von Peter Kratz (›Führer Unser‹), *in:* Wege ohne Dogma, Heft 3/1998

VON PRERADOVICH, Nikolaus / STINGL, Josef : »Gott segne den Führer!« Die Kirchen im Dritten Reich, Leoni am Starnberger See 1985

RODOLPHE, Jean : Mit den fünf Sinnen, Hanau 1967

RÖHM, Eberhard / THIERFELDER, Jörg : Juden – Christen – Deutsche, Bd. 1: 1933–1935, Stuttgart 1989

RONNER, Wolfgang : Die Kirche und der Keuschheitswahn, München 1971

ROSIEN, Peter : Der Friendens-Pastor ein Totschläger?, *in:* Publik-Forum, Nr. 4/1998

RÜSTOW, Alexander : Ortsbestimmung der Gegenwart, Bd. 2, Erlenbach-Zürich 1963

SCHIRRMACHER, Thomas : Luther und die Polygamie des Landgrafen von Hessen, *in:* ›Bibel und Gemeinde‹ 2/1993

SCHOLDER, Klaus : Die Kirchen und das Dritte Reich, Bd. 1, Frankfurt/Berlin/Wien 1977

SAILER, Christian / HETZEL, Gert-Joachim : Die verfassungsfeindlichen Umtriebe der Ev.-Lutherischen Kirche in Bayern, o.J.

STÖHR, Martin : Martin Luther und die Juden, *in:* MARSCH, Wolf-Dieter / THIEME, Karl (Hrsg.): Christen und Juden, Mainz 1961

THOMAS, Klaus : Handbuch der Selbstmordverhütung, Stuttgart 1964

WEHR, Gerhard (Hrsg.) : Thomas Müntzer. Schriften und Briefe, Frankfurt a.M. 1973

VAN WIJNKOOP LÜTHI, Marc : Die Sekte … die Anderen?, Luzern 1996

ZIMMERMANN, Wilhelm : Der große deutsche Bauernkrieg, Berlin [7]1982

Nachweis der Luther-Zitate

Briefe

Tischreden

Tischreden, Band 3 (Nr. 2803–3906)

Nr. 2807	57
Nr. 2911	18, 25
Nr. 3232	3
Nr. 3297	50
Nr. 3508	53
Nr. 3523	46
Nr. 3528	43, 46
Nr. 3776	25
Nr. 3777	50

Tischreden, Band 4 (Nr. 3907–5188)

Nr. 3921	54
Nr. 4081	46
Nr. 4138	43, 47
Nr. 4716	51

Nr. 4783	48

Tischreden, Band 5 (Nr. 5189–6507)

Nr. 5483	60
Nr. 5852	53
Nr. 5960	52

Tischreden, Band 6 (Nr. 6508–7075)

Nr. 6561	98
Nr. 6567	48
Nr. 6764	44
Nr. 6903	51
Nr. 6905	45, 51
Nr. 6907	47
Nr. 6924	54
Nr. 6928	43, 47, 55

Hubertus Mynarek bei AHRIMAN:

419 S., 18 Abb., mit Personenverzeichnis,
Verzeichnis der Presse- und Rundfunkorgane
€ 24,80 / ISBN 978-3-89484-607-7

Prof. Dr. theol. Hubertus Mynarek (geb. am 06.04.1929) war bis zu seinem Kirchenaustritt Dekan der Theologischen Fakultät der Universität Wien – als erster angesehener Funktionsträger der katholischen Kirche verließ er diese aus Verstandes- wie Gewissensgründen, und jene rächte sich voller Haß und nach Kräften. (Sein kompromißloser Einsatz für religiöse Toleranz trug ihm auch später Verleumdung und Schwierigkeiten ein.) Vor seiner Universitätslaufbahn war Mynarek unter anderem auch Priester in Polen gewesen – in genau jener Zeit, in die der Aufstieg seines geistlichen Kollegen Wojtyla fällt. Mit Mynarek schreibt nicht nur ein Insider über die größte und reichste religiöse Organisation der Welt – sondern auch einer, der ihre Lehre zutiefst ernst nahm, bis er sie aufgrund seiner unverwüstlichen moralisch-intellektuellen Redlichkeit schließlich überwand.

Wie heilig der erste polnische Papst der Kirchengeschichte, Johannes Paul II. bzw. Karol Wojtyla, im mythologisch-dogmatischen Sinne war, kann die römische Kirche festsetzen. Seine historische Existenz und Aktivität muß dagegen mit Nüchternheit und Objektivität erfaßt werden, und das geht nicht in eigener Sache; dazu sind unabhängige Kenner der Kirchenszene weitaus besser geeignet. Dieses Buch des Religionswissenschaftlers, Philosophen und Ex-Dekans der Theologischen Fakultät der Universität Wien Hubertus Mynarek liefert eine umfassende Bilanz über die Außen- und Innenpolitik des verstorbenen Papstes, über seine Finanz- und Sozialpolitik, über seine Glaubens-, Moral- und Sexualdoktrin, über seine offizielle und private Einstellung zu Frauen, seine Persönlichkeit und seine kirchliche Sozialisation.

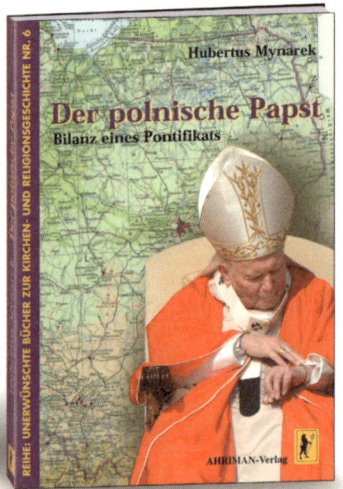

201 S., mit Namensregister und Literaturverzeichnis
€ 19,80 / ISBN 978-3-89484-602-2
Auch auf Polnisch!

AHRIMAN hat noch viel mehr!
Hier klicken:

www.ahriman.com

Den Islam sollte man historisch verstehen und wissenschaftlich begreifen –
nicht ihm schmeicheln oder ihn für allzu fremd halten. Wie jede Religion.

Ohne Rücksicht auf politischen Druck und Verlegerwünsche des Tages leistet
dies auf dem deutschsprachigen Markt außergewöhnlich gut das Buch
des indischen Religionswissenschaftlers Jaya Gopal.

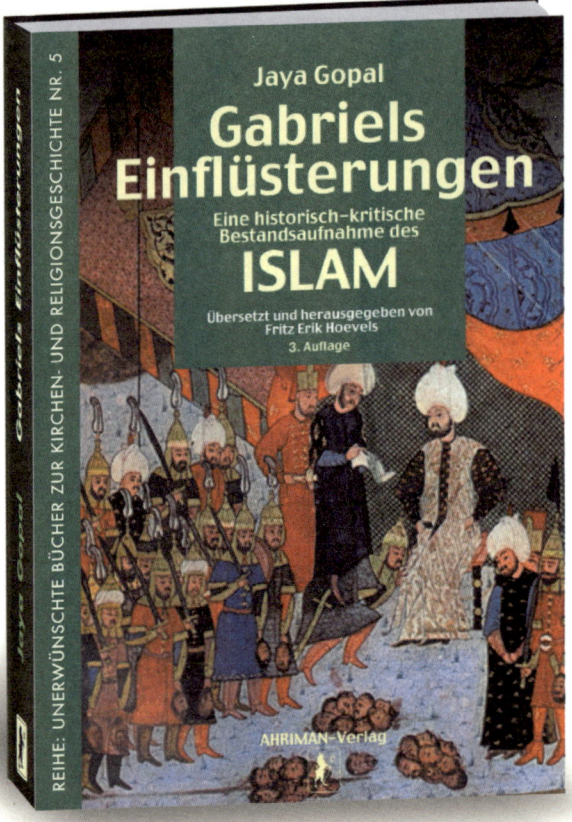

Entstehung, Koranphilologie, Mythengeschichte, Rechtsgeschichte,
politische Geschichte, Lehre und Taten

Übersetzt und herausgegeben von Fritz Erik Hoevels
3. erw. Aufl., 505 Seiten, € 24.80, ISBN 978-3-89484-601-5 (*vergriffen*)

Neue, aktualisierte Auflage in Vorbereitung!
(Druck steht unmittelbar bevor.)